高等学校体育选项课系列教材

浙江省高校体育教材编委会　编

FOOTBALL

足球运动

主　编　周　雷　董海宇

副主编　蒋健保　柳志鹏　邢　琦　邹治冬

ZHEJIANG UNIVERSITY PRESS
浙江大学出版社

图书在版编目(CIP)数据

足球运动 / 周雷,董海宇主编.—杭州:浙江大学
出版社,2017.7(2025.8重印)
ISBN 978-7-308-17271-4

Ⅰ.①足… Ⅱ.①周… ②董… Ⅲ.①足球运动—高
等学校—教材 Ⅳ.①G843

中国版本图书馆 CIP 数据核字（2017）第 198768 号

足球运动

主　编　周　雷　董海宇

丛书策划	黄娟琴　朱　玲　曾　熙
责任编辑	曾　熙
责任校对	杨利军　李增基
封面设计	续设计
出版发行	浙江大学出版社
	（杭州市天目山路 148 号　邮政编码 310007）
	（网址：http://www.zjupress.com）
排　　版	杭州林智广告有限公司
印　　刷	浙江新华数码印务有限公司
开　　本	787mm×1092mm　1/16
印　　张	14.5
字　　数	300 千
版 印 次	2017 年 7 月第 1 版　2025 年 8 月第 5 次印刷
书　　号	ISBN 978-7-308-17271-4
定　　价	45.00 元

浙江大学出版社发行中心联系方式：(0571) 88925591；http://zjdxcbs.tmall.com

丛书编委会

主　　编　于可红　徐剑津

编 委 会　（按姓氏笔画排序）

王乔君　卢晓文　叶东惠　刘建平

李　宁　沈国琴　张　杰　张亚平

陈　伟　陈　华　陈　浩　季建成

金晓峰　周　雷　单亚萍　赵岳峰

胡振浩　段贻民　姜　丽　骆红斌

袁建国　徐晓斌　翁惠根　诸葛伟民

黄　滨　黄永良　程云峰　楼兰萍

虞力宏　滕　青　薛　岚

本书编写人员

主　　编　周　雷　董海宇

副 主 编　蒋健保　柳志鹏　邢　琦　邹治冬

编 委 会　（按姓氏笔画排序）

朱国华　朱伟莉　成守彬　吴　奇

吴　强　陈　捷　陈志刚　张　束

张　林　龚智敏　骆荣兴　董　青

崔冬冬　曹蔚明

前　言

　　高等学校体育选项课系列教材是根据《全国普通高等学校体育教学指导纲要》的主要内容和基本要求进行编写的。可以说是对原有浙江省高校体育系列教材的改版或升级。我们依据这几年教材使用中出现的问题和高校体育在教学实践中出现同一个运动项目想继续选学，会出现重复修学的问题进行了重新编写。为了让学生在高校的体育课程学习中学到更多的东西，并通过高校的两年体育课程的学习，进一步深入了解自己所选运动项目的特点，使体育运动、锻炼更有针对性，使身心得到更好的改善，我们在本系列教材编写中对体育这门课程做了特殊安排。由于高中"体育与健康"课程已实行模块教学多年（浙江省从 2006 年起开始实行），从高中进入大学的学生应已学有 2～3 项运动技能（高中"体育与健康"课要求），进入大学有可能延续自己的兴趣，继续选择该运动项目（自己感兴趣的运动项目，并有一定的技术、技能基础）；也有可能由于大学有了更多运动项目的选择机会，同学们会选择新的运动项目（从头开始学，之前并没有技术基础）。因此我们在编写本系列教材时，较充分地考虑了学生的这种情况和变化，采取了分级编写，即在各运动项目分册中，在体育技能方面均体现初级、中级和高级三级水平。三级水平的划分原则，按初级放低入门要求，便于让没有接触过此类项目的学生可以参与学习，而有学习基础的学生可以直接从中级开始学习，待中级学完后，要求基本掌握高等学校体育课程对该项目的"基本要求"。高级相对要求较高，完成较好的同学已达到高校体育课程的"发展要求"。针对高校学生自主学习能力较强和自主时间较多等特点，系列教材有意识地开发和配备 3D 仿真虚拟动画课件，供学生课外学习和模仿。

　　为了让学生充分了解所选运动项目的特点和掌握所选项目的技术，并能在课外及今后的业余生活中更好地运动和应用，在编写教材时，有意注重针对不同项目的锻炼价值及锻炼注意事项分别进行编写，以便于区分不同项目的特点，既体现了运动的整体锻炼价值，又体现了不同项目的特殊锻炼价值。有利于学生有针对性地选择，使体育能更好地为学生的健康服务；为丰富学生的日常生活服务；为学生更好地融入社会服务；为培养自己坚强意志、竞争意识和合作精神服务。

本系列教材计划编写 12 种，分为运动技术项目类教材和体育理论类教材。包括《篮球运动》《羽毛球运动》《网球运动》《乒乓球运动》《游泳运动》《足球运动》《健身与健美运动》《形体训练与体育舞蹈》《无线电测向与定向运动》《武术运动》《健美操》等 11 种技术项目类教材和《体育与人生》1 种理论教材，以满足不同兴趣爱好的大学生对不同运动项目的喜好。

浙江省高校体育教材编写委员会

2014 年 8 月

目录

知识篇

技能篇

竞赛篇

知识篇

ZHISHI PIAN

第一章 概　述

足球运动3D
动画资源

◎ **本章导读**

党的二十大报告提出:"广泛开展全民健身活动,加强青少年体育工作,促进群众体育和竞技体育全面发展,加快建设体育强国。"足球运动被誉为当今世界第一运动,令无数人如痴如醉。然而,这项运动的魅力究竟从何而来?本章从足球运动本身发展规律出发,简要地介绍了古今足球运动的发展概况,让学生对足球运动有初步的了解和认识,从而对足球运动产生浓厚兴趣,并由自发转而自觉地参与到足球运动项目中去。

第一节　古代足球运动的起源与发展

一、足球运动的起源说

中国现代足球运动虽开展较晚,成绩不理想,但足球运动起源于中国,却是不争的事实。足球运动在中国的历史,可追溯至黄帝时代。据司马迁《史记》的记载,证明了蹴鞠起源于春秋战国时期的齐国故都临淄,至今已流传了2300多年,以此为主要佐证,中国山东淄博的临淄被国际足联

> **小知识**
> 足球运动毫无疑问起源于中国,为有别于当今世界开展的现代足球运动,本节特别介绍一下中国古代足球运动。

正式确认为世界足球运动的起源地。作为一项古老的运动,足球运动历史源远流长,其产生和发展都离不开人类社会经济、政治、军事和文化的发展。

(一) 游戏说

早在炎黄之初的黄河流域,就有了世界上最古老的足球运动——蹴鞠运动。据史料记载,公元前15世纪中国就有了"蹴鞠舞"的游戏。3000多年前,在商代的甲骨文中也对所谓的蹴鞠舞进行了描述。在司马迁的《史记》中,更是较详细地给我们展现了中国战国时期,经济发达的齐国临淄,百姓安居乐业的场景。其中提到的蹴鞠运动就是百姓们喜闻乐见的娱乐活动。当然在西方国家中也有足球游戏的文字的记载,如意大利的"Gioco del Calcio"(一种脚踢的运动)。类似于这些脚踢娱乐游戏,都应该被认定为人们茶余饭后的娱乐活动。

(二) 比赛说

很多人认为足球运动起源于群体性的相互竞赛。可以想象足球比赛会使比赛的双方在一定的方式下决出胜负,区分出优劣,达到一种催人奋进的作用。据史料记载,我们的祖先黄帝就是蹴鞠运动的创造者,曾把蹴鞠运动用来训练

武士。汉高祖刘邦，就在宫苑里修建了开阔的校场——鞠城，两端均有鞠室，比赛双方以进鞠室多为胜者。在人类历史上，除中国人以外，日本人、希腊人、罗马人、意大利人、英国人都在进行此种球类的比赛，比较贴近现代足球运动。

（三）宗教说

在古代，人们常把足球比作太阳，认为它是维系生命的象征。还有人把足球比作野兽的头，在比赛的时候谁抢到这个头，谁就能够获取来年的丰收，这类比赛通常会带有宗教仪式的狂热特征。所以，也有一种说法是足球运动起源于宗教。

二、古代足球运动的发展

古代中国将踢足球叫作"蹴鞠"或"踏鞠"。"蹴"和"踏"都是用脚踢的意思，"鞠"就是球。鞠用皮革缝制，内塞毛发。西汉刘向在《别录》中说："蹴鞠者，传言黄帝所作。"黄帝发明了"蹴鞠之戏"的说法，在道教的典籍《道藏·轩辕黄帝传》里说得比较明确："黄帝令作蹴鞠之戏，以练武士。"看来，蹴鞠最初是军旅中的游戏。1973年，湖南长沙马王堆三号西汉墓出土的帛书《十大经·正乱》中讲到："黄帝身遇蚩尤，因而擒之……充其胃以为鞠，使人执之，多中者赏。"这段记载说的是，黄帝擒杀蚩尤之后，为发泄余恨，剥其皮制成箭靶，让士兵射击；割其发绑在杆上当旌旗；将其胃塞满毛发制成球，让士兵去踢。《十大经·正乱》的作者相传是老子，老子生活的年代比刘向早大约500年，这就给黄帝发明"蹴鞠之戏"的传说增加了几分可信度。如果这个传说真实的话，那么，足球的历史就有4600多年了。

战国秦汉时期，"蹴鞠之戏"已经在社会上广泛流行。西汉司马迁的《史记·苏秦列传》记载，齐国"临淄甚富而实，其民无不吹竽鼓瑟，弹琴击筑，斗鸡走狗，六博踏鞠"。西汉桓宽《盐铁论·国疾》记载，当时"里有俗，党有场，康庄驰逐，穷巷踏鞠"。

汉代的"踏鞠之戏"有三种形式：一种是"踏鞠舞"，在音乐伴奏下，一边踢球，一边舞蹈。南阳汉画馆展出的画像石上有一幅蹴鞠图，画面上一个头挽高髻的女子，身穿长袖衣，踏弄双鞠，翩翩起舞，这幅图画证明，我国汉代已有女子足球，它可以视为现代球类艺术体操的起源。还有一种是"白打"，比赛踢球的花样，可以两人对踢，也可以两队对踢。第三种则是"鞠城"比赛。"鞠城"，又叫"鞠域"或"鞠室"，就是球场。当时的球场分为没有球门的和有球门的两种。不设球门的球场比赛时双方各派六人，以连人带球进入对方底线为胜，球场设裁判员一人。有球门的球场，仿照一年十二个月，共设十二个球门，在球场东西遥相呼应，每个球门设守门员一人，比赛双方人数相当，有裁判长和副裁判长各一人执法。后汉李尤在《鞠城铭》中描述了这种比赛："圆鞠方墙，仿象阴阳，法月衡对，二六相当。建长立平，有例有常，不以亲疏，不有阿私，端心示意，莫怨其非。鞠政犹然，况乎执机。"

到了唐代,"蹴鞠之戏"有了新的发展。这个新发展是从鞠的改革开始的,唐代仲无颇曾作《气球赋》,说:"气之为球,合而成质,俾腾而攸利,在吹嘘而取实。尽心规矩,初固方以至圆,假手弥缝,终使满而不溢。"从这段材料上看,唐代已有了充气足球。充气足球方便跳跃,它的出现引发了"蹴鞠之戏"规则的改革。到了宋代,当时足球的游戏规则就跟现代足球的踢法、规则大体相近了。这一点,可以从宋代马端临著的《文献通考·乐考》上得到印证,"蹴鞠盖始于唐,植两修竹……络网于上,为门以度球,球工分左右朋(即两队),以角胜负"。蹴鞠在唐宋时期最为繁荣,经常出现"球终日不坠","球不离足,足不离球,华庭观赏,万人瞻仰"的情景(见图1-1)。

无论文字记载还是文物发掘都证实了蹴鞠是中国一项古老的体育运动。流行了数千年的蹴鞠的兴衰,符合人类社会发展变化的历史规律。岁月变迁,曾经一度消亡的古代蹴鞠又在现代足球中获得新生。

图 1-1　宋太祖在蹴鞠

2004 年 2 月,国际足联在伦敦对外宣布:足球最早起源于中国——中国古代的蹴鞠就是足球的起源。这样,围绕当今风靡全世界的"第一运动"——足球身世的争议就有了最权威的定论。但足球起源于中国的何时何地尚未确定。将中国确定为世界足球运动发源地的提议,最早并非由中国人提出,而是国际足联在对世界足球运动历史的考证过程中,在历史文献中发现,中国在公元前就已经出现足球运动的雏形——蹴鞠,因此,国际足联委托中国足协,与有关体育史研究学者、考古学家共同对这个发现进行论证、考察。2004 年 5 月,中国体育史学、考古学和齐文化研究领域最权威的 6 位专家、学者齐聚淄博临淄,本着对历史高度负责的科学态度,对足球起源地进行了认真、细致、严谨的探讨论证。根据对历史文献中关于"蹴鞠"活动最早记载,以中国各个历史时期对"蹴鞠"不间断的活动记载为主线索进行了充分的考证,最终得出结论,中国古代蹴鞠(足球)起源于春秋战国时期的齐国故都临淄。

足球起源于中国已经是国际社会的广泛共识,2004 年 7 月 15 日,在北京举办的第三届中国国际足球博览会暨纪念国际足联百年华诞的特别活动上,"中国是足球的故乡,中国淄博是足球最早发源地"这一论证得到了国际足联和亚足联的一致认同。国际足联主席布拉特先生(见图1-2)在开幕式上对几百位来自国际足联、亚足联的官员和世界各国的嘉宾说道,"淄博临淄的蹴鞠,对足球运动的发展有着极大的贡献,感谢中国将这项运动带给了世界,世界因为有了足球而变得更精彩!"

图1-2　布拉特宣布足球运动起源于中国

在国外,据记载,希腊人和罗马人在中世纪以前就已经从事一种足球游戏了。他们在一个长方形场地上,将球放在中间的白线上,用脚把球踢到对方场地上,当时这种游戏被称为"哈巴斯托姆"。以后,随着罗马人征服欧洲,这项运动便得以在英伦三岛广为流传。

第二节　现代足球运动的起源与发展

一、现代足球运动的起源

现代足球运动起源于西方文明。据记载,公元10世纪,罗马皇家近卫军把类似于踢足球的游戏传入英国,然而,1312年4月,英国国王爱德华二世却签署禁令,不允许盛行于伦敦街头的足球游戏,理由是这项运动有损于人的生命和健康。公元16世纪,足球游戏又在欧洲大陆风生水起,

> **小知识**
> 英国是现代体育运动的发源地,现代足球运动也不例外。现代体育运动是现代人类文明的主要体现之一。

伴随着英国工业革命的兴起及其对外的殖民扩张,1800年之后,英国这个当时的日不落国家向全球传播其足球文明。虽然足球运动历史源远流长,但早期的足球还是停留在游戏上,谈不上所谓的技术、战术和比赛规则。1863年10月26日,在英国伦敦的皇后大街弗里马森旅馆,举行了由剑桥地区各学校代表参

加的足球比赛规则讨论会,统一了14条足球比赛规则(当今国际足球竞赛规则也以此为蓝本),用来规范剑桥地区各学校间的足球赛事,此规则就是著名的《剑桥规则》,剑桥规则以书面形式第一次规定了足球是一项除手臂外触球的运动。这次会议还成立了英格兰足球协会,为此,世界各国普遍公认此日为现代足球的诞辰日,这样英格兰也理所当然地成为现代足球运动的鼻祖。

二、足球组织及赛事

(一) 国际足球联合会及世界足球锦标赛

1. 国际足球联合会

自1863年英格兰足球协会成立之后,欧洲和南美洲的许多国家也相继仿效英格兰成立足球协会,并相应地组织了各自国家的足球锦标赛。

伴随着足球运动在世界范围内的迅速发展,各国的足球协会也应运而生,这样一个超国界的国际足球组织形成的条件也自然成熟了。1904年5月21日,国际足球联合会(简称国际足联,Fédération Internationale de Football Association,FIFA)在巴黎的圣奥诺雷街法国体育运动协会联盟驻地正式成立,创始国为法国、瑞士、瑞典、荷兰、西班牙、丹麦等。一直到1932年,国际足联总部才移至瑞士的苏黎世直至今日。

2. 世界足球锦标赛

世界足球锦标赛也就是目前的世界杯足球赛,创始人为法国人雷米特,此人也为国际足联的第三任主席。足球世界杯于1930年开始举办,以后每四年举行一次,至2014年已经成功举行了20届,2018年将在俄罗斯举办第21届世界杯。

为了培养足坛新秀,使足球不发达国家(地区)有机会参与国际足球比赛,并缩小有足球传统的国家(地区)与非传统国家间的水平差距,促进世界足球运动的发展,在前国际足联主席阿维兰热(巴西人)的倡议下,国际足联决定每两年举办一次世界青年足球锦标赛,分别于1977年和1985年开始举行,即世青赛或世青杯。

(二) 国际奥委会及奥运会足球赛

1894年6月23日,在巴黎召开了由法国教育家皮埃尔·德·顾拜旦发起的国际体育代表大会,使古希腊的奥林匹克运动得到了重生,国际奥委会也宣告成立,总部设在巴黎。1915年4月10日,国际奥委会总部迁入有"国际文化城"之称的瑞士洛桑。虽然从1896年起就举办了奥运会,但直到1912年第5届的奥运会才有正式的足球比赛项目,而由国际足联组织的奥运会足球比赛从1924年才开始。当今国际足联和国际奥委会是两个影响最大的国际体育组织,如果从商业运作角度来看,国际足联的影响还更大。两大组织曾经对奥运会足球参赛运动员的资格问题产生争议,焦点就是参赛运动员业余和职业身份的问题。直到1984年的洛杉矶奥运会,才不再区分业余与职业运动员,只是禁止参加过世界杯赛的南美洲和欧洲运动员再参加奥运会足球赛。

（三）洲际足球联合会及赛事

国际足球联合会现下设 6 个地区性组织,分别是欧洲足球协会联盟、南美洲足球联合会、非洲足球联合会、亚洲足球联合会、中北美洲及加勒比海足球协会、大洋洲足球联合会。

1. 欧洲足球协会联盟及赛事

欧洲足球协会联盟(Union of European Football Associations,UEFA,简称欧足联)成立于 1954 年 6 月,总部现设于瑞士的伯尔尼。由于世界上绝大多数顶尖足球运动员齐聚于欧洲高薪足球俱乐部(特别是意大利、德国、法国、西班牙、荷兰、英格兰、葡萄牙等国的俱乐部),使得欧足联的社会影响力、财富和话语权高居六大足联之首,同时,世界上众多的足球强国也曾是欧足联的成员。

欧足联最主要的国家队赛事是始于 1958 年的欧洲足球锦标赛(1964 年前称为欧洲国家杯),此外,还有 21 岁以下、19 岁以下、17 岁以下的青年足球锦标赛,以及欧洲女子足球锦标赛和欧洲 19 岁以下女子足球锦标赛。目前欧足联主要的俱乐部赛事有欧洲冠军联赛和欧足联欧洲联赛。

2. 南美洲足球联合会及赛事

南美洲足球联合会(Confederación Sudamericana de Fútbol)现总部位于巴拉圭卢克,成立于 1916 年 7 月 9 日,同年 7 月 2 日至 17 日,为纪念阿根廷独立 100 周年,举行了首届南美洲足球锦标赛(美洲杯前身),现为每四年一次,这项赛事也是全世界最具悠久历史的国家级足球赛事。1960 年开始举办南美解放者杯足球赛,类似于欧洲冠军联赛,此项赛事目前除了传统的 10 个南美洲国家外,墨西哥也被允许参加。

1980 年起,丰田杯(全称"欧洲/南美洲俱乐部丰田杯足球赛")固定在日本东京的东京国立竞技场举行,2001 年后改在横滨国际竞技场举行。2005 年起,丰田杯又被国际足联世界俱乐部冠军杯(FIFA Club World Championship)取代,由来自六大洲顶级的球队参与。

3. 非洲足球联合会及赛事

非洲足球联合会(Confederation of African Football,CAF)负责管理非洲区足球事务,包括两年一度的非洲国家杯及世界杯非洲区外围赛。

4. 亚洲足球联合会及赛事

亚洲足球联合会(Asian Football Confederation,AFC,简称亚足联)成立于 1954 年,现总部设在马来西亚吉隆坡。亚足联每四年举办国人所熟悉的亚洲杯足球赛(简称亚洲杯),是亚洲最高级别的国家队赛事,始于 1956 年。2003 年改制后的亚洲冠军联赛(简称亚冠联赛)是亚洲最高级别的俱乐部赛事,改制后的亚冠联赛制与欧洲冠军联赛一致,2013 年 11 月 9 日,中国的广州恒大俱乐部在主帅里皮(号称令狐)的率领下,战胜了韩国首尔 FC 俱乐部,赢得了亚冠联赛的冠军;2015 年 11 月 21 日,广州恒大淘宝足球俱乐部战胜了迪拜阿赫利俱乐部,再次问鼎亚冠。

5. 中北美洲及加勒比海足球协会

中北美洲及加勒比海足球协会(Confederation of North, Central American and Caribbean Association Football,简称 CONCACAF)是洲级足球运动的管理机构,负责北美洲、中美洲及加勒比海地区的足球事务。CONCACAF 于 1961 年成立,是国际足联六个洲分足球协会之一。其主要行政功能是为区内国家或地区及球会举办足球竞赛及安排世界杯外围赛。主办的赛事有美洲金杯(CONCACAF Gold Cup)、美洲女子金杯(CONCACAF Women's Gold Cup)、中美洲国家杯(UNCAF Nations Cup)、中美联赛冠军杯(UNCAF Club Tournament)、加勒比海杯(Caribbean Cup)、中北美洲及加勒比海联赛冠军杯(CONCACAF Champions League)等。

6. 大洋洲足球联合会

大洋洲足球联合会(Oceania Football Confederation,OFC)是负责管理大洋洲区各项足球事务,并促进大洋洲足球运动的组织。它代表大洋洲所有的足球协会,也是国际足联六个洲分足球协会其中之一,协助国际足联透过外围赛挑选球队参与世界杯。大洋洲足球联合会于 1966 年成立,由澳大利亚、新西兰及斐济共同创办。1996 年获国际足联同意成为其中之一的执行委员,同年重办大洋洲国家杯,所有足协成员均可以参加赛事,制定赛事每隔两年举行。1999 年再重办大洋洲俱乐部冠军杯,冠军队伍可以参加世界俱乐部冠军杯。

(四)中国足球协会及赛事

中国足球协会(简称中国足协,Chinese Football Association,CFA)于 1955 年 1 月 3 日在北京成立。1992 年 6 月,中国足协在北京西郊红山口召开工作会议,决定把足球作为体育改革的突破口,确立了中国足球要走职业化道路的发展方向。1995 年 1 月,国家体育足球运动管理中心成立,这是国家体委体育改革的措施之一,中心对外仍以中国足协的名义,以适应国际上的惯例和联络需要。目前,中国足协和中国体育总局足球运动管理中心实际上是一套班子。2015 年 3 月 16 日,在由中央深化改革领导小组通过的、并由国务院办公厅印发的《中国足球改革发展总体方案》中,明确指出中国足球协会要与体育总局脱钩,在内部机构设置、工作计划制定、财务和薪酬管理、人事管理、国际专业交流等方面拥有自主权。

中国足协组织每年的中国足球协会联赛(分超级、甲级、乙级和业余联赛),以及中国足协杯和中国足球超级杯赛。

三、女子足球运动

(一)女子足球运动的起源与发展

现代足球运动于 1863 年诞生于伦敦,而在 19 世纪的最后 10 年,英格兰出现了女子足球运动的萌芽。最初的女足比赛是在村庄内部进行,鉴于当时的婚后妇女吃苦耐劳,"锻炼"身体的机会更多,所以比赛胜利经常属于已婚妇女队。直到第一次世界大战期间,才出现了世界上第一支正式的女子足球队,名字叫作"凯尔工厂队"。女足在英格兰不断壮大,当时的一场女足比赛竟然可以吸引5万名观众,被英格兰足总杯视为对男足发展的最大威胁。因此,从20世纪20年代开始,英国男人霸道地禁止妇女再上绿茵场,把她们全部赶回家相夫教子。一直到1971年,英格兰才重新出现女子足球队。英格兰女足的停摆并没有妨碍欧洲女足的发展,1930年,女足联赛第一次在欧洲出现,德国和北欧成为女足运动的重心,但在1950年,才开始有了国际女足比赛。

国际足联于20世纪80年代末,在中国搞了一个试验性"女足世界杯"。在中国足协、美国足协及若干欧洲足协的鼓励支持下,1991年11月16日至30日,第一届女足世界杯在中国广州举行,共有12支参赛队伍,在广州天河体育场举行决赛,美国队捧走首届女足世界杯冠军。

(二)中国女子足球队和中国女足超级联赛

20世纪二三十年代,上海出现了第一支女子足球队。但中国女子足球运动的潜能到了20世纪70年代末期才被发掘出来。1983年12月15日,中国国家女子足球队正式成立。1991年,在广州举行的首届女足世界杯上,中国女子足球队获第五名。1999年,中国女足在美国举行的第三届女足世界杯上获得亚军,孙雯获得金靴奖。

中国女子足球超级联赛由中国足球协会组织,这是中国女子职业足球俱乐部全国最高水平的足球职业联赛,简称女超联赛,始于1997年。因中国女子足球市场化程度不高,受关注度较低,女超联赛赛制经常发生变化。初期为主客场循环制;2003年起,采用南北分区加决赛的赛制,仍为主客场双循环;2005年起采用分赛区的赛会制比赛形式;2007年起与中国女子足球联赛合并,采取南北分赛区和总决赛的赛制,为赛会制比赛形式。因为中国女足俱乐部队较少,女足联赛没有成熟的升降级制度,同时参赛球队俱乐部也多是与企业共建,并不算真正意义上的职业俱乐部,因此,中国女足联赛的职业化还处于探索之中。

四、足球运动的价值

(一)足球运动的社会价值

足球运动以竞技比赛的这种特有形式向大众展示足球文化的魅力,传播足球文化的真谛,使现代足球文明赢得愈来愈多的欣赏者、参与者和关注者,并且不受地域、国界、信仰等差别的限制,使现代足球运动有着其他任何文化形态所不能取代的影响力和感召力。由于足球运动具有广泛的群众基础和巨大的感召力,一些国家纷纷运用足球这一特殊手段来彰显国力,提高国际声誉。

种族歧视这种人类卑劣的情感,在足球运动中同样存在,但它或是被发展的社会所扭转,或是受到主流社会的抨击。在巴西,虽然第一批足球俱乐部是由贵族组织的,但后来黑人和混血球员也相继参与足球运动,这些球员同样获得了巨大的声誉和财富。经济上的成功自然使黑人和混血球员的社会地位得到了提高,也唤起了这个群体在种族与政治意识上的觉醒,种族壁垒这道看不见的障碍也逐渐被冲破。另一方面,足球运动可以使种族歧视问题明朗化,引起人们的极大关注,在意大利足球甲级联赛的赛场上,时有种族歧视的谩骂声如倾盆大雨般打在最优秀的球员身上。足球场上的种族歧视实际上也是社会现象的一个缩影。足球运动的社会价值就在于通过足球这项运动促进了全球各个国家或地区、各种肤色的人们的合作与进步。

(二)足球运动的经济价值

足球也是经济发展的润滑剂,带动着国家和地区的经济发展。墨西哥在 1986 年受到地震灾害后,仍坚持举办第 13 届世界杯赛,使该国的经济得到迅速恢复。该国从出售电视转播权中收入 4900 万美元,在门票收入中得到 5000 万瑞士法郎,在旅游者身上盈利 2000 万美元。据国际足联

> **小知识**
>
> 当今世界足球产业是包括汽车业、石油产业在内的世界第十七大产业。中国足球产业方兴未艾。

最新调查结果表明,在世界经济活动中,每年因足球运动而带动的经济流动为 2500 亿美元,同时,足球运动也是国家税收的稳定来源。在巴西,与足球相关的行业经济很发达,光是足球产业每年收入就达 60 亿美元。20 世纪 90 年代,中国足球步入市场经济,改革前国家每年要投资 1200 万元人民币,改革后每年投资不足 630 万元人民币,同时,足球产业每年收入超过上亿元。以下是足球运动产生的主要经济效益。

1. 职业足球俱乐部收入

职业足球俱乐部总收入是通过包括国内联赛、各种杯赛的门票收入和比赛奖金的提成获得。如意大利 AC 米兰队 67%～70% 的收入来自门票。

2. 运动员商业运作

职业俱乐部购进的球员可以升值,也可以贬值,这取决于职业俱乐部对运动员的开发和球队对运动员的运用。如 1984 年意大利那不勒斯俱乐部,以 1000 万美元的高价引进了球星马拉多纳,不仅使该俱乐部名声大振,而且随着球队首次获得意甲联赛冠军,使门票收入大增,广告费、赞助费也大大增加。据说俱乐部在马拉多纳效力期间,每年收入高达 1.89 亿美元。

3. 电视转播权出售

顶尖足球赛事的转播,是提高电视台收视率的有效办法,如 1998 年法国世界杯足球赛电视观众达 37 亿人。因此,各国电视台不惜重金购买本国职业联赛的转播权。中国足球甲级联赛也步入出售电视转播权的可喜阶段。

4. 广告收入

广告一般分为场地广告和电视广告。在 1986 年的第 13 届世界杯赛中,每

个赛场竖两块广告牌的费用还只有 700 万美元；而到了 1994 年第 15 届世界杯赛，这类一级广告收费已高达 1700 万美元。

5. 赞助

赞助一般指赞助商获得对赛事、球队等的冠名权，作为商业回报提供给被赞助对象一定的实物和资金，以建立企业的良好形象，赢得更大的经济效益的行为。例如，日本丰田公司以每年提供 100 万美金的代价，获得年度的欧洲与南美洲俱乐部冠军赛（丰田杯）独家赞助权。2002 年第 17 界世界杯，足球赞助商阿迪达斯公司生产的"飞火流星"（Fevernova）比赛用球，销售了近 15 万个，而以往像这样的足球销售只有 4 万个左右。

6. 足球彩票

足球彩票是借助足球比赛的规则和方法，用比赛的结果作为彩票开奖的依据而进行盈利的商业模式。就彩民而言，它比其他体育彩票更有趣味性、刺激性和知识性。意大利每年有 1000 多万人参与足球摸彩，政府能从中可得到 7.3 亿美元以上的收入，而足协可得到 2.3 亿以上美元的收入。

7. 标志产品出售

标志产品出售主要是指出售带有俱乐部（球队）名称、会徽或带有重大比赛标志物、吉祥物等指定产品及各种纪念品，以获得可观的经济利益的商业模式。如在第 17 届韩日世界杯期间，仅韩国国家队的队服就卖出 15 万件以上；而世界著名的曼联、阿森纳等队的队服，每年也可以卖出几万件。

（三）足球运动对人的价值

足球运动能有效改善呼吸系统和循环系统。足球是集跑步与腿部复杂运动于一身的运动，在跑步、传球、射门等的过程中，会加强呼吸的深度，通过血液循环，从而使人体吸进更多氧气，排出更多的二氧化碳。有研究指出，经常锻炼的人由于身体适应能力较强，呼吸的力量增强，肺活量、肺通气量和吸（摄）氧量增大，而且，其呼吸显得平稳、深沉，频率也较低，安静时呼吸频率为 7～11 次/分，而不锻炼的人呼吸频率则为 12～18 次/分，女性相应比男性快 2～3 次/分。

在不断地运动腿部的过程中，由于促进了新陈代谢，骨骼的血液供给得到了改善，骨骼的形态结构和机能都发生了良好的变化。骨密质增厚，使骨变粗；骨小梁根据压力和拉力不同则更加整齐而有规律的排列；骨表面肌肉附着的突起更为明显。这些变化使骨变得更加粗壮和坚固，从而提高了骨的抗弯、抗折、抗压缩和抗扭转方面的功能。坚持身体锻炼还可以增强关节周围的力量，关节囊和韧带也增厚，从而增大关节的稳固性；同时，身体锻炼会使关节囊、韧带和关节周围肌肉伸展性加大，从而提高关节的灵活性。所以，足球运动是训练腿部的最佳运动。

现代足球运动的发展，越来越使其回归本质，那就是足球是一个集体项目。在这项运动中，我们当然需要英雄，因为英雄可以推动团队，但我们更需要团队合作,因为集体的胜利才是最终的胜利,胜利的团队荣誉属于每一个人,胜利的团队必然是群英璀璨。我们所期盼的团队,每个成员都为了一个纯粹的、共同的目标聚合在一起,彼此由陌生到熟悉、从理解到信任、从默契到习惯,进而形成团队的价值观和战斗力,这样的团队才能爆发前所未有的潜能,创造出非凡的成果,这就要求球员抛弃个人英雄主义的观念,使自己完全融入集体当中,以英雄团队的一员而自豪,而不是以某团队的英雄而沾沾自喜。

五、足球俱乐部

(一)足球俱乐部简介

我们所说的足球俱乐部是指职业俱乐部,泛指足球运动员以足球谋生所效力的机构。英国的谢菲尔德足球俱乐部(Sheffield Football Club)是国际足联和英国足总公认的世界第一个足球俱乐部,它诞生于1857年10月24日。而中国历史上最早类似于足球俱乐部的机构为蹴鞠团,目前有据可查的中国最早的蹴鞠团体是杭州的齐云社。南宋时期,临安(杭州)成立了"齐云社",又称"圆社",专门负责蹴鞠活动的比赛组织和宣传推广,这也是我国最早的单项运动协会,相当于今天的足球俱乐部,也可以说,它就是世界上最早的足球俱乐部。现代足球最早的华人俱乐部是成立于1908年的香港南华队。北京国安足球俱乐部则是中国大陆成立的最早的一家职业足球俱乐部,成立于1992年12月31日,也是中国足球甲级A组联赛和中国足球超级联赛的创始会员单位。

(二)足球俱乐部的特征

足球俱乐部的特征主要体现在以下四个方面。

1. 俱乐部具有企业性和公益性

企业性要求俱乐部按市场经济规律来经营运行;公益性则体现在俱乐部为丰富平民百姓的娱乐生活,提升某一城市或地区的软实力做出贡献,具有一定的社会公益性质。

2. 球员具有生产要素性和人力资产性

从俱乐部的产品(比赛)形成过程来看,球员是俱乐部的生产要素;从转会市场和球星品牌的角度来看,球员又是俱乐部的人力资产和商品。

3. 消费者(球迷)是服务对象也是球星崇拜者

球迷是俱乐部产品的消费者,是服务对象同时又是偶像球员的崇拜者、追随者。

4. 比赛对手具有竞争和合作的性质

比赛双方是对立统一的关系,既是竞争者,又是合作者。没有对手,职业俱乐部自身则不能独立完成产品(比赛);但对手实力差距过大,又不能形成高质量的产品。经常负于对手会失去球迷,而垄断胜局,也会失去球迷。所以,参赛双方的水平越接近,比赛结果越不确定,对球迷的吸引力就越大,市场价值就会越高。

俱乐部的一般属性要求它追求企业价值的最大化;俱乐部的特殊属性,又要求它重视社会价值,承担社会责任。而当二者发生矛盾时,则社会责任必须优先于企业利益。实现企业价值最大化是职业俱乐部的核心使命,追求社会价值是由职业俱乐部经营行业的特殊性所决定的,取得比赛胜利是手段,赢得市场则是目的。理想的成绩,精彩的过程是企业价值和社会价值的完美统一。

第三节　中国校园足球

一、中国校园足球介绍

2007 年 5 月,鉴于我国青少年体质状况的持续下滑,教育部体育卫生艺术司为增强我国学生体质,促进青少年健康成才,率先在全国范围内启动了"阳光体育运动"项目(让学生在室外参加体育锻炼活动),这是国家在新时期促进学生身心健康发展、实施素质教育的重要举措。中国的竞技体育水平在 2008 年北京奥运会后达到了前所未有的高潮,奥运金牌总数第一的骄人战绩为国人所自豪,但

> **小知识**
> 校园足球是促进我国学生体质健康的有效平台之一,也是振兴中国足球运动的最基础工程。

反观人民群众喜闻乐见的运动项目,特别是中国足球的水平却每况愈下,招来全国社会各界的批评和诟病,党中央、国务院更是指出"我国足球运动水平与全国人民日益所期望的要求极不相称"。从中国足球运动发展和职业化改革的历程来看,发现现有中国足球的基础相当薄弱,尤其是青少年后备人才数量急剧萎缩(见表 1-1),而世界足球发达国家青少年足球运动后备力量则是非常雄厚的,要知道早在 20 世纪 90 年代,我国注册的足球运动员达 60 万名以上。校园足球与以往开展的学校足球不同,不仅是指类似学校足球的声势浩大的全国性足球比赛,如萌芽杯、幼苗杯和希望杯,它更要遵循足球后备人才培养的客观规律,以学校为依托,为增强学生体质,培养青少年拼搏进取、团结协作的体育精神,本着普及性地扩大规模与提高水平相结合的原则,建立"体教结合"的新型青少年足球后备人才培养体系。全国青少年校园足球活动于 2009 年 10 月率先在全国的 44 个布局城市展开,全国共有 2300 多名中小学参与,2011 年又增加了山西太原、新疆喀什、广西北海 3 个布局城市和新疆建设兵团 1 个单位。2014 年 11 月 26 日,国务院副总理刘延东在全国青少年校园足球工作电视电话会议上强调,加强学校体育工作,坚持体教结合,锐意改革创新,推进校园足球普及,促进青少年强身健体全面发展,夯实国家足球事业人才基础。2015 年 1 月 26 日,教育部发布了《教育部关于成立全国青少年校园足球工作领导小组的通知》,由前教育部部长袁贵仁任组长,前教育部副部长郝平、体育总局副局长

蔡振华任副组长,并有 6 名来自教育部、发改委、财政部、广电总局、体育总局、团中央 6 个不同部门的成员参与。2009 年"小组"虽然是由体育总局与教育部联合成立,但当时的主角是体育总局及中国足协,教育部的作用较被动。现在教育部全国青少年校园足球工作领导小组的成立,意味着教育部开始逐渐主导全国校园足球工作的深入发展。

表 1-1 足球发达国家总人口与注册足球运动员比较   单位:万人

国家	西班牙	德国	日本	荷兰	中国
总人口	4700	8210	12777	1680	134700
注册足球运动员	67.5	63	50	105	5

资料来源:http://www.fifa.com/(2014 年 12 月)

校园足球是为增强学生体质健康、培养学生团队和拼搏精神,促进学生身心全面发展,同时为我国足球后备人才培养和我国足球事业可持续发展,在大、中、小学中组织开展的足球教学、课余训练、足球竞赛及其他各项足球运动的普及活动,其英文名称为"School Football",官方网址为 http//www.schoolfootball.cn。

二、校园足球的策划与组织

校园足球从 2009 年开始,就以"健康、运动、阳光、未来"的阳光体育活动为宣传主题在全国推广。它贯彻执行和落实了《中共中央国务院关于加强青少年体育、增强青少年体质的意见》,为期十年的中国青少年校园足球发展计划于 2008 年由国家体育总局群体司、教育部体卫艺司、中国关心下一代工作委员会等部门联合提出。"校园足球"以增强学生体质,培养青少年拼搏进取、团结协作的体育精神为宗旨,通过深入广泛开展的校园足球活动,建立和完善小学、初中、高中和大学的四级足球联赛,在青少年学生中普及足球运动知识和技能,形成丰富的校园足球文化,从而培养全面发展和特长突出的青少年足球后备人才。十年的发展规划(2008—2018)明确提出了发展校园足球工作的三个阶段计划:快乐足球进校园,十百千工程建设,校园足球年度检阅和校园足球人才培养。

校园足球布局主要分为全国校园足球布局城市、省级校园足球布局城市、校园足球布局县,建立各级市、校等校园足球办公室,相互联系和协调,由国家校园足球办公室统一领导。国家青少年校园足球办确定和实施对城市校园足球办公室的经费拨付和引导工作。各相关部门的职责分工如下:各地方体育部门负责竞赛的组织,专业技术的训练和指导;各地方教育行政部门负责师资培训,利用体育课、课外活动时间和节假日,积极组织学生开展各种形式的校园足球活动和比赛,负责组队参加小学、初中、高中、大学的足球联赛,负责参赛学生运动员的学籍及注册管理,负责校园足球教学大纲的制定和教材的编写,体育部门应给予密切的配合;国家足球运动管理中心和教育部学生体育联合秘书处负责全国青少年的校园足球活动的组织、协调和落实。从 2015 年 1 月 26 日起,随着新的全国青少年校园足球工作领导小组的成立,常设机构将实际归属于教育部下的学生体育联合秘书处。至 2011 年底,全国参加校园足球比赛入保险的学生人数已达 6 万余人,而实际参与足球运动的学生数量估计达百万。而据 2014 年年底统计,校园足球定点学校有 5000 多所,参与校园足球的学生人数达 270 万名。预计至 2018 年,足球特色学校在全国将建设达 2 万所左右,还会相应地在全国建立 200 个左右的高校高水平足球队。

三、校园足球的运作及注意事项

目前校园足球的赛事应由所属教育部门主办,地方的足球协会或学生体育协会配合或协办。校园足球已在我国大部分地区开展,并初步形成了较为完整的学生足球赛事,学生的校园足球参与率大幅度提高。同时,应该看到参加校园足球学生的学习、生活和其他同学并无异样,训练时间与训练强度适中,并不影响学生球员的学习成绩。校园足球的开展必须牢牢树立增进学生的体质和夯实足球后备人才基础的理念。目前理想的足球后备人才培养体系模式如见图 1-3 所示。

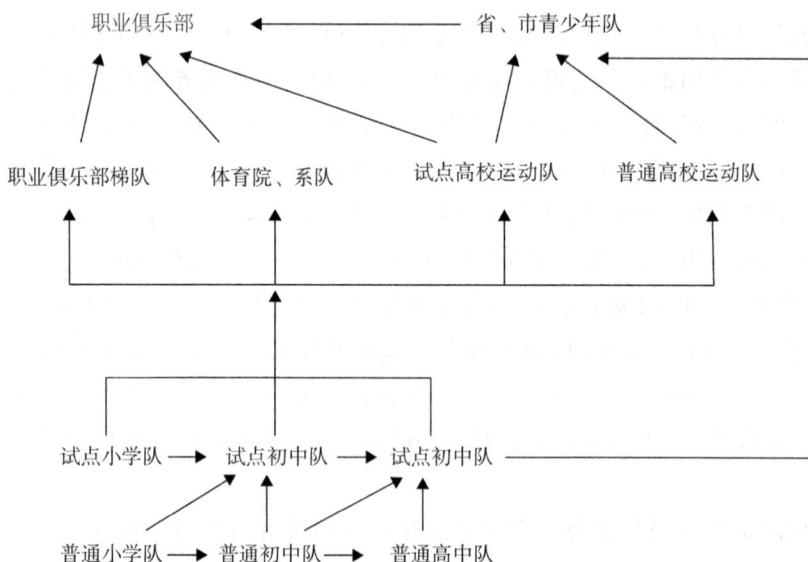

图 1-3 中国理想足球后备人才培养体系模式

校园足球的开展,只是作为一个平台为中国足球运动整体水平的提高创造出最基本的条件,校园足球开展的好坏还会受社会足球氛围的影响、家庭对学生的影响,以及国家对足球运动开展的政策影响。学校开展校园足球的软、硬条件也会对校园足球开展的成效产生影响,如足球运动场地及器械是否具备、学校是否有专门的领导机构、学生活动时间和教练水平是否能够保证、校园足

球赛事是否规范、足球比赛奖励制度能否跟上,以及所在地区和学校的校园足
球开展氛围是否融洽等。

思考题

1. 通过文化比较阐述古代足球运动与现代足球运动的异同处?

2. 当今国际有哪些主要的足球组织及相应的赛事?

3. 从社会与经济发展角度简明论述中国足球发展的战略。

4. 谈谈你心目中的中国式校园足球。

第二章　足球运动与大学生健康教育

◎本章导读

　　以足球运动促进学生的体质健康是本教材的指导思想。本章就身体形态、身体机能、身体素质、心理健康和社会适应能力等五个维度诠释了足球运动对学生体质的影响。足球运动能够有效增长同学们有关健康教育方面的基本理论和知识，这些基本原理既是帮助同学认识自我健康的向导，也是今后作为科学地选择方法和手段积极身体锻炼的基本依据，达到终身体育的目的。

第一节　足球运动对身体形态和机能的影响

一、足球运动对心血管系统的影响

　　心血管系统包括心脏与血管两部分，人体通过心脏将血液输送到全身的各个血管，其意义在于为肌肉运动提供养分和氧气。人体心血管系统是一个封闭的循环系统。每个人的心脏大小相当于自身的拳头，位于胸腔中间偏左的位置，有两房两室，右心房接受血管(上、下腔静脉)中的无氧血

> **小知识**
>
> 参加足球运动，无论对身体形态还是对身体内在的影响，都会使人体的生理机能及心理素质得到提高，以促进身体健康。

液，血液从右心房流向右心室，同时经肺中氧化过的有氧血液注满左心房，有氧血液经左心房注入左心室，左心室强有力地收缩，使有氧血液泵向全身。连接心脏左心室的主动脉，分支为小动脉，像树枝一样，使有氧血液遍布身体各部分。毛细血管是附在动脉上的微小血管，它们可以从小动脉中，将营养物质(氧气和葡萄糖等)运输到肌肉细胞中去，又将肌肉细胞中的废物回收到小静脉里。同样，小静脉也像树枝一样，最后汇成上腔静脉和下腔静脉，将无氧血液回流到右心房。而右心室将无氧血液流向肺部(肺泡)进行氧化，氧化后的有氧血液则回到左心房，这就是肺循环。从左心室出来的有氧血液，流遍全身后，再以无氧血液状态回到右心房，这是体循环。

　　从血液循环的整个过程看，要有充分的氧气和养分迅速传向全身，又要使人体代谢废物尽快回收并排出体外，心脏的泵血能力，血管的通透性和弹性，以及全身肌肉挤压血管的能力是主要的因素。其中心脏作为"泵"，起到全身血液

循环的动力装置作用。心泵的主要功能就是把心脏内的血液有效地压出以维持心搏出量,以供应全身组织器官的需要,同时,也推动了血液循环的进行及静脉血的回心。人体运动时,因机体的需要而增加做功,促使心输出量增加,血流也加快,而衡量这个功的大小,通常用心搏出量来表示,即每分心搏出量(每分心搏出量=每心搏出量×心率),正常人安静时心率为 70 次/分,每心搏出量为 60~80 毫升,则每分心搏出量为 5 升左右。

参加足球运动的同学由于要进行较长时间的耐力跑和冲刺跑,并在场上做各种对抗状态下的传接球、控制球、射门等动作,心脏会反复受到超负荷的刺激,心室(尤其是左心室)就会增大,心肌壁变厚,会使心脏的压力刺激更加有力。心肌的运动性肥大表明了心脏会有更大的每心搏出量,它能使更多的血液在心腔收缩前充进心室里,同时,在收缩时心肌更有力地将血液压向全身。同学们可以通过一段时间(每星期至少 3 次,并持续 3 个月)的足球运动,测试一下自己,会发现安静心率明显下降,这表明心脏"泵"血功能的增强。目前,同学们通过测试心率的办法,来控制运动强度,把握运动的安全性以及评价运动结果,是最有效的科学性操作办法。研究资料表明,职业足球运动员的平均心率值普遍在 50 次/分左右。通过对心率值的比较分析,可以表明,参加足球运动后会引起心脏工作状况与血容量等中心性因素的改变,从而导致了其最大摄氧量的提高,而通常最大摄氧量指标,常被运动医学专家用来作为判断人体的健康程度也是人体有氧代谢能力的指标。

二、足球运动对呼吸系统的影响

人体呼吸系统的功能就是吸进氧气和呼出多余的二氧化碳,通过这个过程,也使人体获取能量,维持正常的生命存在。呼吸系统包括三部分:外呼吸即肺通气和肺换气;气体在血液中运输;内呼吸即组织呼吸,细胞内的氧化过程也包括在内。外界空气与肺之间的气体交换过程为肺通气,呼吸运动是实现肺通气的原动力,引起呼吸运动的肌肉为呼吸肌,呼吸肌的舒张和收缩使胸腔容积发生变化。吸气时横隔胸膜降低,肋骨提高来扩大胸腔,胸腔内气压降低,空气就被吸入到肺内;呼气时则横隔膜提高,肋骨降低,胸腔收缩使肺里的气压增大,气体则顺势呼出。吸气时氧气被吸进到肺里,在肺中经分解溶入并结合到血液中运输;呼气时二氧化碳则充满肺泡壁上的小气囊。肺泡表面很薄,很湿润,气体可穿过肺泡,肺泡外面包绕着丰富的毛细血管,这些毛细血管通过血液流动,将氧气输送到细胞,这样在细胞里食物被分解成人体必需的能量,以维持人体生存和运动。

当同学们在足球场上,经过激烈奔跑和运球盘带后,必然会呼吸急促,呼吸系统的反应明显加强,这是因为此时对氧的需求急剧加大,以获得更多的能量,因此,同学们会加快呼吸的频率,同时,还提高呼吸深度(潮气量增加),以提高每分通气量。休息时,一般每分通气量为 5 升左右,而参加足球运动后,每分通气量会迅速超过 100 升。据测定,经常参加足球运动的同学的肺活量要比其他同学多 2000 毫升。

足球运动的对抗性和全身性运动,使同学们在增强下肢肌肉力量的同时,也会增强躯干肌肉即胸腹部位的呼吸肌力量,有效提高每分通气量。从理论上讲,呼吸系统中肺通气量的潜力很大,也容易提高,而结合心血管系统和人体其他系统的气体交换和气体运输则是瓶颈。每分通气量与每分摄氧量的比值为呼吸当量,安静状态下,正常人为 20～28,当同学参加高强度的足球运动时,呼吸当量会上升至 30～35。

三、足球运动对运动系统的影响

足球运动在身高和体重上并没有对参加者有特殊的先天要求,这就为同学们毫无顾虑地投入到这项运动提供了方便。在这里我们可以说一个励志的故事。阿根廷球星梅西从小跟他的同龄人一样很喜欢踢足球,但不幸患上的侏儒症却困扰了他,13 岁时他的身高只有 1.40 米,后被星探介绍到巴塞罗那的玛利亚医院,积极的治疗和巴塞罗那足球俱乐部的严格要求,终于成就了他的辉煌。对于我们有正常身高和体重的同学来讲,还有什么能够限制我们参与足球运动呢？对守门员和其他足球运动员的体脂平均值比较后显示,守门员的体脂平均值相对来说较高,这就说明了除守门员外的足球运动者,代谢负荷相对较高,并有较低的体脂平均值。同学们进行一段长时间的足球运动后,就会发现大腿肌肉特别发达,人的体形则呈现内胚型(躯体学术语)。

> **小知识**
> 球星梅西的励志故事告诉我们,后天运动对身体成长的重要性,同时也说明对足球运动员先天运动条件的要求是很宽松的。

肌肉以简单的收缩方式使人体做很多动作,肌肉通过腱依附在骨骼上,通过吸收并转换能量代谢来收缩,但不能产生推力。正常人体共有 600 多块大大小小的肌肉,它们通过神经中枢(感觉运动皮质、基底神经结、小脑、脑干和脊髓),并根据身体需要,通过神经系统履行不同功能肌肉的收缩做功。

同学们参加足球运动会使全身的肌肉都得到全面的收缩并做功。在跳跃、变速奔跑、转身、踢球、抢断等一系列动作中,腹肌、股四头肌、股二头肌和小腿三头肌群要产生相当大的力;为了完成各种控制球、踢球的动作并维持身体平衡,保持髋关节、膝关节、踝关节需成一定的角度,都需要持久且强烈地保持收缩(包括髋屈肌和足底、足背屈肌在内),所以,足球运动对于同学肌肉用力收缩的意义,不但在于锻炼大肌肉群的绝对强度用力,也锻炼下肢肌肉群的精细用力,通过这样的用力使肌肉群的用力经济性提高,也就是说同学的起动速度、反应速度和平衡能力都会明显提高。研究表明,膝关节伸肌的动力性肌肉力量和正脚背踢球技术娴熟程度有高度的相关性,所以,这是一个通过踢球可以明显提高下肢肌肉收缩能力的佐证。人体最先退化的功能系统就是运动系统,运动系统最先退化的是下肢肌肉,因此,通过类似于足球运动的身体练习,不但能保持肌肉强壮,使同学们身手敏捷,还有利于延缓全身性的生理功能退化。

四、足球运动对能量供应系统的影响

(一)整体能量供应系统

我们把前面提到的三个系统统一起来,可以整体了解一下能量供应系统。新鲜空气中的氧气被吸入到肺里并被分解,之后与血液结合氧化,心脏将氧化后的血液传送到全身的毛细血管,直至肌肉系统中。人体的能量代谢在肌肉中进行,肌肉中的营养物质和氧气经过氧化作用,产生能量和废弃物,其中的二氧化碳废弃物,经血液运输到肺,并通过呼气排出体外。

(二)骨骼肌能量供应系统

骨骼肌的能量供应系统有三种方式:ATP-CP 供能系统、乳酸供能系统和有氧供能系统。三个供能系统能量供应按工作时间的长短可分成以下 4 个阶段(见图 2-1)。

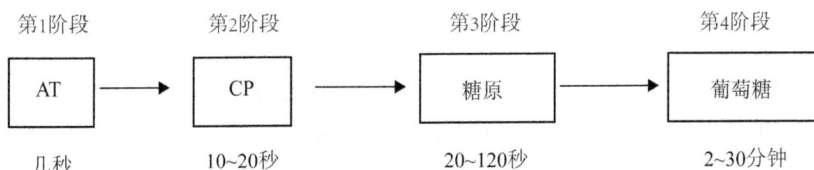

图 2-1　能量供应 4 个阶段

1. 第 1 阶段

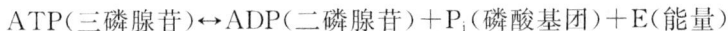
ATP(三磷腺苷)↔ADP(二磷腺苷)+P_i(磷酸基团)+E(能量)

ATP 是肌肉收缩唯一的供能物质,肌细胞内的 ATP 一般只能维持前 3 次的肌肉的最大收缩量,持续时间只有几秒。

2. 第 2 阶段

CP(磷酸肌酸)+ADP↔C(细胞)+ATP

肌细胞内的 CP 储备可维持 20～25 次的肌肉最大收缩,由于 CP 有限,持续时间只有 10～20 秒。

3. 第 3 阶段

糖原+P_i(磷酸基团)+ADP↔乳酸+ATP

肌肉工作大约 20 秒后,收缩所需补充的 ATP,则主要通过糖原的无氧酵解来提供,持续时间约 20～120 秒,此供能方法因无须氧气,故供能速度也较快,但供能效率低,而且会在血液和肌细胞中迅速堆积乳酸,造成肌肉收缩疲劳。

4. 第 4 阶段

GLc(葡萄糖)+糖原(Gn)+游离脂肪酸(FFA)+P_i+ADP+O_2(氧气)↔
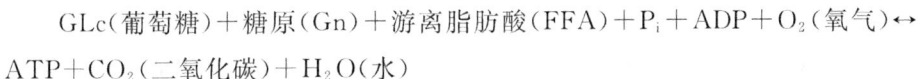
ATP+CO_2(二氧化碳)+H_2O(水)

2分钟后,肌肉继续工作所需的 ATP 逐渐以有氧氧化过程再合成,大约至30分钟后,人体的供能方式主要以有氧供能为主(提供95％以上的能量)。

(三)足球运动对能量供应系统的影响

从一般人参加足球运动的持续时间来看,肌肉的供能方式基本上都属于有氧代谢。足球技术动作需要下肢大肌肉群参与,比单纯的移动所消耗的能量要多。如加速和减速、急停、变向跑动、跃起争抢、冲撞抢截等,这类技术动作明显属于大强度、短时间的运动状态,属于在无氧状态下完成的;而再由慢跑、走动,甚至原地等待等组成的长时间运动,构成有氧运动。因此,足球场上队员的肌肉收缩能源供给方式具有重复性和重叠性。在明白人体运动供能知识后,便可以通过高速度的、大强度的、短时间的足球技术动作练习,增加肌肉内的 ATP 和 CP 储备;通过降低运动强度,加长足球活动时间,使氧气的摄入和消耗平衡,即实现有氧供能系统的正常工作,达到健康健身的目的。

第二节　足球运动对身体素质的影响

身体素质指机体在运动中表现出来的运动能力,通常包括速度、力量、耐力、柔韧和灵敏,是体能的外在表现,也是身体训练的基本内容。同学们参加足球运动能促使自身的体能全面提高。

一、足球运动对速度素质的影响

速度素质指人体快速运动的能力。又分反应速度、动作速度、移动速度和速度耐力。反应速度是指人体受外界各种刺激后所做出反应的快慢,如同学在足球场上根据球的不断运动变化而做出反应的快慢;动作速度指人体完成某一动作的快慢,动作速度受先天影响,但可以通过后天训练得到很大的提高,当然要使带球过人动作做得熟练,还和身体的柔韧、灵敏等素质有关;移动速度是指单位时间内机体移动的位移距离,足球运动是非周期性的运动项目,同学在球场上各种位移速度、身体姿势和运动方向每时每刻都在变化,但只要有位移就离不开步频和步长,步频和步长决定场上队员的位移距离,一场90分钟的比赛,职业运动员至少跑动8000米,大多数都超出万米,一般同学足球场上30来分钟的活动和比赛,只要投入,也有2500～3000米的移动位置;速度耐力指在某段时间和一定距离(5～30米)内反复跑动保持应有速度的能力。同学在足球场上的移动是多变的,有起动和急停,跑动方向反复无常,同时又要做各种踢球、运球等技术动作,因此,速度耐力除了与耐力有一定关联外,更主要的是与反应速度、动作速度、移动速度密切相关。

通过对足球比赛队员跑动的统计结果得知,40％以上的跑动在5～15米之间,不到 40% 的跑动在 15～30 米之间,而 30～50 米间的跑动仅占 15%。因此,进行反复的 5～15 米和 15～30 米的快速活动,是练习起动速度和速度耐力的主要手段,一般每组冲刺 6～10 次(采用最大强度或次最大强度),休息 3 分钟后再做,一般做 3～5 组才有明显的效果。

二、足球运动对力量素质的影响

力量素质是指为对抗阻力的骨骼肌收缩能力,根据运动时肌肉的收缩形式的不同,力量素质可分为静力性力量和动力性力量,动力性力量又可分成最大力量、速度性力量和力量耐力。速度性力量俗称爆发力(爆发力＝力量×速度),以踢球时的技术动作为例,虽然踢球时髋关节和下肢

> **小知识**
> 身体素质的发展敏感期一般在 14～16 岁前,而耐力和力量素质在 20 岁左右还有提升的空间。

运动形成肌肉协调用力很复杂,但就脚背射门而言,伸膝能力(股四头肌动力性力量)与球速间存在高度的相关性。同学们通过足球场上的奋力拼搏,会使全身的肌肉收缩力量和协调收缩能力得到提高,与对手靠近控制球时需要用腿、腰腹力量挤靠;当争抢球权时则需要用腿、腰腹、肩部力量进行合理冲撞;在有球或无球进行快速起动超越对手时需要大腿后肌群的力量来用力蹬地;当要在快速奔跑中急停时需要用大腿股四头肌、膝关节和踝关节周围肌群的力量来制动;在同学抢、截球时倒地和马上起身时,要用脚踝肌群强有力的蹬地来完成;在跳起争抢头球时,则需要用腿部、腹部、颈部等全身的肌肉来协调用力;大力掷界外球时,需要用上、下肢和腰腹肌肉协调用力完成。力量耐力是指机体肌肉长时间工作克服疲劳的能力,常规的一场足球比赛下来,球员不但在场上要跑动几千米的距离,还要在快速奔跑中完成各种传球、射门、控制球、争抢球、跑位的动作,这既要求有力量支撑去做,又需要有耐力来维持完成,从某种意义上来说,更偏重于耐力素质。

同学们平时要注意身体力量的练习,而且是全身性(不仅仅是下肢)的,尤其注意腰腹力量(核心力量)的练习,强大的腰腹力量是获得爆发力的基础,也是使腿部力量以充分发挥的保障。发展肌肉力量,通常以负重和徒手的方法进行,要获得较好的练习效果,需要进行一定的组数和次数练习,每次一个动作做 3 组左右,爆发性力量的练习动作每组做 3 次,持续性力量练习动作每组 10 次以上(上限自我掌握),每组间歇 3 分钟。常用的力量练习方法有俯卧撑(或斜卧撑)、引体向上、仰卧起坐、仰卧两头起、高抬腿、后蹬跑、连续蛙跳、跳绳、连续跳障碍物(栏架、跳箱、人背)、负重蹲和跑(可以背人)、负重提踵。

三、足球运动对耐力素质的影响

耐力素质指同学们在球场上运动所克服疲劳的能力,又分短时间耐力(无氧耐力)和长时间耐力(有氧耐力)。同学们完成一场足球比赛,可能需要移动

5000 米以上的距离，职业运动员会达到 8000 米以上，而且在激烈对抗中，还要快速完成各种技术动作和战术行为，需具备较高的耐力水平。有氧耐力指队员摄氧、输氧和用氧时所具备的耐久力，表现在场上就是中、小强度的跑动能力，包括冲刺、慢跑和走动。良好的有氧耐力不仅能充分氧化体内的糖原等能量物质，源源不断地提供肌肉工作的能源（ATP），而且通过以强有力心肌收缩为主的心血管系统可以较快地消除非乳酸性和乳酸性引起的氧债，所以有氧能力的本质就是心肌的收缩能力，即心输出量和最大摄氧量，氧摄入量与氧供应量之间要达到平衡，一般情况下需 2～5 分钟达到这一状态——稳态，此时，同学们也可以认识到热身运动对提高运动能力、减少剧烈运动中生理不良反应的重要性。无氧耐力是以有氧耐力为基础的，指无氧代谢时队员具有的肌肉活动耐久力。无氧能力取决于肌肉内能量物质（ATP 和 CP）的储备，无氧时动用能量储备的能力、进行代谢过程时中和酸性反应的能力，以及血液中乳酸堆积时，肌肉仍旧正常工作的能力。在足球场完成各类进攻和防守时所采取的技术、战术行为，能提高肌肉长时间工作的能力；在进攻和防守时为完成各种无球动作的战术行动，会提高肌肉长时间下反复跑动的能力。同学们在球场上进行短时间内最大强度运动（无氧运动）后，必须换以中小强度运动（有氧运动）来间歇，以恢复肌肉群有再次大强度能量供给的能力。

耐力素质的提高可以通过长距离（3000 米以上）越野跑、长时间（20 分钟以上）跑等练习进行，但要注意速度素质的相克性，因此，可以结合足球的专项练习来提高耐力，如 2 人或 3 人，甚至多人进行"传接球""运传球"等训练。同时也要认识到有氧运动和无氧运动的相互依赖性，一般以心率 150 次/分为临界点，当处在临界心率时，队员还处于不完全恢复阶段，马上进行新一轮练习，则是发展速度耐力，这就是发展无氧运动能力；若心率下降，低于临界心率，队员基本处于恢复阶段，然后再进行下一轮练习，则是发展有氧运动能力。

四、足球运动对柔韧素质的影响

柔韧素质指人体各个关节活动幅度的大小和肌肉、韧带伸展的能力。同学们在踢球比赛时，往往会做一些速度快、用力猛而且幅度大的动作，如抬脚到较高位置去接空中球、凌空倒钩球，或者突然体位变化倒地铲球等，此时，对身体柔韧性提出了一定的要求。良好的柔韧性便于运动员掌握技术动作和提高技术运动的难度，使身体动作（包括重心平衡）更加协调、舒展、优美，同时还可以减少或者避免身体的受伤、减轻肌肉酸痛、改善体态，能为机体组织提供较多的营养物质。影响柔韧素质的主要因素是关节的结构，关节周围组织的体积，跨过各个关节韧带、肌腱、肌肉、皮肤的弹性，还有中枢神经支配骨骼肌的能力等。因此，柔韧素质不但在健美操、舞蹈等运动项目上要引起足够的重视，在足球运动中也要重视。最后，值得指出的是柔韧性与灵敏性密切相关，灵敏性通常理解为突然改变运动方向的能力。

处在大学阶段的同学（18岁以后），身体柔韧性已逐渐下降，为保持或者提高柔韧水平，应进行经常性的柔韧性专门练习，如果坚持每天系统的练习，柔韧性会很快提高。做广播体操被认为是最基本的柔韧性练习，除了广播操还须进行一些专门性的柔韧性练习，就是使身体各个部位活动的幅度尽可能大，以增大肌肉、肌腱、韧带的充分伸展，要注意一开始动作不宜做得过猛，要慢慢加大力度和幅度，同时在动作达极限幅度时，保持8秒左右时间，这样效果会更好，也更安全。

同学们在参加足球比赛时，无论采用的技术战术水平简单或复杂，也无论表现的程度是精彩还是平淡，都是通过身体活动形式表现出来的，技战术实施过程中所融入的身体素质却不会孤立存在，而是相互联系和相互制约的，体现了交融性、模糊性和互辅性。既有各自独立表示基本运动素质的谓称，也有表示复杂运动素质的关联性谓称，从图2-2就不难看出，身体素质应该得到全面发展和提高，在此基础上再突出重点和强项，处在大学阶段的同学跟少年儿童不同，在发展一般身体素质的同时，还应积极加强足球运动的专项身体素质练习，侧重发展爆发力、耐力等身体素质的训练和培养。在提高身体素质的时候，还要遵循身体素质间的转移规律，当然有良好转移和不良转移之分。良好转移指发展某一素质时会促进另一素质的发展，如发展动力性力量（爆发力），会促进速度素质提高；发展柔韧素质，可使身体的协调能力提高，通过下肢柔韧性加大，步长增大，会使位移速度提高。研究表明，在发展肌肉力量之前，应先发展关节的柔韧性，伸展练习可以加强肌肉的行为能力。当然，另一方面，某一素质的发展也可能会抑制另一素质的发展，如果过多地发展耐力素质，会导致速度素质的下降或者停滞。总之，同学们积极地参与足球运动，就是在提高身体素质，同学们的身体素质也应该能在足球运动中得到体现。足球场上的拼搏，会使同学跑得更快、跳得更高、踢球更有力，在提高起动速度、带球速度的同时，也有了力量素质、速度素质等运动素质的协调发展。

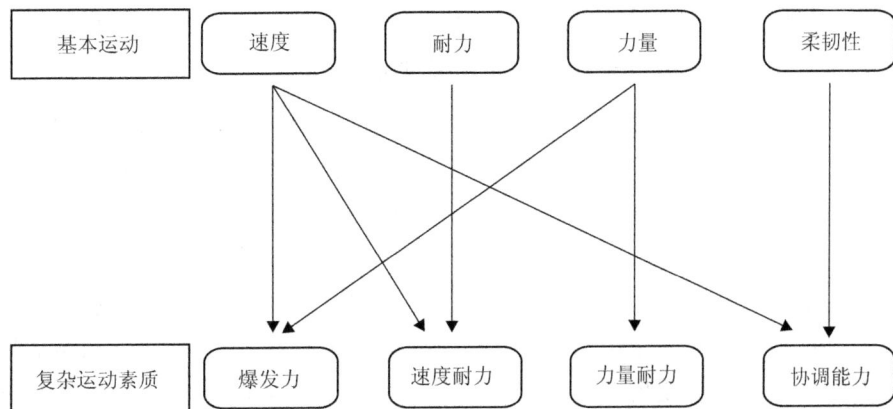

图 2-2　基本运动素质与复杂运动素质间的关联组合

第三节　足球运动对心理健康的影响

同学们在足球场上所表现出来的综合能力,包括身体素质、运动技术与战术水准及心理素质,而心理素质是前两者能正常发挥的内部动力,同时,无论在比赛,还是在训练练习当中,必然会令心理素质增强,形成顽强的战斗作风。顽强的战斗作风是指不怕苦、不怕累、不怕困难,敢于对抗,争取主动的精神和心理状态,同时,也是顽强的意志、高度的责任感和集体荣誉感的具体表现。

一、足球运动有助于创造良好的情绪体验

(一)足球运动有助于获得身体的快感

在足球场上,充满着人类野性的本能,同学们,特别是男同学,在足球场上会找回最具雄性的特性——攻击性,通过场上激烈的拼抢,将体内的攻击性淋漓尽致地释放出来,就好比是进行了一场精神的桑拿。在踢球过程中,旁人看着队员汗

> **小知识**
> 足球运动场内外的情感宣泄和真情流露,都会使人们深刻感觉到一种精神的洗礼。

流浃背,时常还会有疲惫不堪的窘境出现,但他们却感到踢球的满足感和愉悦感,这是一种心理享受的快慰,踢球时获得了无穷的乐趣,通过场上的积极拼抢体会到了竞争的刺激。比如作为一名具有极快运球能力的边锋,很喜欢盘带球过人,绕过对方,下底横传。2014年世界杯首场比赛中,荷兰队队长范佩西的惊世头球,鱼跃冲顶,不但令场上的球员,也让现场和电视机前的观众深切体会到足球运动的魅力所在。同样,同学们也会有这样的感受,在场上进攻时,一记妙传或者说是一个假动作过人,特别是最后射门进球的瞬间,那种惊奇,会给同学本人带来无限的满足感,场边的观众也会为之振奋,如痴如醉。对胜利的渴望,也会在足球场上体现,同时又是以那种积极的、乐观的、进取性的态度来体现。

(二)足球运动有助于体验成功和成就感

任何一个人都不可能随随便便获得成功,都要在成功之前进行艰苦的努力和认真的准备,并脚踏实地地付之行动,而参与足球运动就会体验到付出后成功的喜悦,获得成就感和自信。自信会使人更趋进取和努力去再次赢得成功。无论是一个漂亮的传球,还是一个及时的抢断,或者是精彩配合后的打门成功,都会得到场上、场下队员和观众的欢呼和认可,此时球员感受到的不仅是兴奋,更有成功的喜悦,这些愉快、放松、自由放飞的心理感受,配合趣味性和挑战性十足的竞技状态,会使场上队员形成一个内在自我实现的动机,这是一个强有力的自我激励并获取成功的关键因素,使渴望成功的紧张感和压力保持在一个适当的程度上,这会使球员更加投入到比赛之中。总之,足球运动会使参与的

人员感到欢乐并体验成功,具有积极的正能量。

(三)足球运动有助于体验人际交流的愉快感

当今社会人与人之间的交流太依赖于手机和网络,人们面对面的交流十分缺乏。足球运动需要多人合作与参与,为同学们架构起相互交流的平台,这种真情实感的交流可以帮助人身心发展。队员间、队员与教练间的交流则需要技巧,这对交流双方深层次的沟通都很重要,涉及语言和非语言的交流,如布置、请求、协商、争执、安慰和倾听等方面。球场上丰富的肢体语言也被队员广泛用于交流,比如队员得到一记妙传,便会竖起大拇指向同伴表示赞许;当守门员奋不顾身扑住一个射向球门的险球时,附近边上的队员往往会情不自禁拍其肩膀以示鼓励;最为激动小心的是在某位球员完成了射门进球之后,队员会自发地拥抱在一起欢呼,这是体育运动的魅力,更是足球运动的魅力所在。总之,足球场上的人际交流是双向的,交流时表达的方式跟内容也很重要,成功的交流会使队员间关系更为密切,球队更团结,战斗力也会陡然提升。

二、足球运动有助于减轻不良的焦虑状态

(一)足球运动有助于宣泄消极的心理能量

积极和消极的心理状态,相互交替地影响人们的情绪,当人的情绪处于消极状态时,会缺乏自信、焦虑和沮丧,使人萎靡不振,容易导致失败,在足球场上,球员可以通过投入比赛,有效地宣泄消极情绪,找回自信。比如作为一名前锋队员在场上有意识地逼抢对方脚下的球,或者主动地去接应同伴队员参与进攻,或者带球突破并通过巧妙的传球给同伴助攻,或者自己在对方门前积极跑动和抢位,寻觅射门的时机,捕捉得分良机,最后射门成功,这一系列球场上的行为,会导致前锋队员的兴奋情绪,表现出积极的态度,不断努力地去争取成功。在足球场上宣泄消极情绪的体验,必然会在日常的学习、生活以及为人处世当中,获得积极的心态,也就是获得克服困难的自信。

(二)足球运动有助于疏导不良的情绪

只要参与足球运动,无论水平如何,都会进行比赛练习。和职业联赛的球队、参加世界杯的球队一样,都需要在赛前做情绪上的准备,避免过度兴奋或不够兴奋;在赛中要有自制力,正确面对比分落后等被动局面,冷静对待压力;赛后能承担出错的责任,并用积极的态度和方式对待同伴和对手。球员在用脚接传球时往往比篮球用手传接球的失误更多,一旦传球出错,就会出现负罪感,这时,出错的同学(包括传球或者接球的同学)须认识到自己在足球比赛中,尤其是业余球员,传接球失误会经常发生,频繁的错误是一开始学习技术、战术的必经过程,是最后熟练掌握各种技巧所必须承受的磨炼,出错的同学要认识到犯错误是正常的,要接受,这是种消除负罪感的心理建设,在这个基础上恢复自身一种积极的态度,才能迅速地提高自己传接球的基本技能。还有就是在激烈的

足球比赛场上,时常会由于双方队员凶狠的拼抢、冲撞而出现愤怒的情绪,失去控制力,如恶意侵人的犯规等,但愤怒并不解决问题,只有积极的状态才能激发队员的斗志。球王贝利有句名言"报复对手的最好手段无疑是射门进球",所以,这种激烈状态情况下所能保持的理智,会促使队员以适当的愤怒来动员积极的能量,完成自信和富于表现的比赛。这种足球场上疏导不良情绪的心理调适,如果球员好好运用,能够提升战斗力。

三、足球运动有助于完善塑造健全的人格和精神

(一)足球运动有助于完善个性心理状态

"态度决定命运"这句话,深刻诠释了个性心理特征在为人处世哲学中的重要性。足球运动这个平台可以用来完善自身的个性心理状态,我们理解这个个性心理状态实质上就是一种取胜的态度。在球场上顺风球任何人都会踢,关键在于球队竞技状态处于低谷、大部分球员心理状态失衡时如何迅速调整状态。此时,场上的队员就是要自我暗示:要努力争取打门,以勇敢的行为去赢得胜利。足球运动是一项勇敢者的运动,也是容易使人振奋精神的运动,正是这种热爱,会使同学们努力去克服足球比赛中出现的困难;足球运动是一项集体性项目,不可能一个人从比赛的后场带球一直到前场,再打门,通过同伴间的配合传接球,攻到对方门前,不但省力,而且更容易拉开对方防守的空档,会明显提高射门的成功率,这就需要队员们的责任心和使命感来约束自己,控制自己,完成自己在场上的职责,对于后卫、前卫、前锋和守门员都是如此。防守也一样,防守的主要任务是后卫,但对方大兵压境之时,没有前卫的参与显然很难抵挡对方的进攻;同时,如果前锋积极反抢,或者说在自己的前场就干扰对方的进攻,避免对方快速反击和有效组织阵地进攻,也会对防守起到积极的作用。当然,守门员是最后一道防线,一失误就失分,所以,足球场上整体配合是完善球员个性心理的好途径。

(二)足球运动有助于提高抗挫折的能力

同学们在足球场上比赛时,场上情况瞬息万变,随时都有被动的情况出现,身体疲惫不堪或者说身上运动损伤刚康复、对方队员拼抢的动作过大、同伴队员的传接球出错、打门时球射高或射偏等技术动作失误、受到当值裁判尺度不一的判罚、被队友或对手嘲弄、场上落后的比分等都会使同学情绪低落、灰心丧气,这是正常的,关键在于此时,球员们能否面对困境,把挑战作为提高战斗力的催化剂,把不利因素降到最低限度,保持冷静的大脑和放松的心态,调整好情绪,树立好信心,自我设定目标,勇于面对挑战,这样就会点燃内在的求胜欲望,期望拿到球,一旦有机会就不会轻易放弃,以更加旺盛的精力去追求目标。同时,也不要怕失败,在双方势均力敌的时候,如果因为怕输球,就小心翼翼地去处理球,想避免犯错,不敢主动地去触球、控制球,动作缩手缩脚反而容易造成

失败,殊不知,足球运动积极拼抢的风格是任何取胜球队及队员所应具有的,那种等球、谦让的风格在足球场上会显得格格不入,所以,球场上球员积极主动拼搏、队员间相互勉励,抗挫折能力肯定会逐步提高,竞争意识也会得到有效加强。

第四节　足球运动对社会适应能力的影响

一、足球运动对社会价值观的影响

(一) 足球运动有助于培养合作和沟通的能力

足球运动是带有社会性质的团队游戏,场上队员应该有各自的明确分工,前锋不能像后卫一样防守,守门员不能跟其他队员一样随便跑动,甚至后卫之间的职责也不一样;也不能单兵作战来完成进攻或者防守的任务,这就需要在场上的队

> **小知识**
> 足球运动的群体性和公开、公平的激烈竞技,给人们提供了现代社会公平竞争的绝佳舞台。

员们进行相互间的交流,如果不交流就得不到沟通,特别是相互间的心理障碍不能得到及时消除,队员们的合作基础就很脆弱,要想获得场上战术的成功实施就非常困难。所以,只有通过必要的对话和合适的身体语言沟通,才会在相互间的技术配合磨合上,在心理过程的可接受性上,产生良好的效果,自然地也就形成了场上的比赛合作,这种合作就是凝聚力,球队的凝聚力一旦形成,那么这个团队就会在场上争取主动,赢得比赛控制权,最终凭借清晰的进攻和防守路线获得成功。球员在场上可以用语言进行沟通,通过声音大小、语调高低来调节,也可以用脸部表情和眼神所传递的信息来沟通,但往往更多的是直接通过身体语言来传达信息,传球是场上最好的沟通方式,球员们时常会在一系列连续传球之后,与同伴产生心有灵犀的感觉。足球场上同伴间以及队员跟教练间,不仅需要朴素的语言和非语言的交流技巧,还要提高利用现代技术进行沟通和交流的能力,通过传递和接受信息,使球员们对足球运动规律和自己在场上的任务理解得更透彻,以形成球队和谐的人际关系,这种关系就像是强力凝固剂,把球员们紧紧地团结在一起,形成非凡的战斗力。

(二) 足球运动有助于培养组织和领导能力

前面提到足球运动是一项社会性的团队游戏,由此,就有组织者和领导者的存在,充当这个角色的可以是主帅——教练、队长,也可以是进攻组织者——前锋,或者是防守组织者——中后卫,当然不要忘了守门员,他也可以成为场上的组织者。组织者在场上要把不同智力、不同背景、不同爱好、不同身体素质、不同技术风格的队员组合在一起,形成一致的、有统一目标的行动,所具有的首

要条件就是良好的交流沟通技巧,但这还不够,还必须有领导的艺术和指导的风范,具体表现在性格上,要耐心、随和、善解人意、意志坚定、处事公正和果敢,注重自身的公众形象,有良好的交流技巧,很愿意倾听同伴们的心声,并发自内心地热爱足球运动和场上的同伴,总之,要以"场上队员为中心",为了他们的需要,能自觉不断提高自己的知识水平和足球的技能,用榜样的力量和表率的作用来引导自己的组织对象,最终通过影响他人来实现组织者本人的战术意图。最后还要指出的是组织者要有自己的思想和风格,一旦目标确定,不但要及时地传达给场上队员,而且还要传达坚定实施的信念,只有这样才会使既定的战术意图坚决地得以实行,形成整个团队的自信。

二、足球运动对社会行为的影响

(一)足球运动对人的社会行为具有示范作用

球员在足球场上的各个位置,都有自己的专门角色及打法,技术水平越高,战术配合也越讲究,其各角色的特征就更鲜明。足球运动对每位球员的要求不尽相同,大致有 4 个分工,即守门员、后卫、中场(一般指前卫)和前锋。守门员冲出 15 米开外拦截一个单刀球时,要有敏捷的速度和果敢的决策;如果要防守对方的角球时,则需要用舒展的动作和冷静的头脑把球控制住或者破坏掉。中后卫在场上要有速度的优势,才能胜任及时补位和截断对手传球的需要,同时也要具备很好的弹跳能力,破坏对方频繁对本方球门的吊球。防守型前卫要求有较好的耐力,除了承担防守的任务外,在抢回控球权后,还得马上组织起有效的进攻,对体力是严峻的考验。前卫往往是全队的灵魂和主心骨,有时要根据场上情况,找准机会迅速压上,而且还要能有长距离突放冷射的过硬本领。已退役的国脚容志行就是这一角色的杰出代表,他在场上真正起到了一个帅才的作用,他不但能给同伴传出一个又一个的妙球,而且在传球的同时也有能力把全队队员团结在他的周围,起到稳定军心的作用。司职边锋的队员,既要有速度,也要有耐力,边锋的首要任务当然是进攻,往往带球突破后下底传中,这是他们的绝活。20 世纪 80 年代中国国家队称雄亚洲时,古广明就是担当此职,成为当时中国队的撒手锏;此外,边锋还有协助防守的任务,也就是在前场就要实施抢截,养成在前场一丢球就反抢的习惯。

罗列了场上典型位置的职责后,我们应该明白以下几点:一是足球场上每个人都有自己的角色要担当,而且担当特定的角色是有一定要求的,也就是说在场上要有过硬的本领;二是各个角色在场上是一个整体,例如,进攻时前锋是主角,防守时主角就是后卫了,但无论进攻还是防守,都不能唱独角戏,需要大合唱,形成整体方能实现最大化的场上竞争力;三是各个角色也是可以转化的,只有特定的角色上做出了进攻或者防守的动作,才是有实际意义的行为,队员可以当前锋,也可以当后卫,有时候场上守门员还可以操刀主罚点球和任意球,这就要根据场上需要，以及队员的适应性而定。人们一个群体里，既要做好自己角色分内的事，又要和其他角色很好地合作共事，有时候还需要通过角色的转化，来改变团队结构，使团队实力更强，或者适应性更强。足球场上的角色分工和角色转化，以及各角色的合作体验，有助于同学们走上社会后，更好地融入群体和集体，把握好自身做人的角色。

（二）足球运动对人的社会行为的约束作用

足球运动场上比赛双方为获胜而调动一切竞技因素进行激烈竞赛，是其他运动项目所不及的。一方面我们鼓励球员在足球场上奋力拼搏，勇于进取，另一方面我们又强调指出球员在球场上要进行正当的竞争。尽管为了场上的取胜要采取各式各样的战术，同时也会有直接的身体接触和对抗，但必须首先遵守比赛规则，崇尚体育道德。在场上可以允许技术犯规，我们理解为由于动作失误造成，但要避免侵人的犯规，更不能进行故意的侵人犯规（包括对裁判员），国际足联目前对这类故意的侵人犯规，判罚的尺度是红牌直接罚下。球员在场上比赛时，各种技术、战术运用的动机要纯洁，除了为取胜外，还要尊重对方，尊重场外观众，这样所取得的胜利才算光明正大，体育比赛本身就是一个公开、公平竞争最好的写照。总之，足球场上的胜利不是靠粗野的动作和肆无忌惮的犯规来赢得的，而是靠合理的拼抢、娴熟的技术动作、机智的战术以及文明的行为来争取的。因此，球员通过足球运动能使自身的行为规范有所约束，在日后走上社会，参与到各种激烈的竞争中，不但要做到勇于竞争，而且还要遵守"游戏规则"，善于进行竞争。

三、足球运动对现代生活方式的影响

足球运动拥有世界第一运动的美誉，容易被人们垂青，运动本身的强竞技性是其引人注目的最主要因素，对同学而言，足球运动最基本的作用还是作为强身健体的平台，同时通过这个平台来沟通同学之间的情感，理解做人的道理。俗话说"做事靠智商，做人靠情商"，相信通过足球这项运动，同学们能得到应有的情商，这是其他学科性课程所不能实现的育人任务。同学们在校期间有同学、伙伴和运动场，可以尽兴地去踢足球，但工作以后，特别是随着年龄增大，由于客观条件的限制，大部分人可能不会去踢足球，但从事过足球运动后，不能跟其他外行一样仅仅热衷于世界杯、欧洲杯和南美解放者杯等世界性顶级职业足球联赛，只会看比赛的热闹，不会看比赛的门道。通过品味比赛，要更能理解足球运动所带来的无穷无尽的惊奇和风险。足球运动能使场上队员斗志昂扬，勇往直前，也会使观众为比赛状况的跌宕起伏而热泪盈眶、热血澎湃、精神振奋，在现代人辛勤的工作和平淡的生活之余，增添一些多姿人生。

思考题

1. 参加足球运动对运动系统的积极影响主要表现在哪些方面?

2. 从有氧代谢角度谈谈参加足球运动对心肺功能有什么积极的作用?

3. 如何认识生理健康和心理健康,参与足球运动对人能产生哪些积极影响?

4. 举例说明参加足球运动对自身社会适应能力提高的影响。

第三章　足球运动的保健与医疗

◎本章导读

  相对于众多的体育运动,足球运动是一项高强度、高对抗的体育活动,更需要科学方法和手段来指导和处理。本章主要介绍了一般的营养知识,使人们能通过合理膳食来保持足球运动后的较佳体质状态;通过对运动疲劳产生原因的分析,引导人们在足球运动后根据自身的身体状况提高自我的健身意识;通过对必要的运动损伤及处理的相关知识介绍,以期人们能最大限度地避免在足球运动中出现恶性事故,并能对一般的损伤进行必要的处理。

第一节　足球运动与营养

  这里的营养是指人体从外界消化和吸收身体所需的物质,维持足球运动所需的营养,促进从事足球运动的人们的体质健康,同时增强其运动能力。对于足球运动员来说,合理的营养是指在进行大运动负荷的训练和比赛时所需要的液体、营养素以及能量物质,也可以指在不同环境、不同身体状态下从事足球运动时所需适当补充的饮料、营养品和多种食物。对于普通健身的人来讲都需要通过合理的饮食获得营养,从而保持或者降低体重以及为必要的运动提供能量,那么从事大强度的足球运动则需要补充更多的食物,尤其是碳水化合物(谷物、蔬菜和水果),这样能够有效提高运动能力、减少运动后的恢复时间,预防因疲劳而导致的运动性损伤。

> 小知识
>
> 足球运动前后,合理的营养不但能提供人体充足的营养素和能量物质,而且能有效消除人体的疲劳。

一、膳食与足球运动

  营养素指碳水化合物、蛋白质、脂肪、维生素、矿物质、微量元素、膳食纤维和水,每天通过食物进入我们人体。杂食是人类通过进化所形成的习性,这一习性有助于人类从多种多样的食物中获得营养素。早在 2000 年前的《黄帝内经》中,就提出"五谷为养、五果为助、五畜为益、五菜为充"的食物分类方法。根据我国的民情风俗,一般将食物分成五组。

1. 谷类

  谷类是指小麦、稻米、玉米、小米、大麦、燕麦与黑麦。谷物主要为人类碳水化合物和一部分蛋白质。

2. 蔬菜和水果类

蔬菜为人体提供各类矿物质和微量元素,包括钾、钙、镁和铁,海洋中的植物还提供大量的碘;水果有特别的色、香、味,能提供丰富的维生素 C,跟蔬菜一样其纤维可增加肠道蠕动,有利于人体废物和有害物质的排泄。

3. 鱼、肉、禽、蛋类

鱼类包括淡水鱼和海洋鱼,其中还有带壳的虾、蟹、蚬。淡水鱼大多含有小量的结缔组织和胶原纤维,肉质较嫩,易消化;海洋鱼含有不饱和脂肪,有较高的热量。肉类泛指畜禽类肉,一般指动物的肌肉,肉类往往含有不同程度的脂肪和胶原纤维,能提供人体各种氨基酸,是优质的蛋白质,其中还包括一些矿物质和微量元素,容易被人体的酶所消化而吸收利用,对人体新陈代谢作用很大。禽类的蛋和肉类一样含有较高的营养价值,由于是禽类的胚胎,含有人体必需的各种营养,是最方便食用的天然食物,适合多种人群。

4. 奶类和豆类

奶类主要指牛乳及其他动物的乳类,包括相应的众多乳制品,如乳酪、酸乳、奶油、黄油和奶粉等。奶类主要给人体提供丰富的优质钙源,处在快速生长发育期的青少年,奶制品对于他们的骨骼良好的发育显得尤为重要。豆类包括豌豆、菜豆、扁豆、青豆、大豆和花生等,其中,大豆含蛋白质比例的最高,为 40% 左右,在豆类中为最佳。豆类主要为人类提供植物蛋白和油料。

5. 油脂类

油脂是油和脂肪的统称。在室温下呈液态的叫油,呈固态或半固态的叫脂肪。油脂是人体重要的供能物质,并能在人体内储存起来,成为维持生命活动的备用能源物质。

普通人和足球运动员在膳食的基本组成上并无大的差异,只是在数量和具体营养物质摄入的比例上,特别是能量物质摄取的比例上存在不同,如图 3-1 所示。

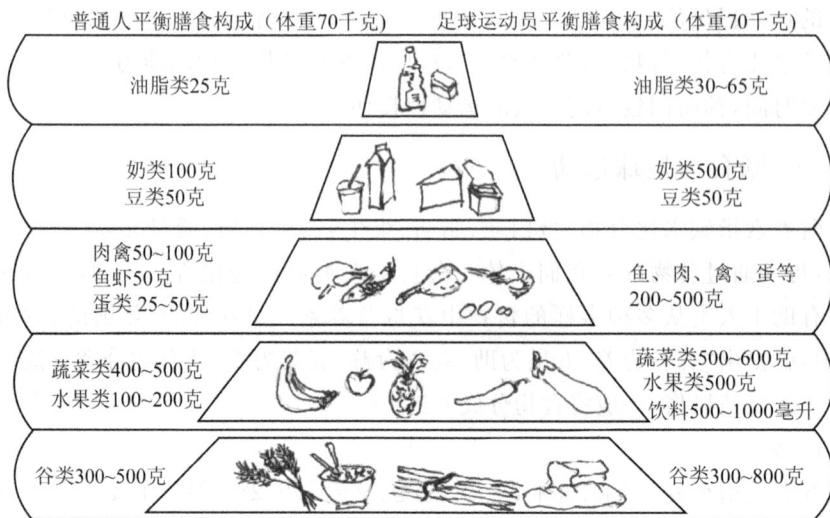

图 3-1　普通人与足球运动员每天平衡膳食比较金字塔

在图 3-1 中,以体重 70 千克为例,足球运动员通常在膳食中增加的谷类用于更多的能量消耗;蔬菜类、水果类及饮料的增加,用于补充更多营养素,满足补充体液和调节人体物质代谢的需要;肉类、奶类等增加,是为了补充在足球运动中流失较多的蛋白质等所需。

二、运动的能量物质及补充

(一)三大运动能量物质

碳水化合物、蛋白质、脂肪被认为是三大能量物质,运动员在足球运动中三者需按一定的比例摄取。碳水化合物相对来说是最佳的能量物质,可以促进肌肉的收缩和恢复,三大能量物质的相互调节能够优化神经与肌肉的配合,便于运动员在足球运动中完成各种技术动作,实现战术意图。

1. 碳水化合物

碳水化合物的种类很多,其中单分子结构的葡萄糖,能快迅地进入血液,引起体内胰岛素增高。葡萄糖是肌肉活动的主要燃料,所以,包括足球运动员在内的大负荷运动的参与者尤为对此关注。同样消耗 1 升氧气,碳水化合物能产生 5 千卡能量,而脂肪只能产生 4.7 千卡,此外,有氧糖酵解产生的 ATP(三磷腺苷)更多且反应速度更快,即提供能量的效率更高。但碳水化合物在体内不像蛋白质和脂肪那样容易储存,因此,运动员如何在足球运动中补充碳水化合物,便成为一个非常重要的技巧。

2. 脂肪

应该承认,脂肪在体内是高浓缩的燃料,但由于不是高效的能量物质,过多地摄入对从事足球运动的帮助并不大,而且容易使身体体重超标。足球运动员需摄入一定的脂肪,以确保体内充足的能量和营养摄入,脂肪通常在足球运动中贡献 30% 以上的热量,维生素 A、D、E、K 也必须借助脂肪才能被吸收,人体自身无法合成的某些必需脂肪酸也需要适时补充。一般认为,长时间进行运动强度低的有氧运动,脂肪燃烧的比例就越大。选择足球运动,进行长时间而间歇性的大强度运动,可以合理地消耗体内的脂肪。

3. 蛋白质

蛋白质进入人体后变成氨基酸,才能合成身体所需的特定蛋白质而被吸收,同时,在人体内的碳水化合物、脂肪不能满足能量供给时,也可以提供能量,生成所需的碳源。

(二)能量物质的补充

1. 能量物质消化吸收的时间

能量物质的补充,一般来源于饮食,而饮食的分解和吸收需要有一个健康的消化系统。食物从口中进入,首先到了胃,低脂肪食物会在 2 个小时内排空,而高脂肪食物会在 10 小时后排空。水在胃里只停留十几分钟;小肠是消化和吸收胃里被液化食物的场所,历时2小时,与胃清空食物过程同步进行;经小肠消化吸收的残渣,进入大肠再吸收,停留时间一般为18~30个小时,如果没有适量的纤维,停留的时间会更长。足球运动的大强度训练和比赛,须在胃排空的情况下才能进行。

2. 能量物质补充的策略

我们是在食物丰富的前提下,认识运动时的能量物质补充,就像在有充足燃油条件下,讨论使用何种标号燃料好。能量物质的补充可遵循以下策略。

(1) 运动前、后要补充足够的能量物质

运动需要消耗大量的能量,因此在运动前要提前补充好能量物质,但不能立即进行剧烈运动。运动后,一些人想通过减少能量物质总摄入来减轻体重,但这种方法是以减去去脂体重为代价来降低体重,会使肌肉重量减少,降低新陈代谢对热量需求,同样也会降低对脂肪的代谢率。选择性地摄入低热量食物,也是不足取的,因为低热量饮食会同时降低其他所需营养物质的摄入,特别容易增加骨密度降低的风险。

(2) 能量补充的时机

在足球场上奔跑、拼抢之后,身体的能耗很大,而踢球往往在下午或者傍晚进行,踢完球后就会进餐。晚餐虽然能使人体大量摄入能量物质,从而使足球运动员达到能量平衡状态,但在体重稳定的情况下,身体脂肪含量却会明显提高。为了下午的运动,中午也可能过量进餐,运动完之后很晚再进食,也会导致肌肉重量降低、脂肪重量增加的状况。人体血糖水平往往在饭后随即升高,然后趋于稳定,3小时后则下降。所以可采用少量多餐的饮食办法,既解决能量物质摄入不足,又解决能量物质摄入过剩的问题,只要保持血糖水平相对稳定,就会使人体供能系统稳定。

(3) 讲究早餐

我们应该知道早餐对人体一天营养摄取的重要性,在充分重视早餐的饮食品质前提下,根据血糖水平在3个小时内会升高或者下降的生理现象,对早餐分两次进餐,第一次按正常早餐时间(上午8点前)进餐,第二次则在10点左右摄取,至于午餐和晚餐按正常时间执行,这样能较好地避免白天急剧的能量不足和能量过剩,不但能改善运动员营养物质的摄入和优化身体成分,更会提高其精神锐度和运动能力。

(4) 液体摄入

足球运动员的长时间、大强度的运动,必然会失去大量的体液,体液不是直接的能量物质,但在运动过程中,几乎所有热消耗都源于汗液蒸发,同时肌肉需要更多的血流量来传送营养物质和清除新陈代谢的副产物。一般人一天大约损耗0.5升水,而从事的足球运动的运动员,一般每小时损耗约1升水,当然,在炎热和干燥的天气里,会达到2升。根据水分在人体胃部停留15分钟的规律,可采用每15分钟饮用200毫升左右的液体的策略;对于大运动负荷后流汗较多的情况,建议摄入含钠 6%～8% 的液体,当然液体可以是白开水、茶水、果汁和碳酸饮料,根据各人的口感、爱好而定。

三、足球运动员的特殊营养

足球、篮球、排球等集体大球项目,要求从事运动的球员有爆发力和耐力,能够大强度的起跳、奔跑、拼抢;同时,运动强度呈间歇性变化,从而形成独特的能量物质利用。足球运动员平时的饮食并无特别,但研究表明,足球运动员的碳水化合物摄取量有待大幅度提高。另外,间歇性的爆发运动较为依赖磷酸肌酸,这意味着必须摄入较多的蛋白质用于合成所需的肌酸。

在足球运动训练和比赛前、中、后食用碳水化合物含量较多的食品对降低运动员的疲劳感有很大帮助。在训练和比赛前 3 小时,宜进食碳水化合物含量高且易于消化吸收的食物;在运动中应利用机会补充含糖的电解质运动饮料(条件许可每过 15 分钟补充一次);运动后适量补充糖类食品,帮助机体补充糖原,尽快消除疲劳,同时在 24 小时内逐渐补足人体能需的液体和食物,直至体重恢复正常。

第二节　足球运动的疲劳和恢复

一、疲劳的定义及产生机制

(一) 定义

疲劳是指人们连续工作或学习以后效率下降的一种现象,可分为生理疲劳与心理疲劳。我们这里所讨论的特指运动性疲劳。1982 年第五届国际运动生化会议专门提出了一些运动词汇,把劳动、运动、功率、力量、耐力、力竭、疲劳、运动强度的定义作了统一的阐述,其中指出劳动不同于(肌肉)运动,运动疲劳和劳动疲劳有本质区别,运动疲劳特指机体生理过程不断持续,其机能在一特定水平或各器官不能维持预定的运动强度。

(二) 产生机制

要领悟运动性疲劳的本质,须理解其产生机制,才能有效地在运动中延缓疲劳,及时准确地诊断疲劳和消除疲劳。目前主要有产生部位和引起物质两大机理解释。

1. 疲劳产生部位

由于任何形式的疲劳,都产生在人体某个或某几个部位,所以易产生疲劳的部位就在神经中枢、神经—肌肉接点(运动终板),以及除神经系统和终板之外的各器官系统。

2. 疲劳产生的物质和代谢因素

经过大负荷的运动后,球员机体内能量物质的耗竭、代谢产物的堆积、内环境体液等平衡失调,都会使机体的生理功能不能维持。

以上造成机体疲劳的几个机理,可能单一起作用,也可能多个综合起作用。

二、疲劳的诊断

(一)主观感觉法

人体运动时的自身体力感觉与工作负荷、心功能、耗氧量、代谢产物堆积等多因素密切相关,所以,运动时自我体力感觉是判断运动性疲劳的重要标准。瑞典生理学家奈尔·鲍格于1973年制定了判断疲劳的主观感觉等级表RPE(见表3-1)。鲍格认为,运动时来自肌肉、呼吸和心血管方面的刺激,都会通过传入神经传到大脑皮质从而引起感觉系统的应激反应,大脑皮质里的细胞经过对传入信息的分析,继而对自身的运动能力做出相应调整,即通过传出神经,指挥机体各运动器官的运动强度。研究表明,RPE 与心率相关系数达 0.80～0.90,呈高度相关性。表 3-1 中的等级数乘以 10,即为感觉者的运动负荷心率。

表 3-1　主观体力感觉等级(RPE)

自我感觉	等级
根本不费力	6
	7
极其轻松	8
很轻松	9
	10
	11
轻松	12
	13
稍累	14
	15
累	16
	17
很累	18
极累	19
精疲力竭	20

（二）生理指标评定

脑电图、肌电图、心电图、最大摄氧量、每搏输出量指标测试专业性较强，仪器设备要求高，而肌肉力量、膝跳反应、血压、脉搏（尤其是晨脉）、肺活量等可大众性地普遍采用，是客观定量评定的常用方法。

（三）生化指标评定

对运动后人体的血液、尿液和唾液采样中的就血乳酸、血红蛋白、血氨、血清、尿蛋白、尿胆素、唾液 PH 浓度等指标加以测试，进行疲劳程度的评定，一般属于专门性训练的医务监督。

（四）心理学量表评定

心理健康评价通常采用艾森克人格问卷（EPQ）、明尼苏达多维个性量表（MMPI）、情感状态特征表（POMS）等，这些心理量表应用于人体长时间紧张、情绪压制等容易引起精神状态疲劳的诊断。

三、消除疲劳的方法

无论对于职业足球运动员还是业余足球运动员，一场比赛下来往往体内的能耗很大，都产生一定的疲劳，为了不使其发展成为过度性疲劳，避免对人健康的损害，并快速恢复运动能力，有必要采用主动的方法和手段来消除疲劳。

（一）营养方法

通过合理的营养来补充因运动而消耗的营养物质，有助于修复体内损伤的组织。对于足球运动员，需要在膳食中多补充碳水化合物、蛋白质、维生素、无机盐含量较高的食物，其中碳水化合物和蛋白质有助于人体能量的恢复，维生素 B1、维生素 C、磷和钙离子等矿物质有利于快速消除肌肉疲劳。

（二）物理方法

1. 理疗法

通过按摩、光疗、电疗等手段，促进血液循环，加快代谢物质排出。按摩还可以增强神经系统的调节功能，使循环、呼吸等系统的机能得到有效改善，同时能促进人体的新陈代谢，加速乳酸分解，达到加速疲劳消除和恢复体能的目的。

2. 沐浴法

通常以 35℃～40℃的水温沐浴为热水浴，其中 35℃～38℃的称为温水浴，1℃～20℃水温称为冷水浴，热水和冷水对人体交感神经有刺激作用，可起到镇定作用。通常采用温水浴、热水浴方法，使人体的体表血管扩张，增加皮肤的血流量，从而达到加速肌肉代谢产物排出的目的。

（三）中医方法

中医疗法的理念主要是"补益""理气"，以补肾阳为主的中药能促进下丘脑—腺垂体—靶腺轴的功能，使之处于较高水平，使人体的代谢也处在高水平，有利于代谢废物的快速排出。中医方法还有按摩、针灸、罐疗以及低频电针刺激等。

（四）休息方法

1. 安静性休息

安静性休息就是睡觉。在睡眠状态下人体器官的运动下降到最低水平，处于放松状态中，能源物质能得到逐步恢复。睡眠状态下的大脑皮质细胞也可以得到充分的休息，防止大脑皮质细胞的机能过度使用。

2. 活动性休息

相对于安静性休息，轻微的活动性休息，能促进人体的血液循环，快速补充营养物质和新鲜氧气以消除代谢产物。研究表明，活动性休息比安静性休息的乳酸消除速度快一倍。

3. 娱乐性休息

通过听音乐、绘画、下棋、游戏等休闲娱乐活动，紧张的中枢神经能够得到放松，并消除疲劳。

（五）身体放松练习方法

采用强度小、时间短的身体放松练习方法，促使大脑皮质的神经细胞产生适度的兴奋，对大脑皮层内疲劳的神经细胞起到了诱导作用，从而抑制疲劳的神经细胞，达到促进恢复的目的。

（六）心理调节方法

欣赏悦耳动听的音乐、自我心理暗示放松、他人心理诱导等方法，可以使人产生积极进取、乐观豁达的愉快情绪，这对体力恢复、消除疲劳会产生积极作用。

第三节　足球运动的损伤及预防和处理

一、运动损伤的因素

运动损伤是指运动员在足球运动中发生的各种身体伤害。由于足球运动对抗性强，奔跑速度快，即便是规则允许的合理冲撞，也有相当大的冲力。再者，足球技术动作变化多，急停急起瞬息万变，关节也易发生扭伤，足球运动又是全天候的运动，运动时间长、体能消耗大、心理压力也明显大，因此相对其他运动，损伤情况则更多。我们现在讨论的运动损伤，不同于一般的骨伤科，除了预防和治疗运动过程中发生的骨、关节、肌肉等疾病外，还要研究损伤发生的机理和规律，以

> **小知识**
> 运动损伤重在预防，而发生损伤后则要进行及时的有效处理防止伤情加重。

改进技术动作和训练方法,同时提高运动技能。表 3-2 中对公认的 357 例损伤因素的统计结果表明,犯规动作是致伤的最常见因素;其次是没有很好地遵守训练原则,技术动作粗糙、不规范而导致运动损伤。从这些常见的损伤因素分析,业余足球运动员发病率还高于专业运动员,所以,我们更应认真对待这些致伤因素,有的放矢地采取相应的预防方法和处理措施。

表 3-2　足球运动员损伤因素统计(357 例)

因素	犯规动作	技术不正确	合理冲撞	注意力分散	动作粗野	热身活动不足	体力不支	疲劳	劳损	旧伤复发	场地问题	服装问题	气候问题	不可避免
例次	92	38	36	25	18	20	14	15	30	6	12	4	5	42
百分比/%	25.8	10.6	10.1	7.0	5.0	5.6	3.9	4.2	8.4	1.7	3.5	1.1	1.4	11.7

二、运动损伤种类和部位

(一) 种类

运动损伤可以按发病快慢分为急性和慢性,或按损伤程度分为轻度、中度、重度,也可按照伤的组织结构来分,如肌肉、肌腱、韧带、关节囊、骨骼、周围神经、血管的损伤。但更多的是按致伤原因和损伤的病理改变来分,具体分类如下。

1. 扭伤

关节的被动性活动超越正常的解剖范围,引起关节周围的肌腱、韧带、关节囊、滑膜受到不平衡的牵拉而被撕裂或拉断。如足部内翻或外翻造成踝关节扭伤。这种伤在足球运动中最为常见。

2. 挫伤

身体外表受到钝性物的打击和冲击,使皮下软组织、肌肉、韧带或其他组织受伤,往往伤部皮肤完整无损,临床早期表现为伤部肿胀、局部压痛,之后逐渐出现皮肤青紫,皮下瘀血。在足球场上空中跳起争抢球,或者在与防守队员争抢球与对方队员一瞬间的身体接触时,最容易出现这样的损伤。

3. 拉伤

拉伤是指肌肉、筋膜及肌腱附近的组织因受牵拉性外力所致的组织部分撕裂或者断裂。

4. 骨折和脱位

骨折指骨的连续性或者完整性遇到破坏。脱位指构成关节的骨端对合面的正常解剖结构发生异常变化,一般还伴有关节功能的障碍。

5. 浅部软组织损伤

常见有擦伤、裂伤、割伤等,在足球训练和比赛中经常会碰到这样的损伤,客观上是由于足球场上队员不时地冲撞和铲球,使身体不时地跌倒产生滚翻而导致,此外技术动作不正规或者动作过大也会有意无意地造成身体的伤害。

(二) 部位

从图 3-2 中可见足球运动员在训练和比赛中大致的受伤部位,不过这些伤大都是轻伤(不影响正常运动),重伤的(完全地进行治疗休息)比例较小,其余的受伤一般都可以通过及时治疗,达到功能性的恢复。

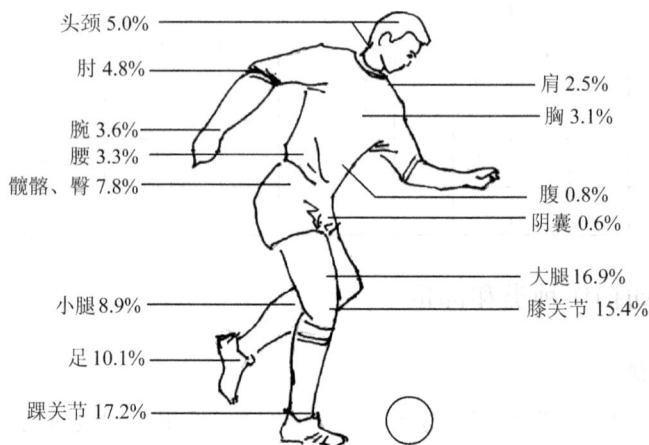

图 3-2　足球运动员损伤部位统计

三、运动损伤原因及处理

(一) 原因

前面提到运动损伤因素都可认为是造成运动损伤的潜在威胁。而足球运动的身体直接冲撞、下肢大肌肉群的用力,以及运动本身大负荷超强度的体能消耗这三类原因则成为引起运动损伤的特有原因,这也是足球运动损伤预防和处理的基本依据。

(二) 处理

1. 关节扭伤(脱位)

(1) 踝关节扭伤

扭伤后应即刻用拇指压迫痛点(韧带损伤处)止血,同时做内翻强迫试验和前抽屉试验,检查是否有韧带断裂,如有条件可用氯乙烷等喷湿的棉花球压迫伤口,以加速止血,同时用软物垫抬高伤肢,并做进一步治疗。现场急救时,切记不能只顾伤口冷却,而不检查伤势,还有就是不顾伤情一律敷上药物包扎,引起皮肤过敏。

轻度扭伤或少部分韧带撕裂,可以用粘膏支持固定,并以弹力绷带包扎,即应敦促伤者做些轻微活动,便于尽快恢复。较重的韧带扭伤、肿胀或肌肉痉挛较多,此时压迫包扎很重要。首先要注意防止进一步的肿胀,如伤及关节囊或关节腔内有较明显积血,应及时关节穿刺,可注射氢化可的松,以消除炎症并保护关节软骨,然后在医生指导下再加压包扎或外敷伤药,3 日左右肿胀消退,应以粘膏带固定,并积极下地进行功能性恢复。如韧带断裂,则为严重扭伤,应与受伤时相反的位置进行包扎,如踝关节内翻损伤,则在外翻位置包扎固定,及早送医院手术治疗,一般在石膏管形固定 2 周后,可进行适当的活动,以加速功能恢复。

(2)膝关节扭伤

膝关节扭伤后,应先进行仔细的检查,以判断受伤的准确部位和受伤的程度,侧向运动试验、抽屉试验、麦氏试验,可基本检查出膝关节内、外侧副韧带、前、后十字韧带及内、外侧半月板的受伤情况。膝关节韧带扭伤以内侧多见,在盘带球、奔跑时突然改变方向,踢球时双方对踢,身体侧向摔倒均可导致膝关节韧带的扭伤。

受伤后,应立即采用冷敷,或用氯乙烷、冷镇痛喷雾剂对局部进行麻醉降温,至皮肤表面有一层薄的雪霜,达到止血、止痛目的,为保护受伤部位不进一步加重,则用松膏带及弹力绷带压迫固定,防止损伤加重或二次损伤。24 小时后可打开绷带,检查伤势,如没有出血,局部可用热疗、外敷药物或按摩等方法治疗,按摩部位和手势轻重程度则视伤情而定。如发生韧带断裂或半月板严重损伤,则应在弹力绷带外面再裹上厚的棉花夹板,并抬高患肢,尽快送医院进行手术治疗。

2. 肌肉挫伤

在足球运动训练和比赛中,由于身体的冲撞和争夺球权,时常会发生被球鞋踢伤或被膝顶伤,引起损伤部位肌肉深部组织的闭合性损伤,常见的部位是大腿前侧的股四头肌、小腿前部的骨膜、小腿后部的三头肌和腓肠肌。挫伤后,以疼痛、肿胀、皮下出血和功能障碍等症状为主。肌肉的挫伤有轻有重,但都应及时处理,因为严重的病例发展到晚期会继发成骨性肌炎。

受伤后应先采取局部冷敷、外敷伤药等,然后适当地进行加压包扎,并抬高患肢,减少出血和肿胀。股四头肌和小腿后群肌挫伤严重时多伴随肌纤维的损伤,组织内出现血肿,出现这种情况应将肢体包扎固定后送医院作进一步诊疗。

头部和躯干在足球场上也会受钝性外力的冲击而损伤,这类情况往往最重要的是先观察患者的呼吸、脉搏,如有休克现象,应立即进行抗休克的处理,让伤员平躺、保温、止痛、止血,并及时送医院作急救治疗。

3. 肌肉拉伤

在足球运动中,大腿和小腿的后群肌拉伤是最为常见的。损伤后会出现局部疼痛、压痛、肿胀、肌肉发僵、痉挛和功能障碍等问题。如果遇到肌肉断裂,伤员会有撕裂感,然后就失去控制相应关节的能力,同时在断裂处能摸到凹陷,凹陷附近还可摸到异常隆起的肌肉断裂端。拉伤时一般也先采用肌肉挫伤、关节扭伤的处理方法,用氯乙烷镇痛喷雾剂进行局部冷敷处理,加压包扎,同时把患肢置于肌肉松弛状态,达到减轻疼痛的效果。对于肌肉或者肌腱断裂者,应在局部加压包扎和固定患肢后,及时送医院进行治疗。至于一般性的拉伤,48小时后可以用按摩的手法进行理疗,可以达到快速功能性恢复的目的。

4. 关节脱位

足球运动中肩锁关节、肩关节、肘关节以脱位较为常见。关节脱位后,有明显的压痛和肿胀,功能也会丧失,甚至出现畸形。遇到这种情况,应先尽量按原有解剖结构给予关节复位,避免血肿产生关节粘连;如果不能复位,千万不能勉强,以免加重损伤,应立即利用夹板和绷带保持脱位所形成的姿势并固定伤肢,尽快送医院治疗。

肩关节脱位时,取三角巾两条,分别折成宽带,一条悬挂伤肢前臂,另一条绕过伤肢上臂,并在肩侧腋下缚结。肘关节脱位,则用铁丝夹板或合适的树枝,置于肘后(或双侧),并用绷带缠稳固定,再用小悬臂带挂起前臂,或者干脆用大悬臂带直接包扎固定。现场紧急处理后,送医院作进一步医治。

5. 骨折

直接或间接的身体冲撞可导致骨折。肋骨骨折常见于倒地后被另外的队员落压;锁骨与上肢骨骨折常产生于倒地后手臂的过度伸展;下肢的胫骨、腓骨骨折常由正面抢截球碰撞所致。骨折发生时,由于骨骼内有丰富的神经末鞘,所以往往在伤口部位会感觉非常疼痛,甚至人会出现休克,如果有骨折断端刺伤或割伤血管、神经等主要组织与器官,发生严重并发症,甚至会危及生命,所以,应及时在现场做好如下的处理。

(1)出现休克和大出血时,应立即给予止血,在伤部的近身端采用止血带并压迫,并采用简单的止休克措施。

(2)尽快固定伤肢,应避免伤肢的移动,以免增加伤员痛苦,更重要的是避免二次伤害,特别是脊柱骨折更会伤及运动神经,所以千万要注意。

(3)如出现开放性骨折,在止血前提下,用消毒巾或纤布包扎即可,不必做更多的现场处理,以免引起伤口的感染。

(4)对于伤员的运送,最好采用担架,也可用床板、门板代替,目的是避免伤员的伤口部分出现任何的相对移动,所以,在运送伤员时,最好用绷带把伤员固定在担架上。对于四肢上的骨折,可采用简单的夹板加绷带的固定处理方式。

(5)注意伤员伤肢的保暖,随时检查伤员的伤肢是否固定,同时也要注意止血部位是否包扎过紧,避免伤肢出现麻木症状,可以通过放松一下再扎实的方法处理。

通过现场的紧急处理后,应尽快将伤员送医院作进一步的治疗。

6. 体表的擦伤和撕裂伤

球员在高空争顶头球,为争球权用肩部合理冲撞,为阻止带球突破采用铲球动作都容易导致体素擦伤。每时每刻共同去争踢同一只球,身体体表的任何部位都会因为摩擦、打击而受到损害,虽然一般只是小出血和组织液渗出,但也要及时处理,以避免引起伤口感染,增加不必要的痛苦。一般用生理盐水和自来水(含有次氯酸)冲洗伤口,再用红药水、紫药水、碘酒涂抹伤口。紫药水有吸湿功能;碘酒相对刺激伤口程度低,但需较多次涂抹伤口。伤口一般无须包扎,一周左右即可痊愈,但如果伤口面积较大或撕裂较深,则必须送医院,视情况进行清创和缝合的专门处理,同时口服和注射药物预防感染。

四、运动损伤的预防

通过对足球运动员损伤种类、部位及因素的了解,可以从本质上来理解运动损伤的预防胜于治疗的意义,为此,在平时的运动训练、比赛中有针对性地采取保护措施,便能达到减少运动损伤的目的。

(一)肌肉力量的训练

在肌肉力量弱的情况下,参与足球运动训练和比赛容易引起肌肉损伤,这是从肌肉的绝对力量而言,人体左、右肢肌肉力量分析表明,力量弱的一侧肢体更会使运动技术变形或运动能力降低;从肌肉的相对力量面言,拮抗肌(又称对抗肌)力量要相对平衡,如股四头肌和腘绳肌就是一对,下肢前摆的大力踢球,需要有强大的股四头肌收缩,但如果力量太强,会引起腘绳肌的收缩不对应,也就是不拮抗;从肌肉的协调用力而言,力量弱的肌肉控制系统(即神经控制系统)也往往难以控制身体的随意运动。所以,提高身体全面的肌肉力量,提高肌肉快速的收缩能力和爆发力是足球运动员避免运动损伤最主要的因素。

(二)热身运动和放松运动

热身运动的结果在于提高人体温度,特别是肌肉温度,刺激有关平衡及协调活动的神经反射,舒展运动器官的软组织——肌肉、腱、韧带,增加其弹性,从而增强神经性肌肉组织的功能,同时也为运动员熟悉运动环境和进行进一步的激烈运动

> **小知识**
> 热身运动可增强韧带弹性、关节灵活性,加速肌肉中的血液流动,提高体温和骨骼肌的代谢。

做好心理准备。热身运动要有足够的强度来提高即将参与运动动作肌肉群的血液循环能力,如大腿和小腿的前、后群肌(股四头肌、腘绳肌、腓骨长短肌、股骨前肌、腓肠肌)、后背的竖立肌、腹部的腹肌、肩胸部的三角肌等。这些肌肉的温度升高,也有助于队员灵敏性、柔韧性的提高,可以有效地、及时地做出各种保护性动作,避免运动损伤的产生。一般热身运动需 15 分钟以上,方能使人体有明显的体温升高。

放松运动除了能加速消除疲劳外,还有减少运动损伤的功能,因为有效放松能显著提高睡眠效率,确保人体体能恢复,同时在放松过程中消除部分由于激烈足球运动导致的免疫系统不适应状况。

（三）遵守比赛规则

足球运动允许身体接触和合理冲撞,但不是以球为目的的侵人犯规应该杜绝,在主观上应避免做一些危险动作,如抬脚过高、正面冲撞、蹬踏、空中跳向对方等,作为业余选手,不规范、不正确的技术动作,也会导致受伤,如球踢空、脚的触球部位不对等,而且业余选手相对专业选手来说,自我保护的意识和能力也较差,如摔倒时没有做到及时团身等,这些都要在平时认真学习比赛规则的同时,掌握合理的足球运动方法。当然,专业运动员也要做到技术上的精益求精,因为越是合理并完善的技术动作,越不容易受伤,而且也更省体力。

（四）场地、器材及装备检查

仔细检查足球场地和器材,及时消除事故的隐患;足球运动的训练和比赛前,须认真察看足球鞋、护腿板、护膝、服装等是否完好,身上不戴任何挂件和首饰;准备必要的急救设备,如甲烷喷雾器,护膝(腕)及松字套袜,6厘米宽的绷带和8厘米宽的弹性胶带、碘酒等,做到有备无患。

第四节　足球运动常见的运动性疾病

足球运动中创伤性疾病的危害往往较大,而运动性疾病容易被忽视。运动性疾病往往在长时间、高强度的足球运动训练和比赛状态下,或者在极端气候条件下出现,一般在业余学生运动员中较少出现。根据足球运动特点及实际情况,也应重视发生率较高的运动性疾病,做好保健和预防工作。现就常见运动性疾病做一介绍。

一、肌肉痉挛

（一）症状和机理

肌肉痉挛俗称抽筋,指肌肉发生不自主的收缩反应,是肌肉的一种不自主的强直收缩。足球运动中小腿腓肠肌和大腿后群肌肉发生痉挛最为常见。肌肉痉挛时,局部肌肉坚硬或隆起,疼痛感觉剧烈,痉挛时所涉及的关节暂时屈伸功能受限,痉挛缓解后,局部仍有酸痛不适感。

引起肌肉痉挛机理的实质就是肌肉收缩与放松不能协调交替进行,长时间或高温下的剧烈足球运动,使身体大量出汗,体内电解质平衡紊乱,钠离子和钙离子减少,影响肌肉神经的兴奋传导和收缩;乳酸堆积,促使肌细胞停留在兴奋当中;寒冷刺激和肌肉运动性损伤及局部出血,也会造成肌肉不良的刺激引起肌肉的强直性收缩。

（二）现场处理

1.牵引痉挛肌肉

一般性的肌肉痉挛只要反方向牵引,便可缓解或消失。当大腿后群肌、小腿腓肠肌痉挛时,尽可能伸直膝关节,用力将踝关节充分背伸,慢慢拉长痉挛的肌肉,切忌用力过猛造成肌肉拉伤。

2.按摩与针灸

通过擒拿、按摩、揉捏、重力按压穴位以及针灸治疗方法,能有效促进肌肉的血液循环,解除肌肉痉挛,增强肌肉的功能,同时还可以消除肌肉的疲劳和酸痛。

3.药物疗法

口服含有钠离子、钙离子、镁离子丰富的运动饮料和食物进行矿物质补充;口服维生素 E 和葡萄糖酸钙,使肌细胞兴奋性降低,同时维生素 E 能促进毛细血管和小血管增加血流量。

4.浅部的冷疗和热疗

痉挛后可对对抗肌中过度兴奋的肌肉进行冷却,以降低肌张力、缓解痉挛;中性温度(机体深部的组织温度约 40℃)的浅部热疗,可降低 r 运动神经元的兴奋性,从而以局部抑制手段缓解痉挛。但千万不能整体受热,比如进行热水浴,会加重痉挛症状。

二、运动性腹痛

（一）症状和机理

运动性腹痛指在足球运动训练和比赛中因生理或病理原因发生的腹痛症状。较常见的是肝脾瘀血、胃肠痉挛和膈肌痉挛。

在剧烈的足球运动中,骨骼肌的血管会扩张以增加血流量,胃肠道血流量会减少 80%;达到最大吸氧量为 70%的运动强度时,内脏血流仅为安静时的30%～40%,因此造成肠道相对的血量减少,易引起肠道蠕动功能紊乱。还有就是刚一运动时,由于内脏器官还没有提高到应有活动水平,就承担过大的负荷,尤其是心血管系统还未充分动员起来,影响血液流回心脏,会产生肋部胀痛或牵拉痛。此外,呼吸急促、无节奏,都会造成胸膜腔内压上升,使下腔静脉和肝脾静脉腔回流受阻,导致肝脾瘀血肿大而腹痛。

（二）现场处理

在足球运动中出现腹痛时,要先了解腹痛的性质、部位,通过腹痛的部位与当时的运动强度关系,来判断是疾病引起,还是由相关生理原因引起的。原发疾病引起的情况较少,但不能掉以轻心,对于患胃肠或其他内脏器官疾病者,愈合前应避免足球运动。大部分情况还是由于热身运动不充分,或者运动强度过大所引起的,此时,应立刻降低运动强度,调整呼吸和动作节奏,使疼痛缓解直至消除。如果无效可以用手按压疼痛部位,若疼痛反而加重,则应立即请专科医生诊治。

三、运动性中暑

(一) 症状和机理

运动性中暑指进行足球运动时产生的热量超过身体散热能力而发生的过热状态。特别在夏季的足球训练和比赛中较易出现,伴随着大量出汗,中枢神经系统出现功能障碍,甚至出现衰竭。

正常人体温度在 $36.5\pm0.7℃$,人体下丘脑部通过对肌张力、血管张力和汗腺功能的控制对体温稳定需产热和散热之间进行平衡。人体产生热量除体内氧化代谢中的基础热量外,肌肉收缩产生的热量是另一个重要的来源。常温下人体散热方式主要是辐射,其次是传导、对流与蒸发。当外界温度升高并且超过皮肤温度时,人体散热主要依靠出汗以及相应的皮肤和肺泡表面的蒸发。如果肌肉产生的热量超过散发的热量,使体温升高到 $40℃$ 以上,导致体液过度丧失,引起身体组织、器官功能的损害就会产生一系列热损伤。运动性中暑可分为热射病、日射症、热痉挛和循环衰竭类型。

(二) 现场处理

1. 物理降温

立即将患者移至阴凉处,解开衣服,有条件的情况下用凉水擦浴,可在头部、腋窝、腹股沟处放置冰袋,并用电扇吹,以达到迅速散热的目的。

2. 药物降温

通过静脉补液,对人体滴注氯丙嗪,以调节体温中枢功能、扩张血管、松弛肌肉和降低氧消耗,协助物理降温。

运动性中暑的处理,最主要的是及时降温,消除水、电解质紊乱以及保护心、脑、肝、肾等重要器官。另外要注意重症中暑者,其往往有多器官并发症的临床反应,需高度重视,需立即送往医院做进一步的专业医治。

思考题

1. 从足球运动的供能特点分析,怎样的饮食结构较为合理。

2. 简述足球运动后的疲劳特点,举例说明足球运动后采用怎样的方法和手段消除疲劳。

3. 简述足球运动的项目特点导致身体最易损伤的身体部位有哪些?如何预防?

4. 踝关节和膝关节发生扭伤时,临场如何处理?

技能篇

JINENG PIAN

第四章　大学足球初级水平教学指南

◎**本章导读**

根据足球运动技术和战术的内在规律,把足球运动的主要技战术按内容分成初、中、高三个级别水平进行介绍,便于同学选择性掌握足球运动的各项技术和战术。本章主要介绍了足球运动的技战术分类,阐述了熟悉球性的方法,讲解了参与足球运动的最基本的踢球、运球、停球等技术运动要领和练习方法,分析了足球运动最基本的进攻和防守的战术原则和赛场上要求,最后还介绍了足球游戏,希望能对此项运动的初学者带来积极的指导和帮助。

第一节　足球运动技战术分类

足球技术在比赛中有着特殊的地位,它是完成战术配合、决定战术效果的前提和保证。技术是完成战术配合的基础,同时战术的发展又促进了技术的提高。著名的联邦德国足球教练赫尔穆特·绍恩曾说过:"足球运动最重要的决定性的部分是技术",换句话说,有什么样的足球运动技术,就有什么样的足球运动战术。

一、足球运动技术基本分类

足球运动技术指运动员在足球比赛中所采取的合理动作的总称。它是运动员在比赛实践中逐步形成、发展和完善起来的。足球运动的技术动作丰富多彩,在比赛中不仅需要运用支配球、争抢球的技术动作,还要进行支配球和争抢球的行动动作,也正是这种在比赛中符合规则的无球和有

> **小知识**
>
> 无球技术和有球技术须结合足球比赛加以应用,其中有球技术主要体现在带球、踢球、接球等三大技术动作上。

球的攻守动作,构成了复杂多变的足球技术动作内容。因此足球技术可分为无球技术和有球技术两大类。

(一) 无球技术

起动:原地起动、活动中起动。

跑:正面快跑和冲刺跑、曲线跑和折线跑、侧身跑、后退跑。

急停:正面急停、转身急停。

转身：前转身、后转身。

（二）有球技术

踢球：脚内侧、脚背正面、脚背内侧、脚背外侧、脚尖、脚跟。

接球：脚底、脚内侧、脚背正面、脚背外侧、胸部、腹部、大腿、头部。

头顶球：前额正面、前额侧面。

带球：脚内侧、脚背内侧、脚背外侧、脚背正面。

抢截球：正面抢截球、侧后铲球及抢截球、合理冲撞抢截球。

假动作：有球的假动作。

掷界外球：原地掷球、助跑掷球。

守门员技术：准备姿势、选位、移动、接球、扑接球、掷球、踢球、击球、托球。

二、足球运动基础及组合技术分类

1. 一元（单个）技术

（1）进攻技术
- 接球　　足部、腿部、胸部、头部
- 运球　　足部、头部
- 过人　　足部
- 传球　　足部、头部、手部（掷界外球、守门员掷球）
- 射门　　足部、头部

（2）防守技术
- 抢球　　足部（包括铲球）头部（包括争顶球）
- 断球　　足部、腿部、胸部、头部

2. 二元组合技术

（1）接—运、接—过、接—传、接—射。

（2）抢—运、抢—过、抢—传、抢—射。

3. 三元组合技术

（1）接—运—过、接—运—传、接—运—射。

（2）抢—运—过、抢—运—传、抢—运—射。

4. 四元组合技术

（1）接—运—过—传、接—运—过—射。

（2）抢—运—过—传、抢—运—过—射。

三、足球运动战术分类

足球战术是指球员在比赛中为了战胜对手,根据主客观的实际所采用的个人和集体配合手段的综合表现。技术、身体素质、心理品质和战术质量紧密相关。运动员的技术和身体素质是战术的基础;良好的心理素质又是完成战术任务的保证。

足球比赛始终存在着攻守矛盾，攻和守不断地转换构成了比赛的全过程，所以，足球战术可分为进攻和防守两大系统。进攻和防守又分别包含着个人战术和集体战术两大类。足球比赛实践证明，成功地组织战术和巧妙地运用战术是夺取比赛胜利的重要因素。

足球战术的分类如下。

（一）进攻

1. 个人

摆脱、跑位、传球、接球、射门、运球、过人、掷球。

2. 局部配合

掩护配合、传切配合、二过一配合及三人配合等。

3. 全队配合

边路、中路及转移、反击等。

4. 定位球

开球、角球、球门球、任意球、掷界外球、罚球点球。

（二）防守

1. 个人

盯人、选位。

2. 局部配合

临近位置的配合、保护、补位。

3. 全队配合

区域、盯人、混合。

4. 定位球

开球、角球、球门球、任意球、掷界外球、罚球点球。

11 人制的足球比赛是一项集体性的比赛，所以无论是进攻或者是防守，在场上，队员们都有明确的分工，并以阵型体现，如四二四、四三三、四四二、三五二、五三二、四五一等。以"三五二"为例，表示三个后卫，五个前卫，二个前锋。一般弱队则投入后卫多一点，以加强防守；而强队则投入前锋多一点，以体现其优势的存在；控球能力强的队，则前卫人数多一点，以控制中场，做到进能攻，退能守，赢得场上的主动权。

第二节 大学足球初级水平技术

一、无球技术

足球的无球技术指各种不结合球的跑、跳、移动及其他各种无球的行动。

据比赛的临场统计分析,一个控制球能力很强的队员一次所能控制球的时间也只有两三分钟左右,扣除各种死球停止比赛的时间外,大部分时间都是处于无球状态下的活动。因此,球员对无球技术的掌握运用是否合理在整个比赛中具有重要意义。

(一) 热身运动

在训练或比赛开始前,先做几分钟的热身运动对身体和注意力都是很好的准备。热身给大脑以刺激,使你的身体为更强的运动做好准备;热身还可以避免运动中的突然用力而拉伤肌肉。

1. 静态牵拉

静态牵拉是指在静止不动的情况下拉伸肌肉和关节,分为以下几种情况。

(1) 拉伸大腿后部肌肉

坐在草地上,把要拉伸的腿在体前伸直,弯曲另一条腿,整条腿的内侧贴近地面,与伸直的腿组成三角形,背部挺直,从胯部尽量向前屈,双手抓住伸直腿的脚尖,保持这个姿势10秒钟。

(2) 拉伸大腿内侧肌肉

方法一:坐姿,双脚脚底相互贴近,膝盖向外撑并尽量贴近地面,双手抓住双脚踝,保持这个姿势10秒钟。

方法二:坐姿,双脚在体前伸直并分开,保持背部和膝盖部位挺直,从胯部向前屈体,双手从腿内侧去抓住双腿的脚踝,保持这个姿势,感觉大腿内侧被拉紧,保持这个姿势10秒钟。

(3) 拉伸小腿(后部)肌肉

俯身,用双臂和一条腿(伸直,脚尖着地)支撑身体,另一条腿屈于体前放松,身体重心集中于支撑脚的脚尖处,脚跟向后、向下用力,感觉到小腿后部肌肉被拉紧,保持紧张状态10秒钟,放松,然后换另一条腿做。

(4) 拉伸肩部肌肉

方法一:仰卧,抬起一条腿,抓住大腿贴近膝盖一端,用力拉向胸部,保持另一条腿伸直并贴近地面,头部也不能离开地面,保持紧张状态10秒钟,放松,然后换另一条腿做。

方法二:用一只手从外、后侧抓住对侧手臂肘部,拉向被抓手臂的对侧,保持紧张状态10秒钟,放松,然后拉伸另一侧肩部。

方法三:双手手指在头顶交叉互握,掌心朝上,双臂向上、向后伸展,保持10秒钟。

方法四:一只手臂向上伸直,然后前臂向脑后弯曲,放松,用另一侧手从脑后抓住其肘部,向其对侧缓慢拉动,保持10秒钟。

2. 动态牵拉

动态牵拉是指在运动中拉伸肌肉和关节,分为以下几种情况。

（1）扩胸运动（2个8拍）

第1个8拍,双腿成走步式,1~2拍双手握拳,两臂屈肘扩胸2次;3~4拍两臂伸展扩胸2次;5~6拍双手伸展变掌,两臂伸展上举后振2次;7~8拍两臂伸展向下后2次。第2个8拍同第1个8拍。

（2）前踢腿跑步运动（2个8拍）

第1个8拍,双手握拳,两臂屈肘前后摆动,双腿成跑步式,1~4拍向前上方踢左腿1次,跑3步;5~8拍向前上方踢右腿1次,跑3步。第2个8拍同第1个8拍。

（3）侧踢腿跑步运动（2个8拍）

第1个8拍,双手握拳,两臂屈肘前后摆动,双腿成跑步式,1~4拍向左上方踢左腿1次,跑3步;5~8拍向右上方踢右腿1次,跑3步。第2个8拍同第1个8拍。

（4）外摆腿跑步运动（2个8拍）

第1个8拍,双手握拳,两臂微屈肘外张保持平衡,双腿成跑步式,1~4拍左腿向左外摆1次,跑3步;5~8拍右腿向右摆1次,跑3步。第2个8拍同第一个8拍。

（5）内摆腿跑步运动（2个8拍）

第1个8拍,双手握拳,两臂微屈肘外张保持平衡,双腿成跑步式,1~4拍左腿向内摆1次,跑3步;5~8拍右腿向内摆1次,跑3步。第2个8拍同第一个8拍。

（6）原地蹬腿与大步前跑运动（2个8拍）

第1个8拍,双手握拳,两臂屈肘抱于腰间两侧,1~4拍原地蹬腿;5~8拍大步前跑。第2个8拍同第1个8拍。

（7）原地高抬腿与大步前跑运动（2个8拍）

第1个8拍,双手握拳,两臂屈肘抱于腰间两侧,1~4拍原地高抬腿;5~8拍大步前跑。第2个8拍同第1个8拍。

（8）跳起头顶球与大步前跑运动（2个8拍）

第1个8拍,1~4拍跳起头顶球;5~8拍大步前跑。第2个8拍同第1个8拍。

（9）后退快跑与转身大步前跑运动（2个8拍）

第1个8拍,1~4拍后退快跑;5~8拍大步前跑。第2个8拍同第1个8拍。

（二）无球技术的动作要领

1.起动

足球比赛中的起动,是完成各种动作的基础,在一定程度上也影响着技术动作完成的质量,快

> 小知识
>
> 无球技术是足球场上无球状态下的有意识移动。

速起动,能为完成各项有球技术动作赢得时间。在紧逼、凶抢的严密防守中受到对方阻挠时,只有突然快速起动,才有可能暂时甩掉对手,抢先插入空当去接到和处理球。在连续的传球配合中,防守队员只有突然快速起动,才能盯得住对手,去截获或破坏掉对方控制的球。因此,突然快速的起动是短距离内超越对手或盯住对手,抢占有利位置的有效手段。

足球比赛起动是在多种多样的状态下进行,有的在静止中,有的在慢跑中,有的在跳起后落地中,有的在倒地爬起的过程中,有的在转身过程中,有的在后退过程中等。但无论什么情况下,都得注意以下几点。

(1)降低身体重心,身体快速前移。

(2)步频快、步幅小,用力后蹬。

(3)双臂配合两腿动作用力快速前后摆动。

(4)眼睛既要注意周围双方队员的位置变化,又要兼顾球的运动情况。便于起动后动作的衔接。

2. 跑

跑是人的基本活动能力,足球比赛中,要掌握正确的跑的技术,并能合理运用各种方式的跑,才能起到积极的作用。速度已成为现代足球运动的显著特点之一,而快速跑则是“足球速度”的重要组成部分。全面型的足球比赛,要求队员随着球的移动及场上的变化情况,在高速中运动,如进攻队员摆脱防守后去接应拉出空当,占领有利位置等。队员堵截争抢,相互补位,紧逼盯人等,都需快速跑动来完成。因此,跑已是足球运动中不可缺少的重要无球技术。

跑的主要技术动作是后蹬前摆。当身体重心射影线离开支撑点时,须迅速有力地伸展髋关节、膝关节,最后脚趾蹬离地面。后蹬结束时,髋、膝、踝三关节要充分伸展。前摆是支撑腿开始后蹬的同时,摆动腿以大腿带动小腿积极向前上方摆动,带动身体前移,大小腿自然折叠以缩小摆幅,加快前摆速度,大腿摆到最高点时,积极下压,前脚掌自然而积极地着地。同时上体保持适当前倾,两臂迅速有力地前后摆动,以配合两腿协调快速用力地蹬摆。足球比赛中,随着攻守双方的不断转换,要求队员须全面掌握慢跑、快速跑、直线跑、曲线跑、折线跑及侧身跑、插肩跑、后退跑等无球技术。

(1)快速跑

在足球比赛中由于所处的情况不同,跑动步幅、步频随时都有变化,如在接近对手和球时,以及与对方争球的情况下,跑动步幅要小,步频则要快些,以保持身体处于低重心状态,同时身体的前倾角度也要小,这样就能较为容易地控制身体的平衡,及时做出各种需要的技术动作,特别是需要进行争抢、抢传、抢射等情况下,更需要加大步幅和加快步频,以争得刹那的有利时机。

(2)曲线跑

曲线跑是为绕过对方队员,接应来球,内切包抄,断抢来球,盯住对手所采取的跑动。曲线跑时,眼睛应注视周围情况和球的发展,身体向内倾斜,内肩低于外肩,以内侧脚脚掌的外侧和外侧脚脚掌的内侧用力蹬地。

（3）折线跑

拆线跑指进攻队员为了摆脱对手或穿越密集防守所采用的一种跑动。折线跑时,眼睛要注视自己前面左、右的空当,由一个方向突然折向另一方向时,上体和头部要突然向预定方向扭转、倾斜,身体重心迅速移到这一侧,同时异侧脚用力蹬地。

（4）侧身跑

侧身跑是为便于观察场上情况,随时准备参与攻守的具体配合时采用的调整位置的跑动。侧身跑时,上体稍转向有球的一侧,脚尖对着跑动方向,眼睛随时捕捉球的发展和周围攻守双方队员的位置、活动情况,以便及时参与具体的配合或采取个人行动。

（5）插肩跑

插肩跑是为限制处在与自己并肩跑的对手的跑动,进行争抢位置或争夺球时采用的方法。当与对手并肩靠拢跑动时,把同对手接触的一侧肩突然向前探出,同时上体随之斜插入对手与自己同侧的胸前,同侧臂几乎停止摆动,以限制对手跑动的速度。

（6）后退跑

后退跑一般在以少防多时,为延缓对方推进速度,伺机进行争抢或是当对方队员处在威胁着本方球门的情况下,为盯住对手,限制其活动,所常用的跑动。后退跑时,重心稍下降并且后移,使身体稍后倾。步幅要小,步频要快,脚蹬地后须离开地面,两臂自然摆动维持身体平衡,眼睛注视球的方位和对方队员的位置及活动情况,以及同队队员的回防等情况。

3. 急停和转身

比赛中进攻和防守会不断变换,球的位置也随时变化,为了甩掉对手或不被对手甩掉,需要队员在高速奔跑中突然停止跑动,也可能停止跑动后又立即转身或原地转身改变身体移动方向。比赛中运动员的急停和转身可分正面急停、转身急停、前转身和后转身。

（1）正面急停

正面急停时,身体重心下降并快速后移,上体稍前屈,一脚向前迈出并以脚全掌着地用力前蹬,使上体成后倾,另一腿微屈稍后开立,支撑身体平衡,停止跑动。

（2）转身急停

转身急停时,重心下降,上体稍前屈,并且快速向转身方向扭转、倾斜,重心移向转身方向的同侧腿,同时屈膝外转,脚掌外侧蹬地,脚尖指向转身方向,异侧腿迅速向前迈。脚掌内侧积极着地蹬地,使整个身体成内倾,制动身体前冲,停止跑动。

（3）前转身

前转身时,双膝微屈,重心移向转身方向的同侧脚,躯干向转身方向倾斜并扭转,异侧脚前脚掌用力蹬地,身体快速转动,蹬地脚随之上步。

（4）后转身

后转身时,转身方向的异侧脚蹬地,重心后移,身体开始向后转动,同时另一脚抬起外转并向后迈出,脚尖向后,身体转向后方。

4. 身体假动作

比赛中,为了摆脱对手紧逼或为抢夺对手控制的球,常用快速而逼真的身体虚晃动作,使对手产生错误的判断,导致其做出错误的行动或动作,从而达到自己的战术意图。逼真的假动作,会使对手产生相应的反应,当对手做出相应反应时,由假变真的动作必须做得突然,才能达到预期的效果。因此在快速虚晃时自如控制自己身体重心的移动,是顺利完成假动作的关键。

总之,无球技术是足球技术不可缺少的有机部分。在练习时,既要正确理解动作的要领,又要紧密结合专项身体素质和有球技术练习,以根据足球运动的特点全面掌握无球技术。

（三）无球技术的练习方法

足球比赛中,运动员大部分时间处于无球状态下,进行各种摆脱、跑位以及掩护同伴完成接球、传球、射门等技术动作。

1. 教法步骤

（1）讲解示范

教师应以抓住时机、摆脱跑位,做到人到球到关键处来讲解。

（2）运用实例讲解

用实例来边做边讲为最佳方法。

2. 组织教法

（1）开始练习时,可借助对障碍物的摆脱,进行一对一的摆脱练习。在这个过程中,要让学生体会如何能有效摆脱对手,强调动作要有突然性。

（2）一对二结合球练习时,防守者须消极防守,以配合练习。在这个过程中,让学生体会如何快速摆脱对手,有目的地配合同伴传球、射门等。

二、足球球性练习

（一）颠球、推球、拉球、拨球的动作要领

1. 颠球

颠球指运动员用身体的有效部位连续触及球,并尽量不落地地控制球技术动作。颠球是运动员作为熟悉球性的一种主要练习手段,用以增强对球的旋转、弹性、重量及触球部位击球时用力轻重的感觉。颠球的身体部位通常可分为 12 个,包括脚内外两侧颠球、脚背正面颠球、大腿颠球、胸颠球、肩颠球和头部颠球。

（1）正脚背颠球

两脚向前上方踢摆，用两脚正脚背击球，击球瞬间踝关节固定，击球的下部，脚尖稍翘，由于摆腿的原因，击球后使球产生一定的向内旋转是正常的。击球时用力均匀，使球始终控制在身体的周围，上下高度以膝盖至腰间为适（见图 4-1）。

小知识

颠球脚不能直腿颠，触球瞬间要形成向前"搓"的动作，使球在上下运动时有内旋。

图 4-1　正脚背颠球

（2）脚内侧、外侧颠球

抬腿屈膝，用脚的内侧或外侧向上摆动，击球下部，两脚内侧或外侧交替击球，类似踢毽子的动作（见图 4-2、图 4-3）。

小知识

脚分别向内、外翻，用脚内、外侧的中段位置轻击球的底部，把球向上颠起。

图 4-2　脚内侧颠球

图 4-3　脚外侧颠球

（3）大腿颠球

抬腿屈膝，用大腿的中、前部位向上击球的下部。击球时的抬腿与髋关节高度平行或稍高于髋关节即可。可交替击球，也可一只脚支撑，用另一大腿连续击球（见图 4-4）。

小知识

初学的同学可适当加大力量，使球反弹高一点，在单独完成一次颠球后用手将球接住，并重复此动作。

（4）头部颠球

双脚自然开立，膝部微屈，抬头用前额部位连续顶球的下部。顶球时两眼注视来球，保持两臂自然张开，以维持身体的平衡（图 4-5）。

图 4-4　大腿颠球　　　　　　　　　　图 4-5　头部颠球

2.推球、拉球、拨球

（1）推球

推球是指用脚背或脚弓将球由后向前或由左（右）向右（左）运球的技术动作。

（2）拉球

拉球是指用脚掌将球由前向后或由左（右）向右（左）拖拉球的技术动作。

（3）拨球

拨球是指用脚腕的扭拨动作，以脚背内、外侧触球，使球向侧方或侧前方运动。用脚背内侧拨球的技术动作称"里拨"，用脚背外侧拨球的技术动作称"外拨"。

（二）颠球、推球、拉球、拨球的练习方法

1.颠球练习方法及其练习步骤

（1）无球模仿练习

体会身体各部位颠球的用力要领及触球的时机。

（2）个人有球练习

①用左脚或右脚尖直接把放在地上的球向上勾起来。

②用左脚或右脚的前掌向后拉球的同时，用脚尖把球挑起。

③原地先用手抛球，球触脚背后弹起，用手接住，左右脚交替重复练习，直至每次球都平稳地朝正上方运行。然后，球触左、右脚弹起各一次后，用手接住。最后逐渐增加连续脚触球次数，减少手接球的次数，直至完全不靠手接持续颠球。

④用双脚背颠球，记球不落地的击球次数。

⑤行进间（走路或跑步）颠球练习。

（3）多人练习

①两个人一球，每人触球几次后，将球传给同伴，同伴接球后，同样颠球几

次,再回传。可以次数递增持续地交换颠球。

②多人围成圈颠球。3人或更多人围圈颠球,以球不落地为要求,不定向颠球。可用有奖罚规则来提高练习的乐趣和难度。

③"网式足球"游戏颠球。以3人或4人为一组,人数相等各站半场,进行颠球比赛,规则也可参照排球规则,颠球部位不限,每方击球次数可规定为3次或4次。以记分判胜负(见图4-6)。如为5人对5人,场地则画成20×10米即可,网高1~1.5米。一队员站在端线外经手抛球后用脚踢发球,将球踢至对方半场即为比赛开始。队员可用除手以外的身体合理部位触球。此游戏也可将网改变为中间地带(宽度不少于3米)。让球越过此区域,若球落地或人进入中间地带都算失误,判对方得分。规则规定,每人、每队最多有3次触球机会;每队将球传至对方半场前,只允许球触地一次;发球时,球未过网或出界均为失误由对方得分;先得20分的队为胜一局;一般采用3局2胜制。

图4-6 "网式足球"游戏颠球

(3) 颠球练习的常见错误及纠正方法

颠球练习的常见错误及其纠正方法如表4-1所示。

表 4-1 颠球练习的常见错误及纠正方法

常见错误	原因表现	纠正方法
球触脚背上升时未产生内旋	小腿用力方法不对,尤其是直腿用力	腿用力应以膝关节为轴,小腿由下向前上方的甩小腿式用力,搓击球底部
脚背颠球,脚尖上勾或向下	球触及不到脚背,球受力后向内触碰身体,或向前离身体较远	用力时,脚有明显的搓球动作,使膝关节紧张与放松协调,脚掌与地面平行
脚背颠球,击球时踝关节软绵无力	造成脚触球部位错误,用力不稳定,控制不了球的方向	脚击球时踝关节须紧张有力,不要松弛,固定脚型
大腿颠球,球触大腿后,运行方向没有朝正上方	球触及大腿之后,向前或向内触及身体	反复体会大腿上抬到水平时触及足球的感觉
头颠球时,没有抬头,使前额部位朝上,只靠颈部用力	球触及头部后,没有上下运动,而是朝前上方运动,造成颠球次数不多	保持前额朝正上方,颈部保持紧张,注意腿部、身体、颈部的协调用力

61

2. 推球、拉球、拨球练习方法

推球、拉球、拨球的练习方法主要体现在以下几方面。

（1）原地双脚左右拉球。球在身体前面，用脚掌踩球横着向踩球脚的同侧拉球，双脚交替进行。变换为横着向踩球脚的异侧拉球。然后分别练脚内侧和脚外侧停球。要求支撑身体的那只腿的膝部和髋部稍微弯曲，以保持身体平衡（手臂自然张开以保持平衡）（见图4-7）。

（2）原地脚背前推后拉球。变换用左、右脚背轻轻把球向前送，接着用脚掌把球拉回来。身体支撑腿的膝部弯曲，保持身体平衡（见图4-8）。

图4-7　原地双脚左右拉球

图4-8　原地脚背前推后拉球

（3）行进间脚背前推踩停球。用右脚背向前带球，紧接着用脚掌停球，把脚斜置在球的前面，接着用左脚背重复这一动作，再用脚掌停球（见图4-9）。

（4）行进间脚内侧前推踩停球。用左脚内侧向前带球，接着用脚掌停球，把脚斜置在球的前方，再用右脚重复这一动作。

（5）原地双脚内侧来回推球。先用左脚内侧滚动球，接着用右脚内侧挡球，再继续用左脚内侧推挡球。左、右脚转换练习。

（6）原地外拨内拉球。用右脚的脚背外侧斜着拨球，接着右脚向外侧从球上跨过落地，接着用左脚的脚掌前部把球拉回来，再用左脚朝另一方向重复这个动作（见图4-10）。同样的动作，可用脚内侧或脚背来做这个练习。

图4-9　行进间脚背前推踩停球

图4-10　原地外拨内拉球

（7）行进间脚内侧拨球式跨球。用左脚内侧轻轻拨动几次球，然后向内跨球,再用右脚内侧改变球方向,继续轻轻拨动几次球,接着跨球,并用左脚内侧改变球的方向(见图4-11)。跨球是一项基本动作,在控球时加以利用,这既能使脚法敏捷,又能增加练球的乐趣。同样可以用脚背外侧做这一技术运动。

(8)行进间后拉推球。用右脚掌稍微后拉一下球顶部,使球向后稍滚动,接着用右脚内侧把球从支撑脚后面推向左侧,紧接着向左侧方向跑去(见图4-12)。

图 4-11　行进间脚内侧拨球式跨球　　　图 4-12　行进间后拉推球

(9)外拨拉球转身。在球感和协调性有了相当程度的提高后,可在实战中运用所学习的一些简单技术动作。如图4-13所示,用左脚外侧带球,再用左脚掌停球或拉球,然后迅速转身,接着仍用同一只脚的外侧把球踢向相反的方向。

图 4-13　外拨拉球转身

(10)左脚扣,左脚拨,右脚扣、右脚拨,双脚交替进行。

(11)运球向前,踩球并后拉转身180°,另一只脚的脚背外侧向前继续推拨球练习。

(12)脚背内侧向侧前方推拨球后,另一只脚往回踩拉球,紧接着向侧前方推拨球,练习走之字形,两脚交替进行。

(13)向前运球,左(右)腿在球绕一圈做假动作,继续向前运球练习。

(14)假踢后踩球向后拉球练习,两脚交替进行练习。

3.练习步骤

(1)推球、拉球、拨球技术对熟悉球性及下一步教学起着重要作用,所以教学中应给予充分重视,运球教学中应安排此项练习。

(2)教师正面、侧面都要完整示范,使学生初步建立动作概念。

(3)教师分别示范推球、拉球、拨球的分步动作并进行讲解,强调脚触球时,脚的部位及触球部位,同时须指出触球用力过大,会使球远离自己而失去控制;

推球、拉球、拨球动作与身体重心移动配合得不好，会使下一个动作衔接不上。

（4）学生根据动作要领分别做推球、拉球、拨球的无球模仿练习。

（5）学生做推球、拉球、拨球的一次性动作练习。

（6）学生做连续的推、拉、拨动作练习。须在规定的范围内进行慢节奏的推球、拉球、拨球动作练习，然后使活动范围逐渐缩小。

（7）学生做推球、拉球、拨球的组合动作练习。须先做推球、拉球、拨球动作的单一练习，增加熟练程度后再做组合动作。

（8）教师应及时总结指导，纠正错误动作。

（9）必要时让学生做正确和错误动作示范，教师和学生一起分析。

（10）通过学生间的技术动作分析，相互指出错误之处，并加以改进。

三、运球技术

在足球比赛中，要达到射门得分的目的，双方必然会在规则允许范围内，通过各种可以运用的方法去争夺对球的控制权。在取得对球的控制权之后，又要想尽一切办法，通过设下重重障碍而反控制对方，才能达到最后射门得分的目的。为此

小知识

运球方法很多，不一定都会，但要熟练，这样在足球赛场上就能运用自如。

经常需要适当的个人控制球，以控制比赛节奏，并寻找进攻机会，或是一对一的突破对方防守，制造射门的机会，此时也需要运用运球技术。

运球技术动作结构通常由运球方法的选择和准备、跑动中间断性的触球、为下一动作的连接做好准备等三个环节组成。

（一）脚内侧运球

1. 脚内侧运球特点

由于脚内侧运球时身体侧转，因而移动速度较慢。但由于身体前倾有利于将对方与球隔开，故多将其用在运球寻找配合传球时，或者有对手阻挡需用身体做掩护时。

2. 动作要领

在运球前进时支撑脚始终领先于球，位于球的侧前方，肩部指向运球方向，支撑腿膝关节微屈，重心下降，另一只腿屈膝提起，用脚内侧推球前进，然后运球脚顺势着地（见图4-14）。

图4-14　脚内侧运球

（二）脚底拉球

1. 脚底拉球特点

由于拉球时，拉球脚侧的肩部往往指向运动方向，同时身体侧转，因而移动速度较慢。但由于身体前倾有利于将对方与球隔开，故多用在运球寻找配合传球时，或有对手阻拦需用身体做掩护时。

2. 动作要领

在拉球变向时，支撑脚始终领先于球，位于球的侧前方，支撑腿膝关节微屈，重心下降，另一只腿屈膝提起，用脚底拉球变向前进，然后拉球脚顺势着地。

（三）正脚背运球

1. 脚背正面运球特点

由于运球时，是正常跑动姿势，所以可以发挥出较快的速度，因而多在运球前方有较长距离，而无对手阻拦时运用。

2. 动作要领

运球移动时与正常跑动姿势相同，上体稍前倾，步幅不应过长，运球腿提起，膝关节稍屈，髋关节前送，提踵脚尖下指，用脚背正面部位触球，向前推送球（见图 4-15）。

图 4-15 正脚背运球

（四）脚背外（内）侧运球

1. 脚背外侧运球特点

运球时，身体姿势与正常跑动基本相同，因而速度也较快。由于脚踝的动作可很快改变脚背外侧所正对的方向，故在运球脚一侧改变方向时，也多采用这种运球方法。这种方法用身体将对手与球隔开，故掩护球时也常使用。

2. 动作要领

运球时的身体姿势与正常跑动相同，上体稍前倾，步幅不适过大，运球时腿提起，髋关节前送，提踵脚尖绕矢轴向内旋转，使脚背外侧正对运球方向，运球脚落地前用脚背外侧推拨球的后中部。

（五）运球技术的练习方法

1. 无对抗练习

（1）直线运球

A 队、B 队相距 10～30 米站位,A 直线运球传给 B 后则跑向 B 队队尾,B 接球后也直线运球并传给 A′并跑向 A 队队尾,以此持续进行。运球速度可先慢后快,并设定练习时间和间歇时间进行(见图 4-16)。

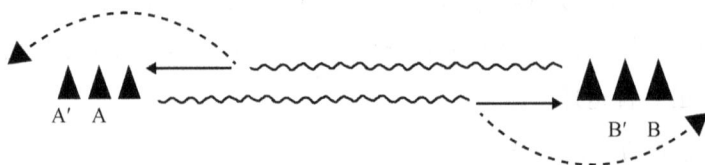

图 4-16　直线运球练习方法

（2）"8"字形运球

设两根旗杆,相距 5～8 米,练习者 A 运球绕旗杆做"8"字形运球,运回后传给 A′,依次进行。可设定练习时间和间歇时间进行,也可一人绕多次后再交给下一个练习者(见图 4-17)。

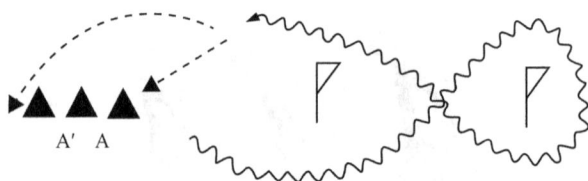

图 4-17　"8"字形运球练习方法

（3）绕圆运球

练习者可利用场地的中圈做绕圆运球,运球一周后将球给下一位练习者,依次进行。练习时,为了增加练习密度,可 2 人或 3 人相隔一定距离同时进行(见图 4-18)。

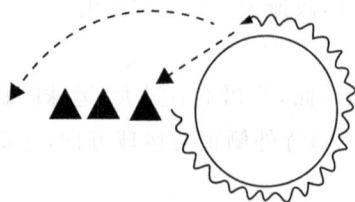

（4）曲线运球

设若干旗杆为障碍一字排开,杆距约 1.5～2 米,练习者曲线运球绕过旗杆障碍。可通过计时进行成绩比较,也可分组曲线绕杆比赛,以增加兴趣(见图 4-19)。

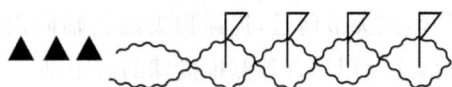

图 4-18　绕圆运球练习方法　　　　图 4-19　曲线运球练习方法

（5）变速运球

练习者持球在一定范围内以快、慢速运球,听教练员发出信号后即做变速运球。也可以旗杆为标记,规定在某段距离内以慢速运球,在另一段距离内为快速运球(见图4-20)。

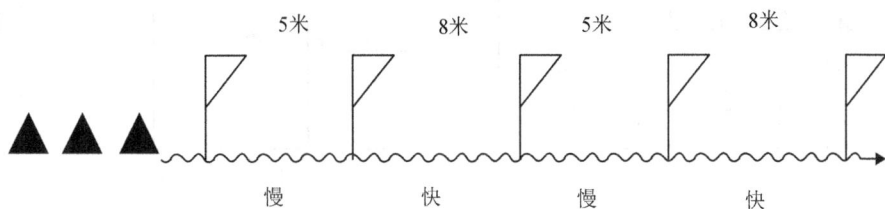

5米　　　　8米　　　　5米　　　　8米

慢　　　　快　　　　慢　　　　快

图4-20　变速运球练习方法

2. 消极对抗练习

（1）运球过人

防守队员只做各种象征性的动作来干扰控球队员的注意力。若防守队员向左侧跨步,控球队员应从右侧运球突破。练习中要求控球队员牢牢控球于脚下,视情况迅速变向,运突时应加速超越防守队员(图4-21)。

图4-21　运球过人练习方法

（2）沿对角线运球

四名练习者从方形的一个角,同时沿对角线运球到对角,运球时注意观察其他3名练习者的行动,避免人或球相撞(图4-22)。

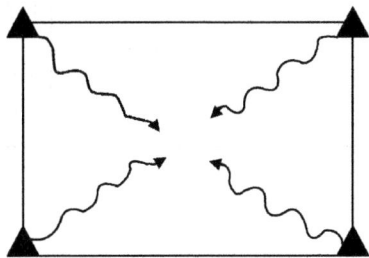

图4-22　沿对角线运球练习方法

3. 积极对抗练习

（1）带球过人

控球队员向位于中线的防守队员运球,防守队员仅允许在线上左右移动。练习目的是培养进攻队员诱骗防守队员失去身体平衡的能力(见图4-23)。

（2）带球突破过人

在10×15米的3个限制区内,控球队员从第一区域开始,带球向前突破对手,防守队员只能在第二区域内活动。一旦进攻队员突破了对手,必须加速运球通过底线的球门(见图 4-24)。

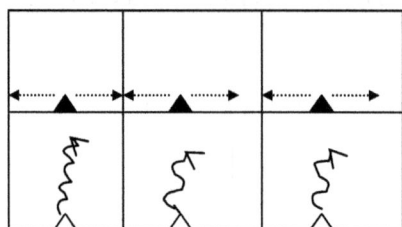

图 4-23　带球过人练习方法

图 4-24　带球突破过人练习方法

4.运球常见错误及其纠正方法

运球常见错误及其纠正方法如表 4-2 所示。

表 4-2　运球常见错误及其纠正方法

常见错误	原因表现	纠正方法
只顾低头看球,观察不到场上势态	抬不起头,始终低头运球	教练员在前方,用手势指挥运球,迫使练习者抬头看手势,并用眼睛余光观察球
身体僵硬,影响动作协调自如,造成不恰当的触球	触球时力量过小或过大,控制不住球	思想放松、松弛身体,熟练掌握运球技术
带球时未充分利用身体掩护	运球时,始终将球处在防守者与自己之间	运球遇防守者时,应用远离防守者一侧的脚运球,用身体将球与防守者阻隔
运球时,步幅过长,重心偏高,球离身体较远,不利于连续控制球	球离身体较远,遇阻拦、抢截时,来不及控制球	运球应保持低重心、快频率,左右脚交替推拨球
运球技术运用得不合理,造成运球失误	快速运球时,使用脚内侧运球;变向运球时使用正脚背部位	弄清各部位运球的技术特点,在平时加强针对性练习

四、踢球技术

踢球是足球技术最重要的技术,既是学习的重点,也是难点。

把握住踢球的动作技术结构,是掌握传球和射门动作的关键。踢球技术一般都由助跑、支撑脚站位、踢球腿摆动、脚触球和踢球后的随前动作等五个环节组成(见图 4-25)。

> 小知识
>
> 踢球技术是足球技术中的重点和难点,掌握这项技术动作的关键在于把握脚触球的动作细节。

图 4-25　踢球技术动作（助跑环节略去）

（一）原地脚内侧踢球

1. 脚内侧踢球特点

脚的触球面积大，出球平稳，容易控制住出球的方向，常用于短距离的传球和射门。

2. 动作要领

脚内侧踢球时，支撑脚踏在球的侧方，离球约15 厘米，脚尖向着出球方向，支撑腿膝关节弯曲，上体稍前倾；摆动腿以髋关节为轴向前摆动，前摆过程中髋关节外展，脚尖勾起，脚内侧与出球方向约成 90°，然后小腿加速前摆，击球时脚跟前顶，踝关节紧张，脚内侧击球后中部；击球后，摆动腿顺势前摆，为下一个动作做好准备（见图 4-26）。

> **小知识**
>
> 踝关节要紧张，固定脚形，其意义在于出球准确、有力，在实战中避免受伤（踝关节受伤多半是碰撞时肌肉松弛造成的）。

图 4-26　原地脚内侧踢球

以上介绍的是脚内侧踢定位球的动作要领，脚内侧还可以踢运动中的球，也可以踢空中球，但动作方法基本上与踢定位球相同，所不同的是由于球在地面上滚动，或在空中运行，所以，在支撑与摆腿击球的过程中，要根据来球的方向、速度，对动作方法中某些环节进行适当调整，特别是支撑脚的位置，对运动中的球得有个提前量的调整。

（二）原地正脚背踢球

1. 脚背正面踢球的特点

踢球时腿的摆幅大，脚触球面积比脚背内侧踢球还大些，出球准确、有力，适合于中、长距离的传球或罚任意球和射门。

2. 动作要领

直线助跑,支撑脚踏在球侧 10～15 厘米处,脚尖正对出球方向,膝关节弯屈;支撑脚着地的同时,摆动腿后引,并且小腿尽量与大腿折叠;前摆时,以髋关节为轴,大腿带到小腿前摆,当摆动腿前摆接近垂直时,小腿鞭打式的加速前摆,脚尖向下,脚背绷直,用脚背正面击球后中部,踢球后,身体随势向前(见图4-25)。

(三)行进间脚内侧踢球

1. 脚内侧踢球的特点

脚触球的面积大,出球平稳,容易控制出球方向,常用于近距离的传球和射门。

2. 动作要领

脚内侧踢球时,向运动球的方向助跑,支撑腿踏在球的侧方,脚尖正对出球方向,脚离球约 15 厘米;支撑腿屈膝,上体稍前倾,摆动腿以髋关节为轴由后向前摆动,在前摆过程中髋关节外展,脚尖勾起,脚内侧与出球方向约成 90°,然后小腿加速前摆。击球时脚跟尽量前顶,踝关节紧张,用脚内侧击球后中部;击球后,摆动腿随球顺势前摆,为下一个动作做好准备。

(四)踢球技术练习方法

1. 原地脚内侧踢球练习方法

(1)原地模仿

①学生在原地做大腿带动小腿摆腿踢球的模仿练习,再过渡到向前跨一步模仿踢球练习。

②学生 2 人一组,一人用脚掌踩球,另一人做踢球时跨步、支撑、摆腿、脚触球的动作练习。主要体会脚触球的部位和击球点,切忌不要用力过猛。

(2)每人一球,面向足球墙连续踢定位球,距离与力量视情况逐渐加大。

2. 原地正脚背踢球练习方法

(1)对墙踢球

①目的:掌握反弹球的特性。

②方法:每人一球,距墙 7 米(距离视情况可调整);用脚背连续对墙踢球。

③要求:触球部位准确;两脚始终处于活动状态,促使身体重心下降,以寻找最佳的击球位置;先练习踢地滚球,使脚背更易有效击中球。

(2)三人接力对墙踢球

①目的:熟悉反弹球的特性。

②方法:三人一组成纵队,共用一球,距墙 15 米左右(见图 4-27);第一名队员用脚背正面对墙踢球,球回弹后,第二名队员上去接球,经调整后紧接着将球踢出,第三名队员重复前一名队员的方法,每名队员完成练习后,及时退到队尾

等待,按序循环练习。

③要求:对墙的踢球力量适中;下一位练习的队员须快速将球调整好并踢球。

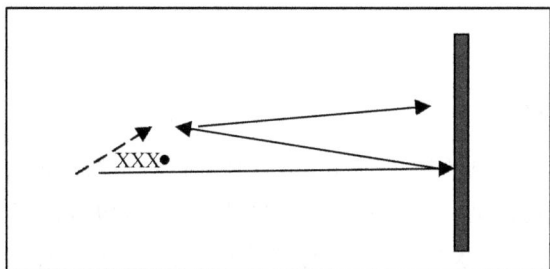

图 4-27　三人接力对墙踢球练习方法

3. 行进间脚内侧踢球练习方法

(1) 2 人踢球练习

①斜传直插踢球

练习者分 A、B 两人,左右相距 8～10 米左右,A 直插接 B 的斜传地滚球,然后 A 再斜传,由 B 直插接球(见图 4-28),连续进行。

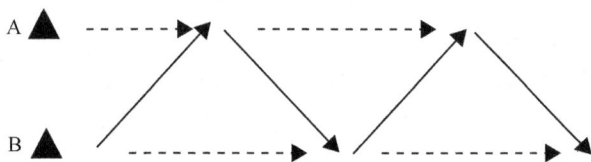

图 4-28　斜传直插踢球练习方法

②直传斜插踢球

练习者 A、B 左右相距 8～10 米,B 斜插接 A 的直传球,A 传球后快速斜插,接 B 的横传球,再重复以上的练习(见图 4-29)。

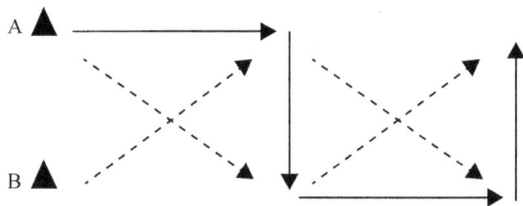

图 4-29　直传斜插踢球练习方法

(2) 3 人踢球练习方法

练习者 A 与 C 相对距 20～30 米,并各持一球,B 处于 A 和 C 的中间为接应人,A 踢球短传给 B,B 迎球回传给 A,然后马上返回转身,迎面接 C 的短传球,并回踢给 C,以此连续进行(见图 4-30)。视情况 B 与 A 或 C 交换位置重复练习。

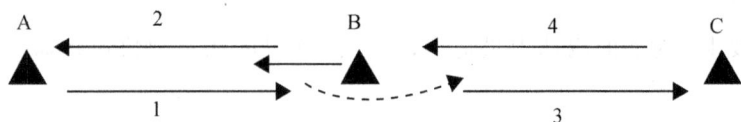

图 4-30　3 人踢球练习方法

五、接球技术

接球指运动员有目的地运用身体的合理部位将运行中的球停下来，并控制在所需范围内。现代足球技术的发展对接球的要求，包含两层意义：一是传统意义上的停球；二是把球控制住，并与其他技术合二为一，即接球过人、接球传球、接球射门等。足球比赛中要求接球动作简练、准确、快速、多变。一切迟缓的，停留在原地的停球，已不能适应实战的要求。所以接球要根据来球的不同性质、现场的不同情况，相应采用身体不同的部位和方法去接球。脚底接球、脚内侧接球、脚背正面接球为最基本的接球动作，对于初学者而言须熟练掌握。

（一）脚底接球

脚底接球：因为其技术容易掌握，又便于将球接到位置，常常被用来接各种地滚球和反弹球。

1. 脚底接地滚球

身体正对来球方向，迎面向前移动，支撑脚站在球的侧面（或前或后均可），脚尖正对来球，身体重心下降，同时接球腿提起，膝关节微屈，脚略背

> **小知识**
> 脚底接球是最简单的接球方式，接地滚球时注意重心下降，抬脚不要太高，不要做成踩球，否则极易造成漏球。

屈，以前脚掌接触球上部，触球瞬间，接球脚可轻微跖屈（前脚掌下点）将球停住，也可视需要在接球同时将球推向前方或拉向身后。

2. 脚底接反弹球

根据来球落点，及时向前移迎球，支撑脚踏在落点侧后方，脚尖正对来球，当球落地瞬间，前脚掌触球中上部，微伸膝，用脚掌将球接在体前。

（二）脚内侧接球

1. 脚内侧接球的特点

接球的脚触球面积大，容易接稳，同时便于转变方向以及与下一动作连接。比赛中多运用于接地滚球、反弹球和空中球。

2. 动作要领

接地滚球时，支撑脚正对来球方向，身体重心下降，上体稍前倾。接球脚提起（约一球高），大腿

> **小知识**
> 脚内侧接球是最常用的接球方式，触球瞬间踝关节适度紧张，脚内侧在挡球的后上部时稍下压，使球在弹离出去的同时，产生向内的回旋，以便控球。

外旋，膝关节微屈，脚掌与地面平行，脚内侧对准来球，快放大腿，用脚内侧作为切面与来球前沿相切，切后随即微微上提，将来球挡在体前，使球在弹出时有自

然地向内滚动,便于控制在自己范围之内(见图4-31)。

接空中球时,根据来球的高度把停球脚先抬起,脚尖稍翘,脚内侧对准来球。当触球的一刹那,顺势后撤或下撤,以缓冲来球的力量(见图4-32)。

图 4-31　脚内侧接地滚球　　　　　图 4-32　脚内侧接空中球

(三) 脚背正面接空中球

1. 脚背正面接空中球的特点

这种接球方法,适合接正面空中下坠的球。

2. 动作要领

身体正对来球,接球前判断来球的高度和弧度,接球时,支撑脚维持身体平衡,接球腿屈膝向前上方先抬起,脚背正面对准来球,当球与脚背接触瞬间,小腿与脚腕放松下撤,以缓和来球力量,并使球落在身前(见图4-33)。

图 4-33　正脚背接空中球

(四) 接球练习方法

1. 1人练习

(1) 对墙进行踢球练习,用身体合适部位对不同性质球,特别是地滚球,进行接球练习。

(2) 将球往上抛起或踢起,球下落时,用以上介绍的接球技术停空中球或反弹球。

2. 2人练习

(1) 2人一组,互抛互练,接空中球。抛球的力量由小到大,距离由近到远,速度由慢到快,难度逐步增加。

(2) 相距15～20米,在相互对踢球中,练习接地滚球、空中球。

3.3人接球练习

A先踢球给B,B迎上接球并将球推几步后踢给C,A出球后迅速跑向B的原处,B踢出球后迅速跑向C的原处,C接B踢来的球后,趟几步传给到位的A,以此重复练习(见图4-34)。

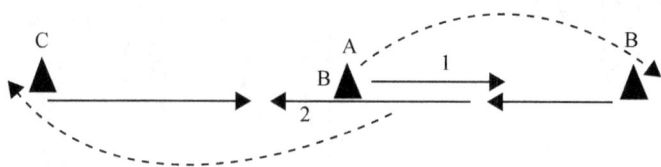

图 4-34　3 人接球练习方法

4. 接球常见错误及其纠正方法

接球常见错误及其纠正方法如表4-3所示。

表 4-3　接球常见错误及其纠正方法

常见错误	原因表现	纠正方法
接球后,球弹出,离身体较远	接球时无"迎""撤"等缓冲动作	不断模仿"缓冲"动作,多进行球性练习
原地静止等球	准备姿势没做,不能根据来球的性质,及时移动	做好准备姿势,判断来球性质,快速移动,尽早尽快触球
漏球	身体重心没下降,出脚时机较迟,出脚太高	身体重心下降,针对来球的性质、高度、落点,用合理部位和方法接球

5. 接球技术注意事项

(1) 接球前应先观察场上情况,以便接球后更好地接做下一个动作。

(2) 接球时,身体要放松,动作要协调,才能有效地缓冲来球力量。

(3) 身体重心要放在支撑脚上并下降。

六、传球与射门技术

(一)传球与射门技术的动作要领

1.传球

传球指运动员将球传向预定目标,使同伴在所需地点接到球。传球是实现战术目的不可缺少的技术,是比赛中运动员相互联系的纽带,是组织进攻、变换战术、创造射门机会的有效手段。传球、接球、跑位等一系列动作构成了进攻的战术配合。传球是集体配合的基础,既是完成战术配合,也是创造射门机会的主要手段。传球可根据距离、高度、方向分类。传球按距离可分为短传(15米内)球、中传(15～29米)球和长传(30米以上)球;传球按高度可分为地滚球、低平球和高空球;传球按方向可分为直传球、横传球、斜传球和回传球。

选择传球目标,掌握传球时机,控制传球力量是传球的主要战术内容。

（1）传球目标

一般分为向脚下传和向空当传两种。向空当传,尤其是向前方空当传,可增加进攻速度,有效渗透防守线,给对方造成的威胁较大,应积极提倡。在实际比赛中当然也需要向脚下传和横传、回传,但这些传球的目的是为了更好地控制球,掌握比赛的节奏,以及为了更好地向前、向空当传球做好准备。太多的向脚下传虽易控制球,但威胁对方甚小;单一的向前、向空当传虽然推进速度快,但易被对方识破,会降低进攻成功率。两者须有机结合、灵活应用,才能达到最佳战术效果。

（2）传球的时机

传球的时机一般有两种情况。

①先传球,后跑位接球,即传球指挥跑位。这种传球主要是控球者通过传球,来调动接应者,按传球路线进行跑位接球以实施战术意图。如果转移进攻,当一侧边路进攻时,吸引了对方大量的队员,这时控球者突然将球转移到异侧边路,异侧接应队员及时插向该空当进行快速进攻。这种传球,必须突然、快速,进攻的接球队员也应快速跑向传球点,否则易被对方识破,快速反击战术难以奏效。

②先跑位,后传球,即跑位引导传球。这种传球是指数个接应者同时各自跑向空当,控球者选择最有威胁的空当传球。如前卫队员中场得球后,相邻前卫应靠拢接应,边后卫从边路插上,中锋则回撤接应,另一中锋插向该中锋拉出的空当,此时控球队员应选择中后卫身后的空当进行传球。这种传球的最好时机,则是在同伴疾跑将要超越对手的刹那。传早了,防守队员还来得及转身先得球;若传晚了,则可能造成同伴队员等球,防守队员能马上转身截球,若防守队员是倒数第 2 名的对方队员,还会容易造成同伴的越位。

（3）传球力量

球员向被对手紧逼的同伴传脚下球时,传球力量稍大些;向空当传球时,传球速度应与同伴到空当的跑速相吻合,球到人到;向前方空当传球时,若突破队员速度快,传球力量则可大些,以利于发挥突破队员的速度。

（4）传球注意事项

①传球时应快速、简捷。

②传球时要善于伪装自己的战术意图,使对手出其不意,防不胜防。

③后场少作横传或回传,特别在雨天比赛时更应谨慎,防止失误。

2. 射门

射门指运动员在足球比赛中,能在守方严密封堵和积极拼抢情况下,抓住个人或集体进攻所创造的有利时机,合理运用各种触球技术把球打进对方球门所做的动作。在比赛中,射门是进攻得分的唯一手段。运用正确的踢球方法,起脚突然,快速有力和出球路线多变,使守门员难以判断和捉摸,就能达到射门的目的。

（1）射门的种类

在比赛中,将踢球技术运用于射门的方式多种多样。按射门距离可分近射、远射、中射;按射门区域可分中间区域、球门两侧区域射门;按来球方向可分迎面来球射门、侧面来球射门和侧后面来球射门;按射门前球的状态可分定位球射门、地滚球射门、反弹球射门和凌空球射门;按射出球的状态可分为射地滚球、射平直球和射高吊球、射直线球、射弧线球等按人和球门的位置可分为正面射门、侧身射门和背向转身射门以及倒勾射门。

（2）射门的要求

①根据守门员的位置选择射门角度。

②起脚射门瞬间两眼看球。

③以准确为前提,力量要适当。

（3）射门注意事项

①沉着冷静。

②努力争抢第一落点,直接射门。

③力争射低球。

④遇对手封住角度时多采用射弧线球。

（二）传球与射门技术的练习方法

1.3人传球练习

练习者 A 与 C 左右间隔 25～30 米,B 为中间接应人,A 先踢球给 C,C 不停球直接踢给迎上接应的 B,B 再回踢给 C,C 再踢球传给 A,以此重复练习。B 可定时与 A 或 C 交换位置(见图 4-35)。

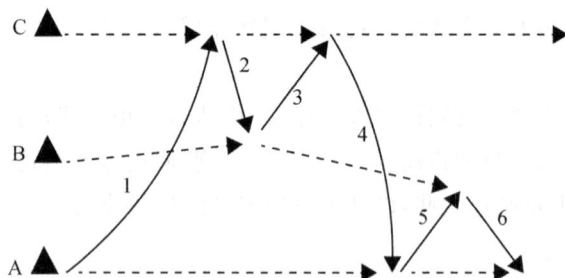

图 4-35　3 人传球练习方法

2.接球后射门练习

练习队员成一列横队在罚球区一侧等待,罚球弧前有一名固定防守队员 A;中圈处有一名供球队员 B,标准球门内有一名守门员把守球门(见图 4-36);练习开始,队伍中第一名队员 X_1 站到防守队员 A 前,供球队员 B 传地滚球给 X_1,X_1 做假动作诱骗防守队员并用脚掌或脚内侧接球后转身射门,射门后跑到队末等待,后面队员依次进行。要求练习队员拿球时,注意用远离防守队员一侧的脚控制球并用身体将球与防守队员隔开;尽可能用脚掌或脚内侧接球时就将球变向,以准备下一个射门动作的进行。

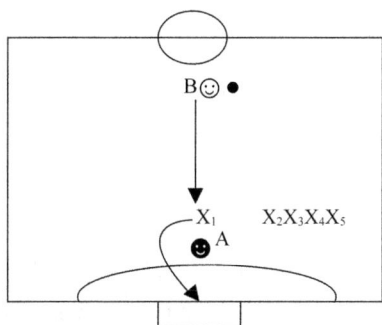

图 4-36 接球后射门练习

3.绕杆后接球射门练习

在半个场地上,在边路一侧放置 5 根标志杆,每根标志杆前后相距 1.5 米(见图 4-37);练习队员成每人一球一路纵队在第一根标志杆前等待,在中圈中有一名接应队员,标准球门内有一名守门员把守球门。练习开始,第一名队员 X_1 将球长传给接应队员 A,然后马上绕杆通过 5 根标志杆,再接 A 的回传球,然后射门,射门后跑到队尾等待,依次进行。要求练习队员长传球给接应队员 A,接应队员 A 用脚掌或脚内侧接球后将球回传给练习队员;练习队员通过标志杆后应快速转身接球射门。

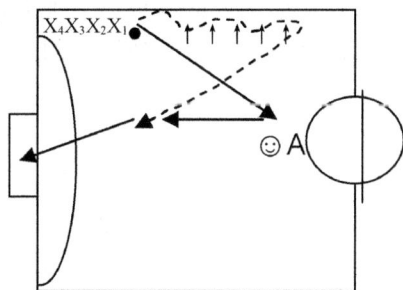

图 4-37 绕杆接球后射门练习

七、个人进攻与防守

(一)进攻防守原则

1.进攻原则

(1)制造宽度

一般进攻的第一步是充分利用球场的宽度,通过跑动,拉开两翼,使进攻的空隙增大,出现空当,有利于穿插配合。拉开防守宽度则需要进攻运动员有效地跑位接应,多用短传和运控球,保持控球权,在没有较好的进攻机会时,可降低速度和改变进攻的节奏。拉开对方防守宽度的大小,应根据彼我双方位置、队员特点和场区的不同而有所变化。

（2）传切渗透

在充分拉开宽度的基础上，控球者必须通过传球、带球逐步渗透到对方的空当里。前锋的频繁跑位必定牵引着防守队员移动、选位和补位，一旦出现空当则应立即切入渗透，加快进攻速度，使对手措手不及，这样就可获得利用空当的战术效果。

（3）机动灵活

进攻队员至对方罚球区前沿时，守方必定会采用紧盯、换位、补位等措施加强防守，这时所有进攻队员必须运用各种有球和无球的活动，使防守顾此失彼，防不胜防。当进攻方控球者运用巧妙的带球并结合假动作摆脱或牵制对方时，其他同伴要及时机动跑位，这样才可完成插入和接应的任务。

（4）即兴应变

进攻方的深入发展必然会遇到防守方全力以赴的逼抢，以阻止攻方的最后射门，所以，进攻者必须要创造性地运用技战术，以突然性的变化，造成对手猝不及防。

2. 防守原则

（1）延缓进攻

队员一旦对球失去控制转入防守的刹那，应该是夺回球权最重要的时机，假如能毫不迟疑地立即展开紧逼和抢球就很有可能把球夺回。如果不能立即夺回来，那么失球的队员或者在他附近的队员应立即逼近对手，不让对手立即向前传球或带球推进，以赢得时间有利于其他同伴的迅速回防，形成有效的防守布局。

（2）对口平衡

在延缓对手进攻速度的同时，也赢得了其他防守队员退守到位和及时调整防守位置的时间，此时此刻，则出现中场攻守人数的均衡，无论是盯人防守还是区域防守，都要做到中场对口，以加强中场，这样才有可能稳固防守。

（3）收缩保护

在实现力量平衡的同时，还要组织好整体防守，尽量做到以多防少。每人都要担负起分工防守的责任，并注意互相保护和补位，"自由中卫"也应选妥位置随时准备保护、补位，积极缩小门前危险区域的空间，封闭通向球门的"通道"，有效地破坏对手进攻，争取将球夺回来。

（4）紧盯控制

当对方向本方罚球区及其附近推进时，每一个防守队员都必须紧紧盯住自己的对手，发挥自己最大能力，不得让对手在有利位置控球、过人、传球、射门，同时当守门员出击和扑球时，也要及时做好保护或补门的工作。

（二）进攻防守的基本要求

1.跑位原则

（1）以球的动向而动

比赛中球始终在快速运行着,每个队员的位置也随球而移动,持球者一旦受阻,处理球的意图也随机改变,攻、守的双方也在不断互换。所以队员在临场时,须按球的动向而动(见图4-38)。

（2）以近球者动而动

近球者能容易得到球,也是对方紧盯看守的对象。所以近球者及时策应跑动会更易牵动对手,制造空当,因此,距离远的同伴须根据近球者而动。动的原则是:你右我左,你左我右;你反向我顺向,你顺向我反向;你插上我拉开,你拉开我插上(见图4-39)。

（3）以前者动而动

以前者动而动是指球已发展到进攻方向的前面,相应跟进的锋线、卫线队员,必须根据前方同伴队员的动而动。动的原则是前者跑到左面,后者就跑到右面;前者插到右方,后者就冲到左方;前者拉开到边路,后者就换位到中路(见图4-40)。

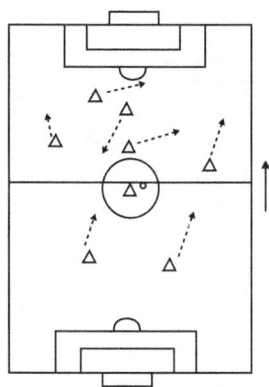

图4-38　以球的动向而动的跑位　　图4-39　以近球者动而动的跑位　　图4-40　以前者动而动的跑位

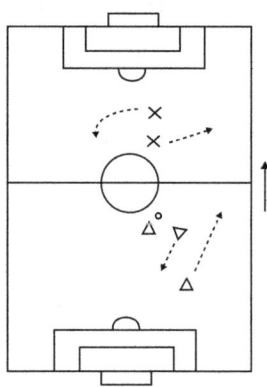

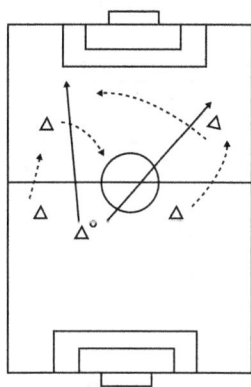

2.跑位的方式

（1）套边跑

从持球队员的身后外沿侧向前跑,一般称套跑。球员由于居持球者身后,具有开阔的视野,对防守者暂时的疏忽或漏洞有清楚的了解,可及时迅速地插到有利位置。套边跑可以利用场地的宽度,会很容易地在局部地区形成以多打少的局面(见图4-41)。

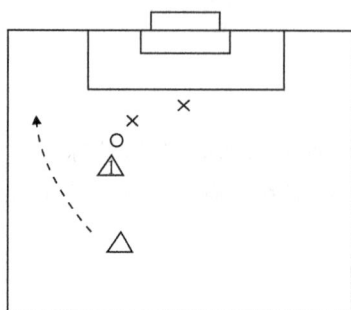

图 4-41 套边跑

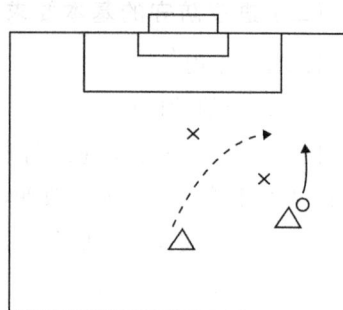

图 4-42 身后跑

（2）身后跑

插入防守者身后的跑位，叫身后跑。身后跑能使持球者明白同伴的战术意图，从而形成有效的传插配合，瓦解对方防守保护（见图 4-42）。

（3）斜线跑

以近似对角线方向的跑位称斜线跑。同伴的斜线跑可以有效牵动防守者，创造空间，为同伴创造进攻机会。从边路跑入中路，可直接威胁门前要害区域，创造射门机会（见图 4-43）。从中路跑向边路，调动防守队员离开要害区，创造出中路空当，使同伴插入要害区域，形成有危险的进攻（见图 4-44）。

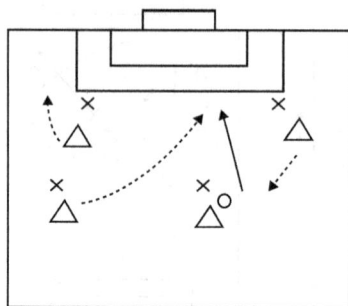

图 4-43 从边路跑入中路

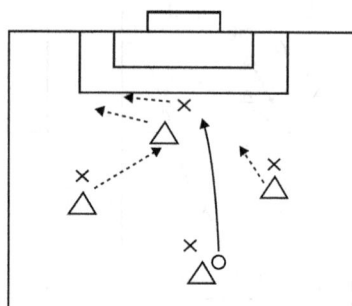

图 4-44 从中路跑入边路

3．跑位练习

（1）将人员分成两组，在前场进行交叉换位跑动，A 与 B 交叉换位后接 C 的传球，再进行配合射门（见图 4-45）。

（2）在 30×20 米方格区域内，设一个球门，局面为 3 打 2，另加一名守门员（图 4-46）。②号先把球传给①号作为练习开始，①号、③号借助协同的配合创造空间，使②号在居后插上后能得到传球。开始练习时防守者①号、②号可以松动一些，熟练后可再逼得紧些，以提高实战运用能力。其他的各种跑动方式也可以通过此方式进行练习。待熟练后，可灵活运用，练习方法也可变为 3 打 3（见图 4-47），一队由攻转守时，须有一人成为守门员，场上始终形成 3 打 2 的局面。

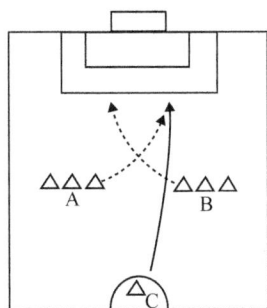

图 4-45　交叉换位跑动　　　图 4-46　3 打 2 局面　　　图 4-47　3 打 3 局面

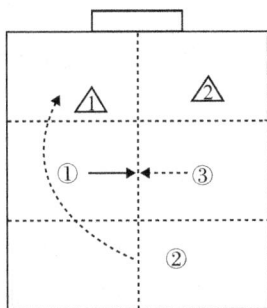

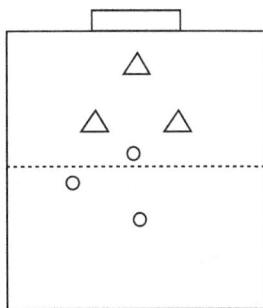

4. 站位原则

(1) 保中放边(保内放外)

当防守队员在本方罚球区附近且身边有进攻者时,站位须遵循"保中放边"的原则,其目的是用身体将对方进攻队员挡在本方球门之前,不让进攻队员起脚射门而构成威胁。"保内放外"目的是不让进攻队员能轻易向内线移动,以免构成传球或射门的威胁,与保中放边类似(见图 4-48);图 4-49 中的防守者,其目的是贴近进攻队员,不让其转身,只允许对方来回原地移动或传球,而不许向本方罚球区渗透,以免构成射门的威胁。

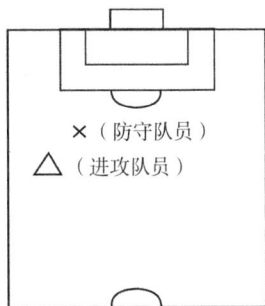

图 4-48　保中放边(保内放外)站位　　　图 4-49　贴近进攻队员站位

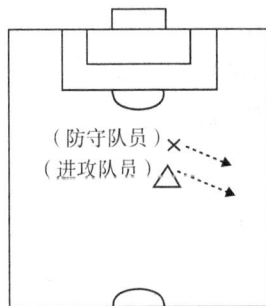

(2) 折线防守站位

这是在后防线上有利于相互补位并且缩短补位距离的站位方法。如攻方从左路进攻时,防守队员 B 靠后并与 A 形成斜线,以保护 A。一旦 A 被突破,B 则即时补位。同样道理,防守队员 C 靠后与 B 形成斜线,以保护 B。而远侧的防守队员 D 则适当靠近 C,并与 C 平行站位(见图 4-50),形成"折线"。这样在防守上可以相互补位,还能制造越位,并限制对方的渗透。

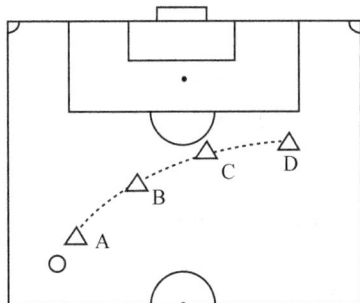

图 4-50　折线防守站位

第三节　足球游戏

一、足球游戏的组织与作用

足球游戏是足球教学中经常采用的练习手段和组织方式,最大好处在于能激发学生玩球的积极性。组织有序、顺利开展足球游戏活动,需做好以下几方面的事项。

(一)游戏的准备工作

1. 场地

(1)注意场地安全性

场地地面要平整,避免在表面有碎石和有沙的硬地上,以及有水或结冰的地面上进行,以免滑倒摔伤。

(2)场地界线要清晰

游戏场地的各种界线,都牵涉到游戏中犯规及胜负的评判,所以场地上的各种点、线(如边线、起点与起点线、终点与终点线、中线、回转点等)都要画清楚。场地边线与建筑物要保持一定距离,以免撞伤。

2. 器材

游戏的器材主要是足球,还有标志筒、标志帽、旗杆、栏架、跳绳等。

(二)讲解与示范

讲解指教师向学生说明游戏名称、方法、规则、动作要领、运动路线、接替信号等,以引起学生对游戏的注意和兴趣,帮助他们建立起游戏的概念,了解游戏方法。讲解内容须简明扼要,重点突出。

示范是教师以直观的方法,运用具体的动作,按游戏方法、路线和规则进行演示,帮助学生加深对整个游戏过程和动作要领的理解。另外,还要以娴熟的、有趣的动作激发学生的情绪,并吸引他们积极参加到游戏中来。

(三)选择引导人

游戏引导人的任务是组织和引导其他游戏者进行游戏活动。引导人应根据游戏需要而定,若需要引导人,则挑选结果会直接影响游戏的成败。一般挑选比较机敏、负责的人担当。挑选引导人方法有以下几种:教师指定;学生推选;学生自荐;学生轮流担任。

(四)合理分组

(1)每组人数一般应相等。

(2)组间的竞争实力相当。

(3)男女分开或是搭配适当。

（4）分队人数恰当。分队游戏中,各队人数多少要视游戏的强度大小、气温高低、学生年龄大小等因素综合考虑。

（五）指导与管理

（1）按规则处理游戏中的犯规现象。

（2）处理游戏的安全隐患。

（3）适时结束游戏。适时结束游戏应从锻炼效果、娱乐效果来考虑,并非运动负荷量越大越好,而是要适可而止。

（六）裁判与赏罚

1. 裁判须认真

严格地执行游戏规则,既是游戏正常进行的保障,又是对学生进行自觉遵守规则、遵守纪律的一种教育。

2. 裁判须公正

游戏的裁判员必须公正无私,不偏袒任何一方。

3. 赏罚提倡游戏式

在游戏中采取必要的赏罚手段,可促动学生更加认真、积极地投入,但赏罚也不必过于严肃认真,尤其是罚,可采取游戏式的、玩笑式的方法来进行。此外,在罚的方法上,也要掌握好分寸,不可使用带有侮辱性的惩罚手段。

（七）游戏的结束工作

1. 游戏小结

游戏结束后应及时进行小结,主要以鼓励为主。表扬在游戏中遵守纪律、勇敢顽强、机智敏捷的人或队;对于失败的人或队,要指出他们在技战术、相互配合及其他方面存在的问题,鼓励他们再次游戏时力争好的成绩。

2. 整理归还器材

游戏结束后,教师需要布置学生整理和归还器材。

二、足球游戏的方法

（一）球性练习游戏

1. 连续颠球

（1）目的:熟悉球性,培养协调性,提高集体性的配合能力。

（2）方法:以5～7人为一组围成圆圈,面向圆心站立,每组一球。游戏开始,各组队员用手之外身体的其他部位颠球。在规定时间内,累积颠球次数多的组为胜。也可改为两人一组,面对面地颠球。

（3）规则:每组队员之间要相互传递,每人连续颠球规定在两次以上。

2. 绕圈接力运球

（1）目的:发展学生快速运控球的能力。

（2）方法：将人数分成相等的四队，面向外成纵队分别站在直径为 8～10 米圆圈的四个方位上，各队第一人持球。比赛开始，各队第一人沿圆圈按同一方向快速运球，运回本队起点后，立即由第二人接力，直至全部做完，以先完成的队为获胜。

（3）规则：须将球运到下一人身前，才能将球交给下一人；只能在圈外运球，其他人一律站在圈内，不得妨碍运球者；超越前面队员时，须从外侧通过。

3．抢运球

（1）目的：发展学生的速度耐力素质及快速运带球能力。

（2）方法：在相距两条界线 30～40 米之间的中心位置上，画一个直径 3～4 米的圆圈，圈内摆放若干个足球。游戏者两人一组，分别站在两条界线后，面向中心。比赛开始，两人快速跑上前，用脚带球越过对方界线，即得 1 分，再往回跑继续运带球，直至将圆圈内足球运完，得分高者胜。也可分成两队或若干队进行。

（3）规则：在圆圈范围内，允许抢截球，抢球规则与足球竞赛规则一致，犯规者扣 1 分；每次只能运带 1 个球，可允许用手拿球，每次只能抱 1 个球。

4．手足并用

（1）目的：发展学生协调灵敏素质，培养团队精神。

（2）方法：画相距 20 米的两条平行线，一条为起跑线，一条为折回线。分成人数相等的两队，分别成纵队站在起跑线后，每队排头手抱两球，脚下控制一个球。比赛开始，排头手抱着球、脚运球至折回线后返回，回到起跑线处将 3 个球交给第二人，这样此依次往复，直到全队全部完成。以先完成者为胜。此法也可改成手抱 3 个球，脚运 1 个球。

（3）规则：运球过程中，若手上球落地，必须将球拣回原处后继续运球；运球须过折线后才能转身返回。

（二）传接球游戏

1．踢球跑垒

（1）目的：发展学生快速奔跑能力并提高传接球技术。

（2）方法：在场地上放两块垒垫，做本垒和一垒，两个垒相距为 30 米，从本垒两侧画两条斜线，其夹角为 60 度，再在本垒的前面 10 米处画一弧线为限制线，限制线外和两斜线之间地区为守区。把参加游戏人员分成人数相等的攻、守两队，攻队站在本垒外，依次准备到本垒踢球。守队则分散在守区，准备守垒。

比赛开始，攻队依次从本垒把球踢入守区，同时向一垒跑去，触一垒后再跑回本垒即得一分。守队设法用除手以外的身体任意部位接住球，并争取时间在跑垒人到一垒或返回本垒前将球传给一垒或本垒的守垒员，使攻方队没有得分的机会。如跑垒人到达一垒，而守队已将球传给守垒员，而来不及跑回本垒时，可在一垒停留,等第二人踢出好球后再跑回本垒得分。攻方队每人踢球一次后和守方队互换。最后以得分多者为胜。

(3)规则:球踢出限制线进入守区为好球;球出界或者未踢过限制线为失误,两次失误判出局;踢出的球被守队直接接住,则判踢球者出局;防守队的人不能阻挡攻方队跑垒的人奔跑。

2.圈内抢球

(1)目的:培养学生的观察力,并提高传球的合理性。

(2)方法:画两个直径分别为7~10米、8~11米的同心圆。选一人站在小圆内抢球,其余人分别站在两圆之间,左右间隔可根据参加人数保持一定距离。游戏开始后,两圆之间的人相互传球,抢球人设法抢球、截球,传球者尽量不被抢球人抢到球。场地大小要和参加人数相适应,人数多时可另设场地。

(3)规则:抢球人活动范围仅限于小圈,抢球不许用手触球,用脚触到球即算被抢到;传球者活动范围仅限于两圆之间,将球传出外圈,即算失误,换为抢球人;谁传出的球被抢到,则谁就和抢球人互换角色。

(三)运球游戏

1.争球

(1)目的:发展学生速度素质并提高快速运带球的能力。

(2)方法:画一条起点线,把人员分成人数相等的2个队,各队报数,分别排成一列横队站在线后。在起点线前画一直径1米的圆圈,选一引导人手持球站在圈内。游戏开始,引导人将球踢至前方,同时呼叫一个号数,如呼"3"号,则2个队中的3号队员就立即跑向球,并将球运回,把球带回起点线则为本队得1分,最后以得分多少记胜负。也可分3队或4队进行。

(3)规则:争球队员可持续抢球,但不得用力推拉人,须遵守比赛规则。

2.绕杆运球

(1)目的:发展学生协调灵敏素质,培养快速运控球能力。

(2)方法:在场上画直径为8~10米的圆圈2个。将参加者分成人数相等的队,每队一个圆站于线上,面朝圆心,左右间隔约为1~2米,每队第一名持球。游戏开始,持球者依次运球绕过每个同队队员至原位后,把球传给第二名,第二名按上述方法继续运球,直至全队完成后,将球传给第一名,第一名则手持球高举表示已经完成。先完成队为胜。

(3)规则:每次运球必须依次绕过同伴。如漏过,则需补上后再继续进行;运球过程中,若球滚失,必须将球带回至失误处开始运球;每位运球者必须运球回到原位后交球。

3.踢球越障

(1)目的:发展速度力量及灵敏协调的素质,培养学生运控球能力。

(2)方法:在70~80米的端线间摆放栏架若干,栏架至两端线及栏间距离均为 10 米,栏高 80 厘米。游戏参加者分成人数相等的两个队,每队又分成甲、乙两组分别成一路纵队相对站立于端线后,各队甲组排头持球。比赛开始,甲组排头用脚运球至栏架处,将球踢过栏架,自己从栏架上跨过,依次踢、跨过栏架,至另一端线把球交给乙组第一人,自己跑到乙组排尾。乙组第一人以同样动作往回做。依次往复进行,最后以先完成的队为胜。

(3)规则:球不能碰倒小栏架;须依次踢球过栏架,不得使球一次过两个栏架,否则算犯规。

(四)射门游戏

1. 头球射门比赛

(1)目的:发展学生的头顶球射门能力,培养集体配合意识。

(2)方法:游戏场地和球门大小可视参加人数而定。把队员分成人数相等的两队。不必设守门员。两个半场各 5 分钟,中场休息 2 分钟。以得分多者为胜。

(3)规则:只允许用手传球和用头射门;持球跑步或走不得超过 3 步(原地拍球不计),超过 3 步者,由对方在违例地点发球;不许冲撞、推人、拉人、用脚踢球;可自抛自顶射门。

2. 围城打猎

(1)目的:发展学生灵敏素质,培养观察能力。

(2)方法:视参加游戏人数,画一个直径为 10~15 米的圆圈。将队伍分成人数相等的两队。一队站在圆圈内,另一队站在圆圈外并持有两球。游戏开始后,持球队用球踢打圆圈内的人,被击中者退出比赛直至全部被击中为止。两队互换位置。以不被击中持续时间长者为胜。

(3)规则:球、人不得进入圆圈内,否则击中无效。

3. 颠球射门

(1)目的:发展学生控球与射门能力。

(2)方法:把学生分成若干组,每组每人一球。听到开始信号后,第一组每人从中线处开始用脚颠球前进,过罚球区线则直接凌空射门。各组轮流做。此游戏还可变换为用头颠或大腿颠球。

(3)规则:在颠球行进中,若球落地或用手故意触球为失败;须一组做完另一组再开始;可根据学生能力做适当调整,允许颠球过程中球落地一次。

4. 射准比赛

(1)目的:培养学生的踢球准确性。

(2)方法:场地为半场,足球若干个,栏架 4 个。将队员分成人数相等的 4 队,每队又分成两组,两组相对距 20 米,在标志线后纵队相对而立,中间放一栏架。每队一球,放在每一组排头前面。比赛开始,持球队员用脚踢球,凡穿过栏架者得 1 分。对面队员接球后按同样方法踢球,这样依次踢球三轮,以得分多的队为胜。

（3）规则：须按组站立，依次轮流踢球；球须放在标志线后，可助跑踢球，亦可原地踢球；栏架高度统一。

思考题

1.熟悉球性有什么意义？举例介绍几种常用的熟悉球性的练习方法。

2.脚内侧踢球的方法和要求是什么？

3.足球个人战术的基本原则和要求是什么？

4.谈谈学习足球运动技术的一般规律。举例说明。

第五章　大学足球中级水平教学指南

◎ 本章导读 ....

  在学习和掌握了足球运动最基本的个人技战术,以及有了一定的球性的基础上,本章将介绍足球运动较为复杂的个人技术和常用的组合技术,以"二过一"配合为主要内容的攻防战术也作为本章学习的重要方面。通过大学足球中级水平的学习,同学应具备一般的足球比赛的能力,即进攻时能跑位、接球、传球、射门,防守时能站位、保护、抢球,五人制足球比赛是以上这些技战术运用的理想平台,值得同学们重视。

第一节　大学足球中级水平技术

一、踢球技术

(一)原地脚背内侧踢球

1. 原地脚背内侧踢球特点

  用脚背内侧的几个楔骨、第一跖骨及跖骨关节、趾骨末端部位触球的一种踢球方法(见图5-1)。由于踢球腿的摆动幅度大,摆速快,脚触球面积也大,因此,踢球的力量大,出球准确,多用于中、长距离传球,或踢角球和射门。因为踢球助跑方向和支撑脚选位的灵活性较大,出球的方向变化幅度也较大,所以,可踢出平直球、远距离弧线球等,也便于转身踢球。

图 5-1　原地脚背内侧踢球　　　　　　图 5-2　斜线助跑

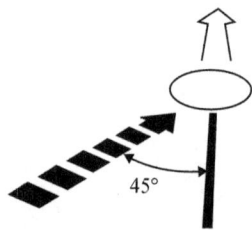

2. 动作要领

  斜线助跑,一般助跑方向与出球方向成45°角(见图5-2)为宜,最后一步稍大,支撑脚以脚的外沿积极着地,踏在球的侧后方10～15厘米处,膝关节微屈,支撑脚脚尖指向出球方向,身体稍向支撑脚一侧倾斜,支撑脚着地的同时,踢球腿以髋关节为轴,大腿带动小腿向前摆,当大腿摆至与支撑腿接近同一平面时,小腿做爆发式摆动,此时脚尖稍外转、脚背绷直、脚趾扣紧,

小知识

通过身体向支撑脚一侧倾斜,使踢球脚斜横向触球,此时脚触球面积最大。触球瞬间脚背必须紧张,否则出球无力。

脚尖指向斜下方,以脚背内侧部位击球后中部(起高球时,击球中下部),击球后踢球腿及身体继续随球向前(见图5-1)。

3. 易犯错误

(1)踢定位球时,支撑脚位置偏后,踢球时上体后仰易把球踢高。

(2)脚尖外转不够,接触部位不正确。

(3)没有向出球方向摆腿,形成划弧动作以至击球点偏外。

(二)原地脚背外侧踢球

1. 原地脚背外侧踢球特点

这是脚背外侧第三、第四、第五跖骨部位触球的踢球方法。以右脚为例(见图5-3),脚背外侧踢球可踢出直线和弧线球,也能踢出弹拨球、削球,适用于各种距离传球和射门。由于具有踢球时脚腕灵活性大和摆腿方向变化多、隐蔽性和突然性强的特点,所以它的实用价值较高。

图5-3 原地脚背外侧踢球

2. 动作要领

踢定位球(平直球)时,助跑、支撑脚的位置和踢球腿的摆动基本上与脚背正面踢球相同,只是用脚背外侧接触球。在踢球腿的膝盖摆到接近球的正上方的一刹那,小腿作爆发式前摆时,膝盖和脚尖内转,脚面绷直,脚趾用力下扣,以脚背外侧部位踢球的后中部,踢球腿随球继续前摆。

3. 易犯错误

(1)踢球时膝盖和脚尖内转不够,造成脚触球的部位不正确。

(2)支撑脚靠后,造成踢球时身体后仰,踢球的后下部,以致出球偏高。

(3)摆腿没有向出球方向,形成划弧动作以至出球点偏外。

（4）身体左（右）转，小腿的摆动不够，造成直腿用脚背外侧去推球。

（5）踢球时大腿过于前摆，使动作僵硬。

（三）行进间脚背踢球

1. 行进间脚背踢球特点

行进间脚背踢球可在运动中踢出直线和弧线球，以及弹拨球、削球，适用于各种距离传球和射门，实用价值较高。

2. 动作要领

行进间脚背踢球多以脚背外侧击球，踢球腿以膝关节为轴，快速侧摆或侧前摆，击球时，踝关节快速转动将球弹出，踢球脚快速收回。运用这种踢法可将球快速弹拨到踢球脚的外侧或侧前方。

（四）踢球的练习方法

1. 单个踢球练习方法

（1）无球模仿练习。原地和上一步踢球模仿练习，主要体会支撑脚的位置、摆腿的方向、正确的脚型。

（2）助跑踢球的模仿练习。主要体会助跑的方向，摆腿的路线、方法及两腿的配合。

（3）原地轻触踢实心球练习。体会脚触球的部位。

（4）两人一组，一人踩球一人踢球，体会踢球部位。

（5）定位踢球。两人相距8～10米踢定位球，逐渐加大距离。

（6）利用球墙，距离由近到远练习踢准。体会踢球时控制球的力量。

（7）脚背踢活动球，结合射门练习。

2. 综合踢球练习方法

（1）3人组合踢球练习

练习者A与C相对距离25～30米，B为中间接应人，A先长传球给C，B则上前接C的短传球，并带球前进与C交换位置，C则在中间变为接应人，B运球到位后，再长传球给另一侧的A，同时C向A处靠拢接应球，按此持续进行练习（见图5-4）。

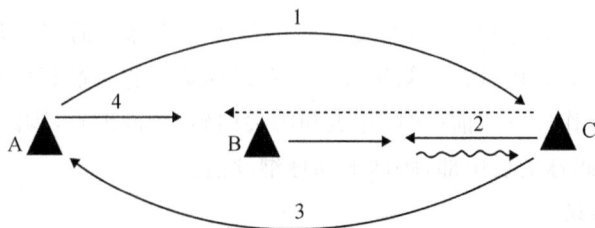

图5-4　3人组合踢球练习

（2）多人组合踢球练习

队员分成两组，相对距25～30米，A先长传球给B，传后前插接B的回传球,B 传球后快速插上接 A 的横传球,B 接球后再传给下一练习者 C。A 传球后跑步到对面的位置,B 传球后跑步到对面的位置,以此持续练习(见图 5-5)。

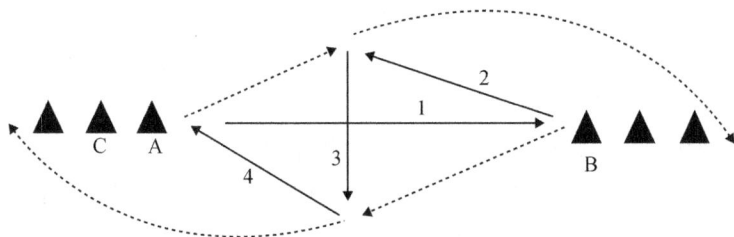

图 5-5　多人组合踢球练习

二、运球突破技术

运球突破指运动员在比赛中运用一定的方法突破防守者,从而得到射门或传球的有利位置。运球突破是进攻所能取得成效必不可少的有力手段,对司职前锋、前卫的队员而言,必须熟练掌握此项技术。

运球突破技术按运作过程可分为三个阶段:运球逼近对手;运球越过对手;摆脱对手继续运球前进。

运球突破主要有以下一些技术要点。

(一)变速变向运球突破

变速变向运球突破是指利用运球速度的变化,达到甩掉对手的目的。传球前为了使堵住传球路线的对手闪开空当,可先向一方做假踢动作,当对手去堵假踢的传球路线时,突然改变踢球脚法从另一方向运球过人(见图 5-6)。

图 5-6　变速变向运球突破

(二)人球分离运球突破

人球分离运球突破是利用防守者注意力集中在球上,并误认为可触到球,而当防守者出脚抢球时,运球者抢先把球推拨到前方,并迅速从防守者的另一侧越过去控制球,而防守者因重心移动,想转身追抢已很困难。若在推球时使用"蹚"的触球方法,蹚出弧线球,则更利于运球者过人后去控制球。

(三)假动作运球突破

假动作运球突破指运动员在比赛中,为隐蔽自己真实动作意图,利用各种动作的假象,来迷惑对方,使对方对其动作产生错误的判断或失去身体重心,造成对自身有利的形势,以获得时间、空间位置的优势,达到自己真实动作的意图。

假动作也是足球运动技术的一部分。既有有球技术假动作,也有无球技术假动作。动作中须假中有真,真中有假,真假难辨,才能收到预期效果。带球过人中,真假动作已融为一体,对抗性运球中都含有假动作,下面是较为典型的几种形式。

小知识

假动作实质就是让对手误以为你要干什么,而你却巧妙地摆脱对手。动作的技巧在于对运动员身体重心的灵活控制。

1. 两次触球式

假装以右脚脚内侧向右侧传球,上体正面对传球方向;以右脚脚内侧推球至左侧;接着用左脚脚内侧触球加速,领先并超越对手(见图5-7)。

2. 剪式

用左脚外侧先将球拨至身体的左前方;假装用左脚外侧传球,但却从球上迈过;紧接着用右脚脚外侧向另一侧拨球,并超越对手加速带球(见图5-8)。

图5-7 两次触球式

图5-8 剪式

3. 马修斯式

这是以英国前著名前锋队员名字命名的假动作。先以右脚内侧把球向左侧推拨,做出佯攻左侧的假象,身体也要向左侧倾斜;对手失去重心时,右脚迅速移至球的左后方;以右脚外侧迅速把球向右侧推拨,向前加速超越对手(图5-9)。

4. 马拉多纳式

阿根廷球星马拉多纳经常运用此运突技术。当球滚来时,先用右脚底踩停球;然后右脚离球并向右外侧跨一步,使身体绕球转身;转身同时以左脚把球拉向身后,再运球超越对手(图5-10)。

图5-9 马修斯式

图5-10 马拉多纳式

5.克鲁伊夫式

这一技术是以 20 世纪 70 年代荷兰的世界级球星克鲁伊夫的名字来命名的,他经常运用该技术来有效摆脱对手的紧密盯防。先假装要右脚踢球,动作幅度要大,使防守者看清楚并对此做出反应;实际顺势用右脚内侧把球自身后拨至左脚的外侧方向,以左脚为轴转身;紧接着以左脚外侧加速把球运走(见图 5-11)。

图 5-11　克鲁伊夫式

(四) 运球转身突破

运球转身突破的技术,对前卫和前锋来说特别重要,因为进攻队员在前场,防守者会千方百计阻止其转身,防止进攻队员面对球门。为了及时改变进攻方向而攻击对方薄弱处,应设法掌握几种转身技术。运球转身突破技术包括三因素:动作隐蔽性强或让对手感到突然;进攻队员置身于球与对手之间,保护好球;突然带球变向、变速行动。

1.脚内侧扣球转身

右脚先向前伸一大步;脚伸至球前以脚内侧把球扣回,转身时以左脚为轴;转身后以右脚把球运走并加速摆脱防守队员(见图 5-12)。

2.脚外侧扣球转身

脚外侧扣球转身与脚内侧扣球转身技术大致相似。右脚先向球前伸出;用脚外侧把球扣回,以左脚为轴转身;转身后以右脚把球运走,并加速摆脱防守队员(见图 5-13)。

图 5-12　脚内侧扣球转身　　　图 5-13　脚外侧扣球转身

3.踩停球转身

先用右脚踩停球并后拉;然后顺势右脚着地,转身 180 度,用左脚快速把球运走(见图 5-14)。

4. 跨步转身

假装先用左脚脚内侧传球;但实际上抬脚越过球,越过球时脚的动作要低而靠近球;然后以越过脚为轴转身,用右脚脚内侧迅速把球带走以迅速摆脱防守队员(见图 5-15)。

图 5-14 踩停球转身   图 5-15 跨步转身

(五)穿裆运球突破

当防守队员从正面阻拦,距离进攻者较近且两脚开立较大时,运球者可充分抓住时机侧身将球从对手两腿之间推拨过去,而身体则从防守者侧面越过。这种过人的方法往往会收到奇效。当防守者两脚开立不大时,也可利用假动作引诱防守者,然后再使球穿裆而过。

(六)运球突破的练习方法

1. 运球转向练习

(1)无对抗练习

①每人一球,模仿运球转身技术。

②每人一球,在行间运球,听教练员信号,做各种运球转身练习。

(2)消极对抗练习

①2 人一球,一人消极防守,另一人进行各种转身练习。

②4 人一组用两个球,进行各种转身练习。A、B 相背站立,C 和 D 先持球,然后分别传球给 A、B,A 和 B 接球之后即转身,将球分别传给 D、C,到规定练习时间后交换位置(见图 5-16)。

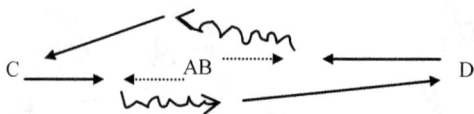

图 5-16 4 人一组运球转向练习

2. 一攻一防练习

一人持球,一人防守进行过人突破练习,防守者可由消极防守逐步过渡到积极防守,可定时交换,也可谁控制球就由谁进攻,另一人防守。

3. 轮换攻防练习

A 与 C 跟 B 相距 30 米左右，C 先持球为进攻者，D 为防守者，C 如过人突破成功，那么将球传给 B，B 则持球再做过人突破，D 仍为防守者。C 如过人突破失败，球被 D 所控制，D 则成为进攻者，C 成为防守者，以此规律连续进行（见图 5-17）。

图 5-17　轮换攻防练习

4. 人球分过练习

练习者运球至旗杆处将球从一侧推出，然后人迅速从另一侧越过，并必须在限制线即 L 处以前将球控制住。然后至旗杆 G 处重复以上练习。每处两旗杆间距 1 米，H 杆与 G 杆相距 4 米，H 杆与 L 处相距 2 米。以上距离的限制，有助于练习者对推球力量的掌握，有助于提高队员快速控制住球的能力（见图 5-18）。

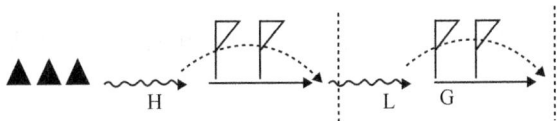

图 5-18　人球分过练习

5. 变向运球练习

练习者向旗杆运球，旗杆间距一般为 5 米，旗杆数为 7 个以上，练习者每到旗杆处即做变向运球。也可以将旗杆设立成不规则或不等距，以提高练习者的应变能力（见图 5-19）。

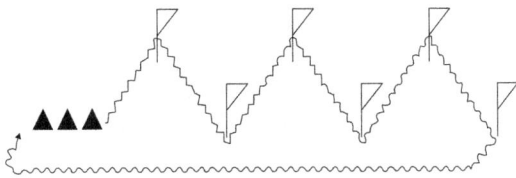

图 5-19　变向运球练习

6. 一打二连续过人突破

防守者 C 和 B 相距 8 米左右，由进攻者做连续突破的练习，练习者 A 连续突破 B 和 C，这个以少打多的练习有利于培养运动员进攻能力和加强技术动作间的衔接能力（见图 5-20）。

7. 过人突破比赛

队员分成 A、B 两组，由教练员 C 传球，A 和 B 先争抢球，获得球权者为进攻者,另一人则为防守者,然后进攻者做过人突破打门的练习。也可以指定每组每人都做一次进攻,一次防守,计算各组的成功率以分胜负。此练习也可以结合射门练习(见图5-21)。

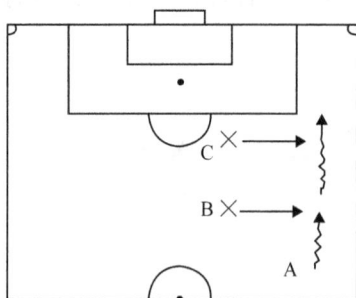

图 5-20　一打二连续过人突破练习　　　　图 5-21　过人突破比赛练习

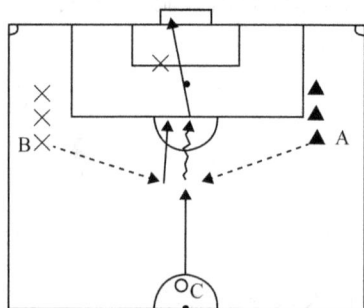

三、接球技术

(一) 大腿接球

1. 大腿接球动作特点

常用于接高于膝盖且低于胸部的半空球,相对触球面积大,接球时身体重心移动也迅速。

2. 动作要领

接弧度较大的高空下落球时,首先判断球的落点并迅速移动到位,接球腿大腿抬起,以大腿中部对准下落的球,在大腿与球接触的瞬间,大腿则顺势向后撤引接球,使球落于衔接下一动作的需要位置(见图5-22)。

> **小知识**
>
> 当球接触大腿的瞬间,大腿及时顺势缓冲,是接球质量的关键。

图 5-22　大腿接球动作

接平行于大腿高度的来球时,面对来球方向,接球腿大腿微屈送髋前迎来球,当球与大腿接触瞬间主动收撤大腿,使球落于衔接下一动作的需要位置。

3. 大腿接球易犯的错误

(1)停球腿过于紧张,不能适度地缓冲来球力量。

(2) 停球腿下撤过早,使球不能随腿下撤。

(二) 胸部接球

1. 胸部接球动作特点

由于胸部接球部位相对较高,胸部面积又大,肌肉较丰满且有弹性等特点,易于掌握。胸部接球可分为挺胸式接球(一般接高球)和收胸式接球(一般接平直球)两种方法。

2. 动作要领

接高于胸部下落的球时,面对来球,两脚前后开立(或左右开立),双膝微屈,重心下降并落在两脚之间,上体后仰,下颌微收,双臂自然张开,保持身体平衡。当球与胸部(左右胸)接触的瞬间,两脚蹬地,胸腔屏气并向上挺胸,用挺胸动作轻托球的下部,使球明显改变运行路线,向上弹起,然后落于体前(见图 5-23)。

> **小知识**
> 挺胸式接球时,重心先稍下降,在球与胸部接触的瞬间,两腿蹬地,屏气挺胸,使球向前上方弹起。

接齐胸高度的平直球时,面对来球,两脚前后开立(或左右开立),两臂自然张开,重心前移,挺胸迎球,当胸部触球瞬间重心迅速后移,同时收胸、收腹以缓冲来球力量(见图 5-24)。若要将球接在身体左(右)侧时,触球瞬间用同侧胸部触球向左(右)侧转体,将球接在转体后相应的一侧(见图 5-25)。

图 5-23　挺胸式接球

图 5-24　收胸式接球

图 5-25　身体左(右)接球

3. 易犯错误

(1) 球在空中的位置判断不准,未能用正确部位接触球。

（2）缩胸停球时，收胸和收腹过迟，未能及时缓冲来球力量。

（3）没有收下颚，身体过于紧张不能很好控制球。

（三）脚内侧接反弹球

1.脚内侧接反弹球动作特点

这种方法接球，可争取控制球的时间和空间，同时触球时还使球产生向内旋转，以达到更好控制的目的，但应注意球的旋转并及时加以调整。

2.动作要领

判断来球落点，及时移动到位，支撑脚踏在球落点的侧前方，支撑腿膝关节微屈，身体向接球后球运行的方向偏移，接球腿提起小腿且放松，小腿与地面成一锐角，脚尖微翘，当球落地一从地面反弹时，脚内侧部位轻推球的中上部，同时大腿顺势向接球后球运行的方向摆动（见图5-26）。

> **小知识**
>
> 找准球落地的反弹点，也就找准了接反弹球的规律，只要保持脚型正确，接球效果就不错。

图5-26　脚内侧接反弹球

3.脚内侧接球易犯错误

（1）触球时，球停得离身体太远。

（2）接反弹球时，没能很好判断出球的落点和反弹后球的运行路线，漏球或停不稳。

（3）没能将球接到预想的位置上，影响下一个动作的衔接。

（四）接球技术的练习方法

1.单人练习

（1）对墙进行踢球练习，然后用身体合适部位进行停球练习。

（2）自己将球向上抛起或踢起，球下落时练习停空中球或反弹球。

2.双人练习

（1）互抛互练，练习接空中球或反弹球。抛球的力量可由小到大，距离由近到远，速度由慢到快。

（2）相距15～20米，在相互传球练习的同时，练习接地滚球、空中球或反弹球。

四、头顶球技术

头顶球指运动员有目的地用前额将球击向预定目标的动作。足球比赛中不仅要处理各种各样的地滚球,同时也要处理各种空中球。遇到胸部以上部位或规则不允许触及的一些球时就需要用头顶球技术来处理,因为人体头部在人体生理结构位置上恰恰解决了这个问题。人体额骨部位较为平坦,只要掌握顶球技术,顶出去的球就会很有力。防守时抢险头顶球是足球运动技术中的一种,指运动员用头的某一部位顶击球。用于进攻中的传球、射门和防守中的抢断,头顶球可用头的正额面或额侧面,可原地顶或跳起顶,由判断移动选准顶球点、蹬地上体摆动击球、击球时间和击球部位等环节组成。

头顶球技术是传球、射门、抢截的有效手段,尤其争高空球时头顶球技术更为重要。头顶球技术的特点是争取时间,不需要等球落地就可以在空中直接处理球,因此它可争取时间上的优势和主动。

(一)原地正面头顶球

原地头顶球时,先判断来球方向,眼睛注视球,两脚左右开立(或前后开立),膝关节微屈,重心下降并置于两脚间的支撑面上(或后脚上),两臂自然张开,微收下颌,当球运行到将近重心垂直于地面的垂线时,两腿用力蹬地,迅速向前屈体,

在触球前瞬间颈部做爆发式振摆,用前额正面(见图5-27)击球中部,上体并随球前摆(见图5-28)。

图 5-27　前额正面顶球部位

图 5-28　原地正面头顶球身体动作

(二)前额侧面头顶球

判断球的运行速度、运行轨迹,及时移动到位,两脚前后开立(或左右开立),出球方向的异侧脚在前,重心逐渐过渡到前脚上,双眼注视来球,前膝微屈,两臂侧前后自然张开,当球运行至体前上方时,用力蹬地,前脚掌并适度旋转,以前额侧面(见图5-29)击球的后中部,上体随着向出球方向扭摆,同时用力向击球方向甩头(见图5-30)。

图 5-29　前额侧面顶球部位　　　　图 5-30　前额侧面头顶球身体运动

（三）头顶球常见错误及纠正方法

（1）对来球轨迹判断不准确,顶球时因害怕而习惯性地闭眼睛,造成漏顶球。

（2）顶球时低头,造成球触头部位不正确。

（3）全身用力不协调,下肢没蹬地,展腹收腹不够,只靠颈部发力。

（四）头顶球技术的练习方法

（1）做各种头顶球的无球模仿练习。

（2）自己或同伴双手举球在头前,用前额正面和侧面去触击球,体会触球部位、全身协调用力,养成顶球过程中注视来球的习惯。

（3）2人一球,先自抛（向上）自顶（顶向对方）;然后一人抛球,一人进行头顶球练习。

（4）3名队员成一直线,B把A抛来的球顶给C,C接球后回传给A,A再传回给B,然后继续练习。接球队员C可以向两侧移动,使顶球队员增加顶球宽度（见图5-31）。

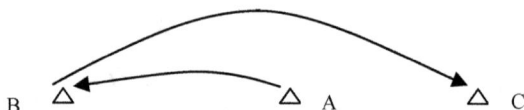

图 5-31　3人头顶球技术练习

（5）3人围着抛球人进行圆圈跑动,抛球人依次向跑动者抛球,跑动者将球用头顶回。规定时间与抛球者交换（见图5-32）。

（6）A处设两人用手抛球,一人负责抛前点,B快速直线向前用前额侧面部位头球射门,另一人负责抛后点,C跑弧线用前额正面冲顶射门（见图5-33）。

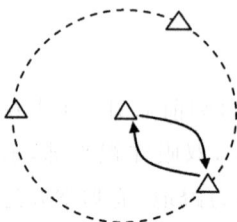

图 5-32　3人圆圈跑动头顶球练习　　　图 5-33　前额正面、侧面顶球射门练习

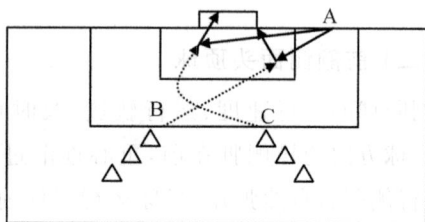

五、抢截球技术

抢截球技术指运动员在规则允许的范围内,用身体的合理部位将对手的控球权夺过来或破坏掉。抢截球技术的动作结构是由判断选位、实施抢截动作、抢截后的衔接动作三个环节组成。

(一) 抢球

1. 正面抢球

(1) 正面抢球特点

防守者向运球而来的进攻者迎面逼近,为将对手控制的球抢过来或破坏掉进攻者进攻行动所采用的技术动作。

2. 动作要领

抢球者迎着运球者先双脚前后开立而站,身体重心降低置于两腿之间。当运球者与抢球者相距 1~1.5 米左右时,运球者脚触球后即将落地或刚落地瞬间,抢球者上体前倾,后脚用力蹬地并跨

> **小知识**
>
> 当抢球者触到球时,踝关节应高度紧张,同时,身体重心也要跟上。

步向前,以脚内侧去堵截球(见图 5-34)。当堵截住球时,另一脚则迅速上步维持好身体重心。若抢球脚与对手同时堵住球时,则抢球者应将另一脚迅速前移做支撑脚,抢球脚不脱离球的情况下快速往上提拉,使球从对手脚面滚过,身体重心也跟上球并将球控制好。

图 5-34　正面抢球　　　　图 5-35　侧面抢球

2. 侧面抢球

(1) 侧面抢球特点

当防守者与控球者距离球大体相等,并肩跑动时,或者防守者追赶控球者距离几乎相等时,实施的抢球动作。

> **小知识**
>
> 防守者抢球时,应保持冲撞侧的手臂贴身,这样既不易犯规,又容易使对方失去重心。

(2) 侧面抢球动作要领

① 合理冲撞抢球

当防守者与运球者成并肩跑动时,身体重心稍下降,同时靠近对手侧的手

臂紧贴躯干,在对手同侧脚离地的瞬间,用肘关节以上的部位适当冲撞对手同样部位,使其身体失去平衡顺势将球控制住(见图5-35)。

② 异侧脚铲球

当双方都不能用正常的动作触球时(跑动中),防守者可根据与球的距离,通过同侧脚用力地蹬地使身体跃出,异侧脚向前贴着地面对着球滑出,用脚底将球铲出,然后小腿外侧、大腿外侧、手依次着地(见图5-36),铲出球后身体向铲球腿一侧翻转,手撑地后立即起身,身体恢复到与下一动作衔接的状态和位置。

图 5-36　异侧脚铲球

③ 同侧脚铲球

防守者在跑动中视双方离球的距离做出判断,一旦对手不能立即触球的瞬间,用异侧脚用力蹬地,身体向前方跃出,同侧腿贴着地面向前滑出,同时向外摆踢,由脚背外侧将球拨出,也可用脚尖将球捅出,顺势向对手的一侧翻转,手撑地恢复到下一个动作所需要的位置。

(二)抢断球

抢断球是主动的防守,当然也是难度大的抢球手段。断球技术要求防守队员具有丰富的经验,以及敏锐的观察力和预判能力。防守队员需根据场上情况,预测进攻队员跑动接球路线及将要传出球的路线、方向、落地等。通过判断有无可断球的可能,来选择好自己的最佳位置,看清传球的路线,决定出击时机。一旦判断好断球时机,就得突然起动,迅速插到进攻队员之前将球控制住或破坏掉。

(三)抢截球常见错误

(1)抢球时被对方的眼神和身体的晃动蒙骗,身体重心失去平衡。

(2)判断时机不准,出脚不坚决,缺少爆发力,抢球时轻易出脚。

(四)抢截球技术练习方法

1. 正面抢球练习

甲、乙队员相对站立,队员甲先运球向乙突破,队员乙则选择好时机实施正

102

面脚内侧堵抢的动作。两人脚内侧同时触球时,队员乙立即提拉球,将球拉过队员甲的脚面并控制住球。

2. 抢球冲撞练习

在两人面前 6 米处放一球,听到哨音后同时向球跑去,在适当的位置和时机进行合理冲撞抢球控制。经过一段练习后,将静止的球变为活动球,即教练持球站立,两队员同时追赶球,并利用合理冲撞将球控制住。

3. 侧向冲撞练习

一人先直线运球前进,另一队员则由后赶至成并肩伺机实施合理冲撞并控制球。练习时要求运球者,给予抢球者以配合,让抢球者得到练习,速度可由慢逐渐到快。

4. 原地铲球练习

一人一球,将球放在前面离练习者 3～3.5 米的位置,练习者原地蹬腿做铲球动作,体会和掌握铲球技术动作。原地铲球掌握以后,练习者可将球沿地面缓慢滚出,自己追球将其铲掉,体会如何对滚动的球实施铲球动作。

5. 行进间铲球练习

一人直线运球前进,另一人追赶至适当位置抓住时机进行铲球练习,要求运球者配合铲球者,让铲球者在对手运球过程中去体会铲球的如何实施。

6. 正面一对一抢球

队员分两组,A 为进攻组,B 为防守组,两组相对距 20 米。A 运球前进,B 上前抢球,抢到球后再传给进攻组,由 A' 和 B' 再重复以上练习,两组定时交换并计分比赛(见图 5-37)。

7. 边路一对一抢球

队员分两组,A 为进攻组,B 为防守组,由 C 传给边路进攻的 A,B 抢球。A 突破成功将球传中,如 B 抢球成功将球传给 C。以此重复练习,两组定时交换并计分比赛(见图 5-38)。

图 5-37 正面一对一抢球

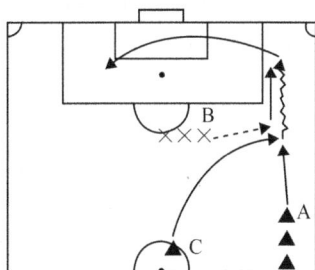

图 5-38 边路一对一抢球

8. 移动断球

5～7 人一组,做移动断球练习,由 B 传球,A 先快速跑向旗杆 H 处,然后折向快速跑向旗杆 G 处,断抢由 B 传向 G 处的球(见图 5-39)。

9. 断球

5~7人一组，做断球练习，由 D 传球，A 做断球练习，A 先跑向 C 的位置断球后再跑向 B 断球，断球后回原位，再由 A 重复以上练习（见图5-40）。

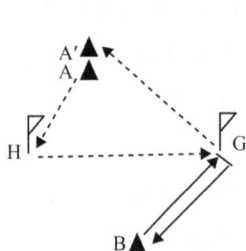

图 5-39　移动断球　　　　　　　图 5-40　断球

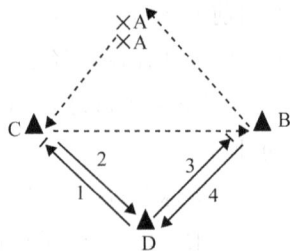

六、守门员技术

守门员技术分为无球技术和有球技术两大类。

（一）无球技术动作

1. 准备姿势

两脚左右开立，约与肩同宽，两腿自然屈膝稍内扣，身体重心落在前脚掌上，上体稍前倾。两臂自然屈肘置于体前，手指自然张开，掌心向下，眼睛注视来球。

2. 移动步法

为尽早截获向球门前传来的球或封住对方射来的球，守门员须根据赛场上球和队员的位置变化，而随时调整自己的位置。一般采用侧滑步或交叉步向左右调整位置。

3. 选位

选位对守门员很重要。要根据射门队员与球门角度以及距离选择位置（见图5-41），如果以射门队员为顶点，与球门两立柱所形成的角，那么守门员须站在这个角平分线上。

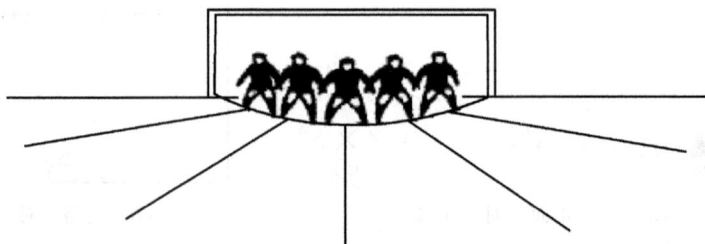

图 5-41　守门员选位

（二）接球

1. 直腿式接地滚球技术动作

两腿直膝自然开立，两腿间距离小于一球，脚尖对着来球，上体前屈，双臂并肘前迎，手掌对球，在手触球的刹那，随球后撤并屈肘屈腕，两臂靠近，把球抱于胸前。

小知识

守门员应先准确判断球的运行路线及周围双方队员位置，根据来球高度，伸手迎球，顺势接球，然后回撤缓冲。

2. 单腿跪撑式接地滚球技术动作

身体正对来球，一腿深屈支撑身体，另一腿膝盖内转似跪撑，膝盖接近地面并靠近深屈腿的脚跟，两者距离小于一球，以免漏球，上体前屈，手臂下垂，手掌对准来球并稍前迎，在手触球的刹那，两手随球后撤并屈肘，屈腕，然后两臂靠近将球抱于胸前，并起立（见图5-42）。

图 5-42　单腿跪撑式接地滚球技术

3. 接平直球技术动作

身体正对来球，两脚自然开立，上体微屈，两臂稍下垂并肘前迎，手掌对球，当手触球的刹那，两臂随球后撤并屈肘，顺势将球抱于胸前（见图5-43），当来球力量较大时，可下意识地抱球和后撤缓冲同时做。

图 5-43　接平直球技术

4. 接高球技术动作

面对来球，判断好球的运行路线，快速移动，两臂上伸迎球，两手自然张开，两手拇指相对成八字形，接球时，手掌上端轻微触球，以手指接触球的中后部（见图5-44）；当手触球的瞬间，手指、手腕适当用力将球接住，并顺势屈肘，下引，转腕将球抱于胸前（见图5-45）。

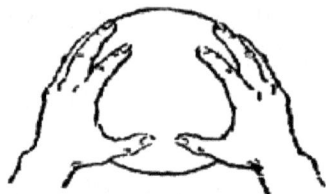

图 5-44　接高球技术

图 5-45　接高球技术

（三）拳击球

当门前出现高球，并有对方队员争顶，守门员为了避免接球脱手，在没有把握接住球时，常采用拳击球。

1. 单拳击球技术动作

首先判断球的运行路线并确定击球点，在起跳上升阶段，击球臂屈肘握拳，体稍侧后转；当跳起接近最高点触到球前的刹那，身体快速回转，迅速冲拳，用拳面将球击向预定的目标（见图 5-46）。

2. 双拳击球技术动作

首先判断球的运行路线并确定击球点，在起跳上升阶段，双臂于胸前屈肘握拳，两拳靠拢，拳心相对；当跳起接近最高点触到球的刹那，双拳同时快速冲击，以拳面将球击向预定的目标（见图 5-47）。

图 5-46　单拳击球技术

图 5-47　双拳击球技术

（四）守门员技术易犯错误

（1）接地滚球时屈臂收球不夹肘，导致球从臂间漏掉。

（2）引撤的缓冲时机不好，缓冲效果差。

（3）接平球时，手臂没有主动前伸引撤，球直接触击胸部。

（4）接高球时肘过度外张，影响接球手型。

（5）接高球时手型后仰，拇指间距过大，接球脱手或漏球。

（6）倒地时肘关节外展,导致受伤并影响控球的稳定性。

（7）接球手型不正确,导致接球不稳。

（8）冲击球的拳面不正或出球点没掌握好,影响击球的力量和方向。

（五）守门员技术练习方法

（1）按照教练手势做姿势技术动作的向左、向右、向前、向后的移动练习。移动时要求身体重心不要起伏太大,并保持随时出击的准备。

（2）接同伴抛来或踢来的各种地滚球,做直腿和单腿跪撑接地滚球练习。

（3）接同伴踢来的各种平直球和高空球。先做接距离较近、力量较轻的球,体会技术动作要领和手形;逐步距离拉大,并接加大力量的来球。

（4）移动中,接同伴踢来的地滚球、平直球、高空球等做练习,体会在移动中完成接各种不同性质来球的技术动作。

（5）双脚屈膝左右开立,上体稍前倾,双手举球倒地,做扑地滚球模仿练习。

（6）在垫上做各种扑球练习,扑接同伴手抛的两侧地滚球。

（7）接同伴抛或踢来的两侧平直球,做跃起扑接两侧的平直球,体会技术动作及接球时的手型和身体依次着地顺序。

（8）拳击球和托球练习,助跑起跳,单手或双手拳击吊球练习。

（9）助跑起跳,单手、双手拳击同伴抛来的高球。

（10）踢角球、任意球时,守门员在人丛中练习拳击球或托球。体会对抗下的出击时间。

第二节　足球战术基础配合

一、"二过一"配合

由两个或三个进攻队员通过两次以上连续传球的配合,绕过一个防守队员的配合行动,称之为"二过一"配合。

（一）斜传直插

此二过一配合可用在当控球队员与接应队员之间有一定宽度时。⑨号遇到②号防守队员时传球给⑪号,并快速起动直插接⑪号的斜传球,突破②号的防守(见图 5-48)。

此种二过一配合要注意以下几点。

（1）控球队员要尽量运球逼近防守者,使防守者身后留下空当。

（2）接应队员要拉开以保持与控球队员一定的宽度,同时接应队员应处在控球队员的斜前方,便于控制队员的传球。

（3）控球队员的传球要准确,摆脱要突然,快速插上。

（4）若防守队员密集站位、空隙较小，则控球队员应向接应队员的脚下传球，接应队员可直接将球敲传给插上的同伴。

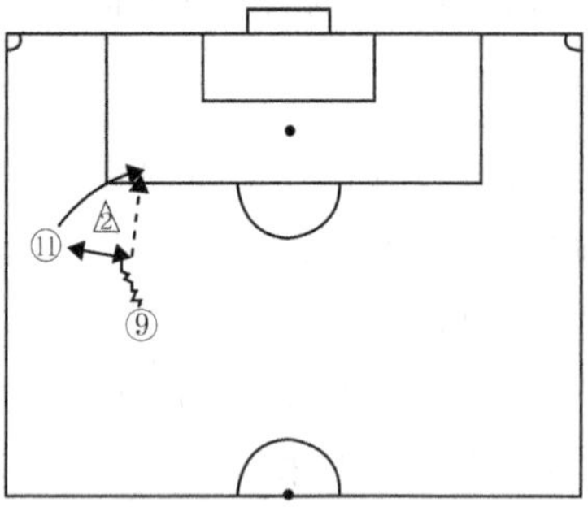

图 5-48　斜传直插二过一配合 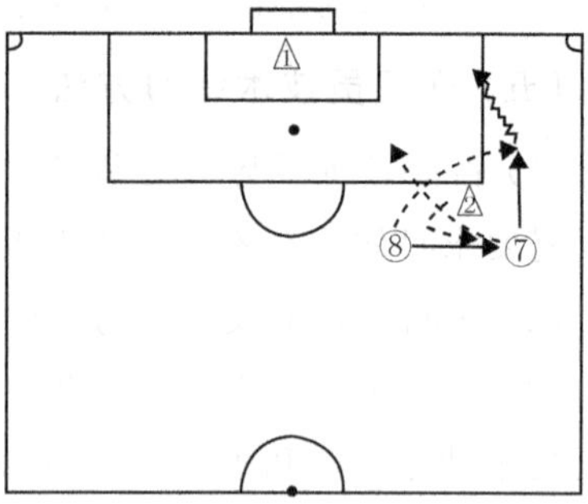　　　　图 5-49　直传斜插二过一配合

（二）直传斜插

当防守者身后有较大空隙时，可以用此种二过一配合。⑧号先横传球给⑦号，然后斜插接⑦号直接传来的球突破，⑦号与⑧号则交叉换位（见图 5-49）。

此种二过一配合要注意以下几点。

（1）一般应先插上再后传，以无球的跑动带动传球，配合时机要适当。

（2）斜插队员要快速插上，以有效抢占防守队员身后的空当。

（3）采用传地滚球方式，便于传球的准确和接球者接控球的到位。

（三）踢墙式

踢墙式二过一可以分为直接或间接两种。直接踢墙式二过一战术配合要求做到：掌握好传球时机，球到人到，人到球到（见图 5-50）。间接踢墙式二过一（见图 5-51）：图中进攻队员⑩号先将球传给做"墙"的进攻队员⑨号，⑨号以"墙"的反弹原理把球回碰给进攻队员⑧号，⑧号再将球传给隐蔽插上的⑩号，达到突破的目的。此种配合要注意的是⑩号将球传给⑨号时，力量不要太轻，以便⑨号借助来球力量突然性地将球回碰给⑧号。此外，⑧号的传球应根据当时的情况，尽可能采用如将球搓过头顶或传弧线球等多种方法传球，这样效果会更好。

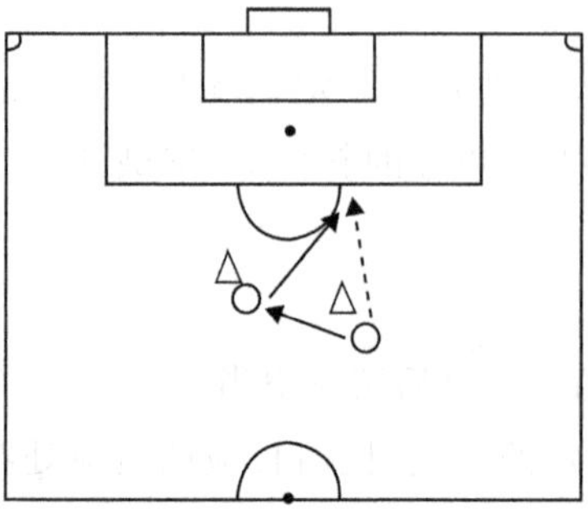

图 5-50　直接踢墙式二过一配合 　　　　图 5-51　间接踢墙式二过一配合

（四）回传反切

当接应队员与控球队员有足够的纵深距离，并且防守者身后有较大空隙时，可采用此种二过一配合（见图5-52）。图中⑩号进攻队员先往回运球，以吸引防守队员跟上，将球突然回传给接应队员⑨号，然后立即转身起动，快速反插防守队员②号的身后，接⑨号传来的球。

此种二过一配合要注意以下几点。

（1）回传队员回撤要能够有效扯动防守队员，以制造身后空当。

（2）回传后反切动作要突然快速，并注视同伴传球。

（3）向前传球要及时，一般传过顶球，这样易避开防守队员的封堵。

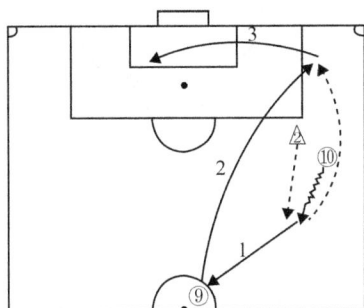

图5-52　回传反切二过一配合

（五）交叉掩护

此种配合指进攻队员运球逼近防守队员时，无球接应队员⑨号快速交叉跑动掩护同伴⑩的运球，甩掉防守队员②号的紧逼（见图5-53）。

此种配合要注意以下几点。

（1）控球队员逼近防守队员时，用身体掩护球，并用远离对手的一侧脚运球。

（2）接应队员要快速起动，从控球队员身后斜线插上，并将控球队员脚下的球带走或佯装带球突破。

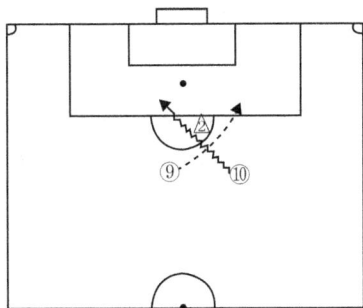

图5-53　交叉掩护配合

（六）"二过一"配合练习方法

1. 二过一跑位

A 和 B 两人，A 先传球给 B 后，由 L 处跑到 H 处接 B 的传球；B 可根据 A 跑动的快慢、距离，再决定直接回敲传球还是接球调整再传（见图 5-54）。A 与 B 可定时交换练习。

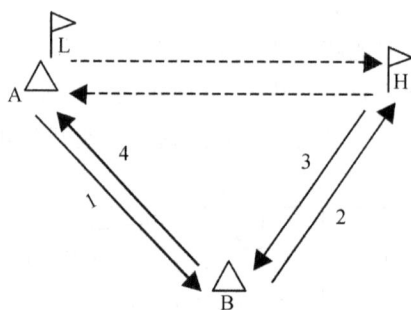

图 5-54　二过一跑位练习

2. 撞墙式二过一配合

在约 10×20 米的场地内，B 作为传球人（墙的作用），A 先传球给 B 后，马上前插，接 B 的回传球，再将球传给 C，然后跑到对面队伍排尾，C 重复 A 的动作，如此循环练习（见图 5-55）。等熟练后，增加一名防守队员 D，以提高练习的实战性，这时，传球队员要选择传球时机，传球队员 B 可以在场地边线上左右移动，以寻找传球的最佳时机（见图 5-56）。

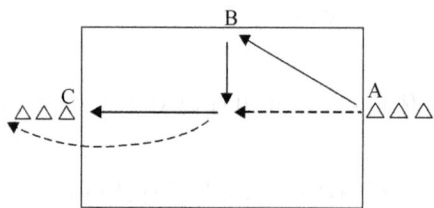

图 5-55　撞墙式二过一配合

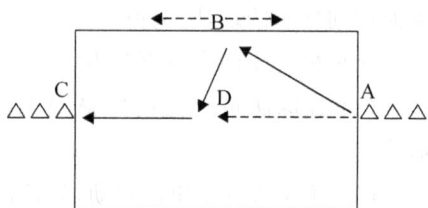

图 5-56　四人撞墙式二过一配合

3. 二过一传球

将人员分成 A、C 两组，B、D 为固定传球人（墙的作用），在 30 米左右见方的区域内做"二过一"传球练习。A 先向前慢运球，传给 B 后突然起动，突破 PH，接 B 的传球，然后将球传给 C 组，C 以同样形式练习。A 与 C 可同时进行。熟练之后，此练习也可增至三人或四人同时进行，可取得不同效果（见图 5-57）。

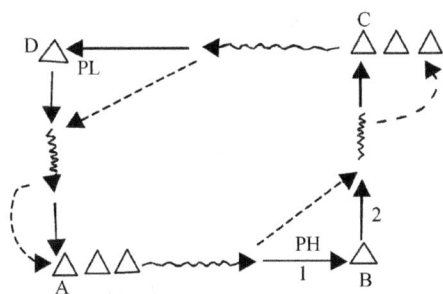

图 5-57　二过一传球练习

4. 连续二过一

练习者 A 以旗杆为防守对象,分别与 B、C、D、E 做连续"二过一"练习,然后返回原处(见图 5-58)。

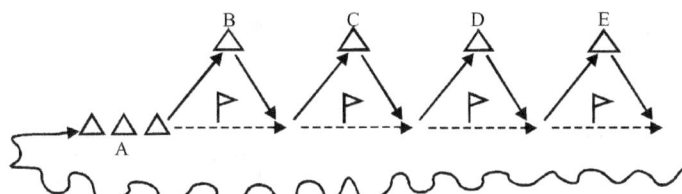

图 5-58　连续二过一配合

二、防守战术的基础配合

(一)盯人与选位

个人防守技术中选位和盯人是最基本的两个因素。选位指对方控球时防守队员的行动;盯人是防守队员针对某一具体防守对象的行为。

1. 选位

防守队员选位要根据自己的位置职责和当时赛势的具体情况,在整体意识的支配下,有目的地选择恰当的防守位置。

比如在本队(黑点为防守队员)失去控球权的瞬间,必定有几名在球周围的本方队员比球更接近对方球门,因此,应迅速回撤,接近本方的球门。当对手打反击时,两翼队员应朝本方球门的近门柱方向回撤,同时,中路球员应向罚球点方向回跑(见图 5-59)。如果向某一具体进攻队员移动,应迅速跑向对手,在离对手大约 2

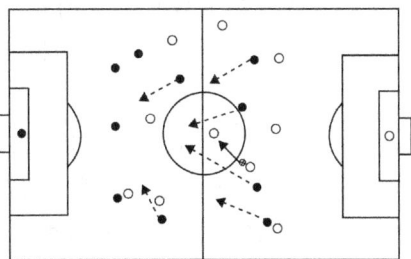

图 5-59　个人防守技术选位

米处时减速,以确保对手企图越过你时能从容应对。

2. 盯人

盯人的含义是防守者通过各种方法,紧紧跟随并看住自己的对手。盯人方式主要有紧逼和松动两种。紧逼一般适用于禁区地带或盯接近球的进攻队员。松动一般是适用于盯远离球的队员。

盯人时,防守队员的站位应在己方球门和被盯对象之间的连线上。为了既能看到球也能看到对手,即人球兼顾,防守队员的站位应稍稍和对手保持一定距离。当控球队员在外围边路时,防守队员(黑点为进攻队员)应站在对方接应队员的侧方,面向控球队员,并且始终保持控、接队员在自己的视野范围以内(见图5-60)。处在外围边路的防守队员(黑点为防守队员),防守时也应站在对手的侧方,如图5-61中黑方的②号站在白方⑩号内侧,因对手在向⑩号传球时,这种站位有利于②号先于⑩号得到球,如球传向边路空当,②号也能够对⑩号进行足够的限制。

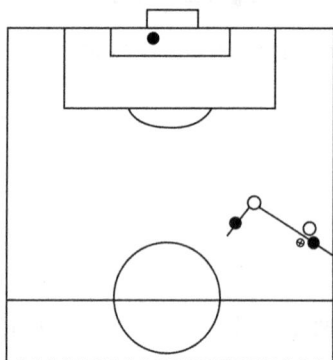

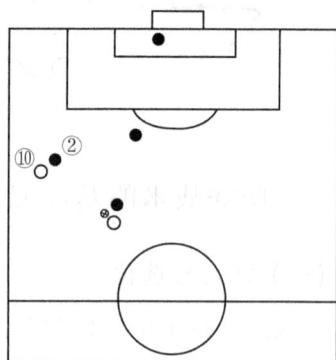

图5-60 控球队人员在外围边路的盯位　　　图5-61 防守队员在外围边路的盯位

(二) 保护与帮助

"保护与帮助"者通常指在抢球队员(第一防守者)身后,并直接提供增援的队员,也称第二防守者。保护与帮助由三个要素组成,即距离、角度、呼应。

1. 距离

距离指担任保护作用的第二防守者与抢球队员彼此间相隔的距离。保护距离和球在场区的位置及当时攻守局面发展情况有很大的关系。当球在本方门前罚球弧一带的攻防关键区域,防守的保护队员与抢球队员距离大约为4～5米,以便当抢球同伴被对方突破后,及时补位。在距离上既要考虑如何有利于保护队友,也要考虑同抢球者的协调配合,迫使持球队员改变进攻方向,增加进攻组织难度,以利于本方的防守。保护距离还应考虑到对手的特点和类型:在对付速度型队员时,保护队员应距离争抢队员稍远些。在对付技术型队员时,保护队员则应当距离更近些。

2. 角度

保护队员合适的站位角度。可保护抢球同伴身后的要害地带;对对方接应队员也可兼顾,施加一定压力;可增强防守队员信心,而且一旦抢下球后,能迅速转帮助入进攻。通常站位角度为靠球门一侧与抢球同伴成 45 度角(见图 5-62)。图 5-63 为"后保前",即居后的防守队员 A 移动保护居前队员 B。图 5-64 为"边保中",边路防守队员 A 移动保护相对中间的防守队员 B。

图 5-62　通常站位角度　　　　　图 5-63　"后保前"防守角度

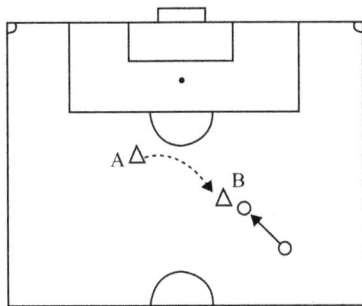

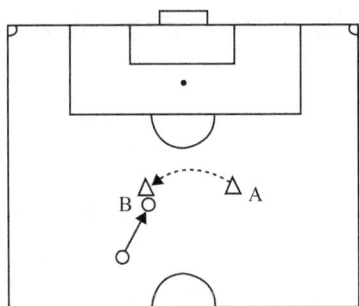

图 5-64　"边保中"防守角度

3. 呼应

保护队员应与争抢队员保持呼应。任何防守者都应懂得,如果争抢队员的位置不正确,保护与帮助的队员选位必然很难,因此保护队员应及时提示争抢队员的站位和行动。比如"逼近些","逼使其走边路"等提示。保护队员也应当在语言上对争抢队员加以鼓励,这有助于争抢队员的注意力集中并耐心地执行职责。

(三)防守基础战术的练习

1. 防守队员卡位

防守队员卡位主要体现在以下几个方面。

(1)进攻队员带球,防守队员可在斜侧方选位,卡断进攻队员带球向里的路线。

(2)球在攻防队员前面,双方同时争夺,防守者可抢先选位堵住进攻者向前跑动的路线。

　　进攻队员带球走里线,防守队员应在对方前面卡住,不让其直线向前。局部防守的选位,事先应该作出预测。做到相互补位,不能先顾自己的对手,要在对方刚突破时上前补位。

　　2.中后卫补位

　　防守队员被进攻队的边锋突破的一瞬间,中卫立即上前补位。在补位时间上要恰到好处。在以少防多时(如一防二、二防三),防守队员选位与盯人原则是:第一,不要急于抢截球,要尽可能以站位堵截,以争取同伴回防的时间。第二,尽量不使对方从中路突破,以减少对罚球区和球门的威胁。第三,在二防三时,可有一人紧逼对方有球队员,而另一防守队员宜采用区域站位(注意另外两个进攻队员的行动和保持紧逼的同伴)。

　　3.在约 10×20 米场地上,进行 3 打 2 练习

　　要求是无球队员要想方设法按接应要点进行接应。开始练习时,两名防守者可做消极防守,待稍熟悉后,按比赛要求进行。

第三节　局部战术

一、进攻战术

　　局部进攻战术除了“二过一”的两人配合外,还有三人的配合,三人的配合是在两人配合的基础上进行的,虽然增加了一人配合,但传球路线则从一条变成了二条,这样的配合因此也变得陡然复杂,使防守难度一下子增大,进攻性必然也得到增强。三人进攻配合一般分为拉空当传球和连续二过一传球的配合。

(一)拉空当传球配合

1.边路推进

　　进攻队员 A、B、C,当 A 控制球时,B 佯装迎球向 A 靠拢,则 B 身后留下了大片空当,C 面对 B,心领神会立即沿边向前快跑,此时 B、C 的跑位尽在 A 的视野之中,则顺势将球传向 C 跑向的空当(见图 5-65)。

2.中路渗透

　　当 A 控球时,B 佯装回撤向 A 迎球,则 B 身后留下了大片空当,C 面对 B,心领神会立即向 B 身后的空当跑去,此时 B、C 的跑位尽在 A 的视野之中,A 立即顺势将球传向 C 跑向的空当(见图 5-66)。

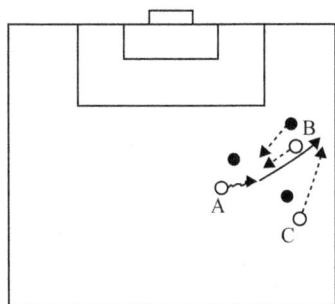

图 5-65　拉空当传球配合之边路推进

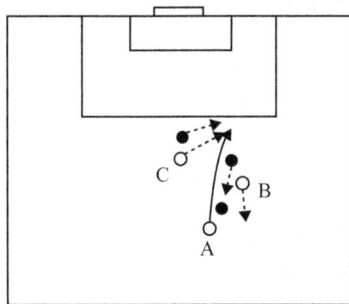

图 5-66　拉空当传球配合之中路渗透

(二) 连续二过一传球配合

1. 边路推进

进攻队员为 A、B、C,当防守队员上前阻挡时 A 传球给 B,然后顺势沿边向前插,接 B 回传过来的球,与此同时 C 向 A 靠拢接应,当 A 发现又有防守队员紧逼时则把球立即传给了 C,而 C 在接球时,正好也看见了 A 沿边跑向的空当,所以不失时机把球推向 A 跑向的空当,B 在传球后则跑向 C 留下的空当(见图 5-67)。

2. 中路渗透

A 先控制球,当有防守队员紧逼时,则把球传向向 A 靠拢接应的 B,B 在接球的同时发现 A 已被对方盯死,而看见 C 正向前跑向防守的空当,于是立即将球推向 C 跑向的空当(见图 5-68)。

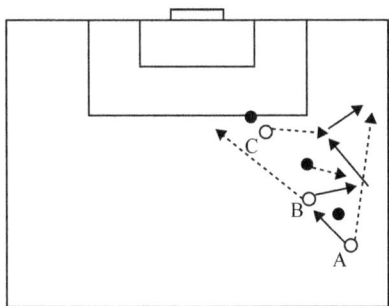

图 5-67　连续二过一传球配合之边路推进

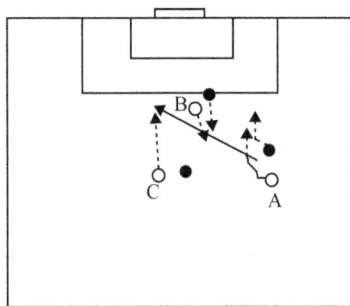

图 5-68　连续二过一传球配合之中路渗透

二、防守战术

防守战术指在控球方丢球后立刻开始的转攻为守战术。局部防守战术是建立在个人防守战术基础上,局部防守队员间配合的防守战术配合。防守战术在比赛当中,往往表现出一定的被动性,不过就其目的而言,防守战术也是扼制对方进攻并设法夺回对球的控制权的攻击性战术。

(一) 补位

补位指防守时,本队一名队员被对手突破后,另一队员前去封堵;或者当同队队员离开了原分工位置时,其他球员去填补该名队员离开所暴露出来的空位。两人间的补位是集体防守配合的基础,防守队员相互间保持适当的距离和角度,是进行及时补位的前提。以往主要指卫线队员防守时的配合,而当代足球采用全攻全守战术,补位的内容也有了相应的发展,担任锋与卫的队员之间在进攻中相互位置交换,也成为补位的重要内容之一,从而对补位队员技术和战术的意识提出了更高要求。

补位有以下两种典型的方法。

1. 补空当

如边后卫插上进攻而退守时一下子回不来,就由其他同伴暂时补他的位置。

2. 临近队员补位,即交换防守位置

如图5-69所示,⑪号运球突破②号,③号补②号的漏洞,②号快速交叉跑动补③号的位置,防守⑩号。图5-70为中后卫之间的补位。进攻队员⑨号突破越过防守队员③号,此时⑤号则立即前去封堵⑨号,③号与⑤号交换防守位置而防住⑧号。

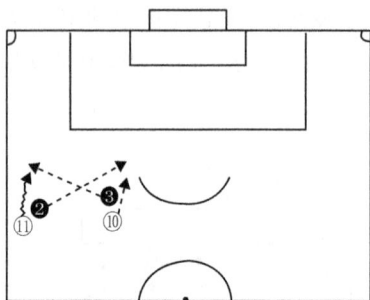

图 5-69 临近队员交叉跑动补位

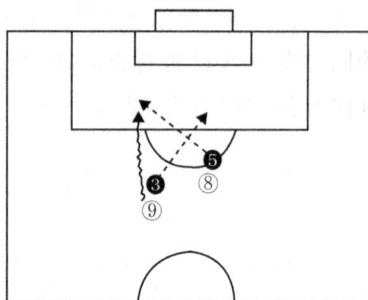

图 5-70 中后卫之间的补位

(二) 围抢

围抢指在比赛中某局部位置上,防守一方用人数上的相对优势(通常指两三个队员)同时围堵对方的持球队员,旨在短暂时间内达到抢断或破坏对方进攻的目的。围抢是一种近几十年来发展较为迅速的防守战术,纵观其20多年来的发展变化,围抢已由过去单纯的、被动的防守逐渐演变成一种主动的、攻击性较强的战术行为。

参与围抢的队员行动要一致,围抢时动作要果断、凶狠,乘对手立足未稳或者对方整体战术尚未调整好时即行围抢。防守队员须快速占据球周边的防守位置,相关队员应向前或两侧移动,形成支援(见图5-71),当白方③号将球传向⑤号时,黑方②号向白方⑤号直线跑动,同时,黑方的⑥号向②号周围的区域跑动,⑦号和④号向球的侧方区域移动,这样黑方⑥号占据了②号的位置,黑方⑩号站在控球队员的侧方与他成一条直线,阻止白方向侧方传球。为避免压迫防守时,站位出现问题,队员须协调并统一快速移动。压迫式防守先由黑方②号向控球队员白方⑤号施压开始,其他队友对控球对手最近的传球目标抵近施压。采用围抢战术时协调最为关键,因为对控球队员施压的首要目的就是迫使对手传出质量差而使守方队员能容易抢断的球,同时,对球施压的防守队员不仅只考虑夺回球权,还要想办法迫使对手把球传入本方队员较多的区域,或者阻止对手传球,这样使试图接球的进攻队员不能轻而易举地控制球或不能接到传球。

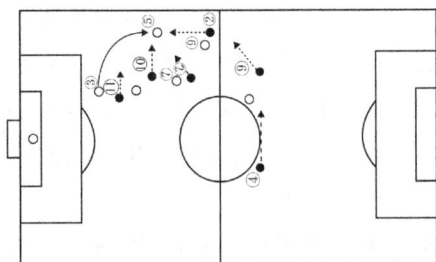

图 5-71 围抢

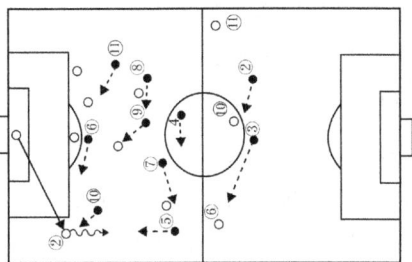

图 5-72 围抢

如图 5-72 所示,白方②号从守门员处拿到球,当球在向②号运动的过程当中,黑方⑩号队员就应迅速向他跑动,并对其施压,在⑩号跑动的同时,该区域的其余黑方队员则应迅速跑位,一旦②号传出质量较差的传球,守方将有机会获得控球权。注意,此时只有离球所在区域最远的白方⑪号将无人防守,这正是黑方所期望的要传球位置。

第四节　五人制足球运动技战术

Futsal 为室内足球之意,是由国际足联(FIFA)正式认可的比赛形式。室内足球对赛的两队,每队为五人,其中一人为守门员;各队可以有数位后备球员。Futsal 是提高足球技术、速度和敏捷度的绝好教育方式。此项运动要求有敏捷的反应,快速的思维和精确的传球,为那些想在将来改踢常规足球的球员提供了绝佳的训练机会。很多 11 人制足球场上的巨星,如贝利、济科、罗纳尔迪尼奥、内马尔等球员在足球比赛中都展示了其精湛的球技,而这些球技无一例外的都是在五人制球场上训练出来的。根据中国人种的身体特征,优先发展五人制足球不失为快速提高中国足球运动整体水平的良策。

一、室内五人制足球的发展历程

室内五人制足球,国际上的通用表述是 Futsal,该词源自于西班牙 fútbol

（足球）和 salón（大厅或房间）的缩写，英语为"indoor football"（意为室内足球）。1930 年，来自于蒙得维的亚（乌拉圭首都）的体育教师——胡安·卡洛斯·塞里亚尼，发明了一项可不受户外天气影响的、在室内进行的比赛——室内五人制足球比赛。1949 年，该项目传入了巴西，之后巴西人阿斯德鲁瓦尔·多·纳西缅托起草了第一份室内五人制足球比赛的规则。

1965 年，南美洲室内足球联合会成立。1971 年，国际室内五人制足球联合会成立，第一任主席是阿维兰热博士，其后来成为国际足联主席。1982 年，国际室内五人制足球联合会举办了首届世界锦标赛，当年巴西队赢得了冠军。1985 年，随着五人制足球的迅速普及和蓬勃发展，仅靠国际室内足球联合会来掌管日益繁杂的事务显得力不从心，因此，室内五人制足球项目顺理成章地进入了世界足球大家庭，国际足联也就成为五人制足球的主管团体，这样国际室内足球联合会的绝大多数成员都顺利转入国际足联，并同意引入一些新规则，把小足球等诸多种类的草根足球规则融合成公众所熟知的五人制足球中。从此真正意义上的五人制足球诞生了。

1989 年，荷兰举办了第一届国际足联室内五人制足球世界杯，巴西队众望所归夺得冠军。1992 年国际足联五人制足球世界锦标赛在中国的香港举行，冠军仍是巴西队。1996 队国际足联五人制足球世界锦标赛在西班牙举行，冠军依然巴西队，也就是说巴西队赢得了前三届五人制足球世界锦标赛的冠军，这也是足球王国的真实写照。2000 年第四届国际足联五人制足球世界锦标赛在拉丁美洲的危地马拉举行，西班牙队则大放异彩，成功地取代了巴西，成为比赛的冠军。2004 年第五届国际足联五人制足球锦标赛在中国的台北举行，西班牙卫冕成功。2008 年第六届国际足联五人制足球锦标赛在巴西举行，参赛球队的规模也相继扩大，队伍从原先的 16 支增加为 20 支，巴西重获冠军。2012 年在泰国举行的第七届国际足联五人制足球世界杯上，巴西队再获冠军，成为五冠王，再创名副其实的五星巴西。

2008 年起五人制足球在中国得到了全面的推广。2009 年中国室内五人制足球国际邀请赛在杭州举行，参赛的队伍有中国、日本、伊朗和荷兰。近些年，五人制足球赛在我国也越来越受欢迎。

二、五人制足球运动的特点

1. 触球机会多

由于五人制足球的场地小和队员人数少，使每名参赛队员有更多的机会接触球；而双方队员相互之间距离短，争夺更加激烈，攻守转换的速度更快，技战术更灵活，所以脚尖踢球、脚底停球、快速的短传和低传配合及个人运控球技术等小幅度、快速型的足球技术运用得较多，这对提高球员的技巧性实战能力大有好处。

2. 射门多且比分高

据统计,五人制足球比赛的每场比赛,每队可以射门 26 次以上,进球一般比 11 人制高出一倍以上,射门的主要方式是传切突破射、个人带球突破射、边路传中包抄射、补射等,这样不但争夺激烈、技术培养细致快速,而且进球多,因此,五人制足球赛既有良好的观赏性,又有利于队员的射门能力培养。

3. 攻守转换节奏快

由于比赛场地小、人数少,双方队员相互间的距离就较近,防守时主要采用的是紧逼盯人断球反击战术,进攻时进攻队员大多运用突然起动、假动作等突破对方防守的进攻战术,攻守双方常处在短兵相接的拼抢状态当中,攻守转换次数多、频率快、强度大,这种快节奏的攻守战术灵活多变,对球员的速度耐力提出了很高的要求,所以场上队员保持充沛的体力显得尤为重要。

4. 竞争性强

由于五人制比赛的场地小,队员的密度大,防守时采用人盯人战术,能激励队员利用比赛场地的宽度和深度,尽量拉开对方的空当,通过横传实现向前传的目的,通过向前传之后的回传或横传,造成对方的位置产生错乱,以获得射门的时间和空间,对磨炼和培养球员快速细巧的技战术运用能力、提高战术意识起到了很好的作用。

三、5 人制技战术特点(相对于 11 人制)

(一) 技术

5 人制足球是现代足球发展的产物,在技术分类上与 11 人制足球没有区别;在练习足球技术的方法手段上与 11 人制足球基本一致,但据五人制足球比赛的特点,在技术运用上则提出更高要求。

1. 一次性传球次数多

5 人制足球比赛中,由于球员运球时间短,传接球次数和频率明显高于 11 人制比赛;又由于比赛空间小,防守压力大,因此一次性触球的传球次数也较多,而在 11 人制足球比赛中,球员往往采用多次触球(调整球)再传球的方式。

2. 抢截球技术运用多

在 5 人制足球比赛中,由于客观上球员处理球的反应时间较短,抢截球强度和次数高,为在最短的时间内压缩对手的进攻空间,一般采用半场区域内全攻全守的战术策略,这样在相对较小的场地上会更加压缩比赛的空间,防守强度也随之增强,进而缩短了进攻队员的反应时间,导致抢截球强度和次数增高。

3. 脚尖捅射技术运用多

5 人制足球比赛中,很少采用头顶球技术,这是由于 5 人制足球比赛中很少使用长距离传接球、高空球争夺、大范围整体配合等技战术手段,多采用短传配合而致。而在 11 人制足球中很少使用的脚底踩推、脚尖捅射、挑传球等技术却在室内 5 人制足球比赛中频繁使用。尤其是脚尖捅射技术,由于 5 人制足球空间小、防守逼抢压迫紧,射门没有足够的时间与空间来摆腿,脚尖捅射在 5 人制足球比赛射门技术上,摆腿幅度极小,隐蔽性、突然性好,所以守门员常常因为缺少足够的时间反应而被攻破球门失分,这确实是一种非常实用并效果较好的射门技术。

4. 队员技术全面

不同位置的队员各项技术的使用要比 11 人制足球比赛更平均,这是由于 5 人制足球比赛人数少,除守门员外,场上其他队员既要参与进攻,又要参与防守,因此 5 人制比赛每名队员的技术须更加全面,既能进攻又能防守。

5. 守门员有更高的要求

守门员除了要具有出色的守门技术外,还要有发定位球的绝技,即守门员还要具备一定的射门能力。

(二) 战术

1. 比赛阵型

11 人制的足球发展至今,其技战术越来越丰富,比赛阵型也在时刻不断地演变着。目前为止,11 人制足球比赛的比赛阵型主要有"四四二"阵型、"四三三"阵型、"三五二"阵型、"四五一"阵型等。

由于比赛人数以及比赛场地的不同,5 人制足球在比赛阵型安排时,不会像 11 人制足球那样考虑完整的"三线"——前锋线、中场、后卫线——的配备,而是采用"二二"阵型、"三一"阵型。此外,五人制足球比赛阵型还有"一二一"阵型、"二一一"阵型、"四零"阵型等。

(1) 三一阵型

三一阵型指三名后卫与一名前锋的配置(见图 5-73)。此阵型注重防守,通过后场三人传跑,创造出向前传球的时机,从地面或空间向前传球,前锋队员突然回接,在前场形成一对一的背身拿球,后卫快速前插,在前场形成三点进攻,或前锋运用中锋技术,摆脱防守,完成射门。三一阵型容易掌握,在球队足球能力一般的情况下,这种阵型运用得最多,其他的多种阵型都是在此基础上的发展演变,前锋如具备良好的接控球能力和较强的身体,效果会更佳。

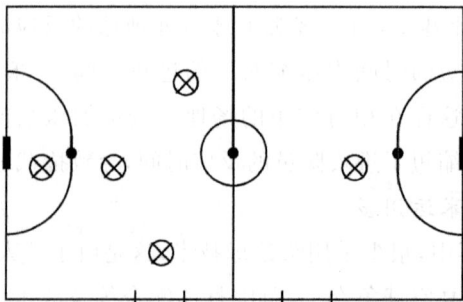

图 5-73 5 人制足球之三一阵型

（2）二二阵型

二二阵型由二名后卫和二名前锋组成（见图 5-74），此种阵型攻守平衡，2 名前锋通过穿插跑动、前、后和左、右换位及对角接应，以调动或打乱对方的防守体系，创造出中路或边路的传接球路线，后场队员及时的前插，形成前场的三点进攻并获得射门得分机会。此阵型也是 5 人制足球的基本阵型。

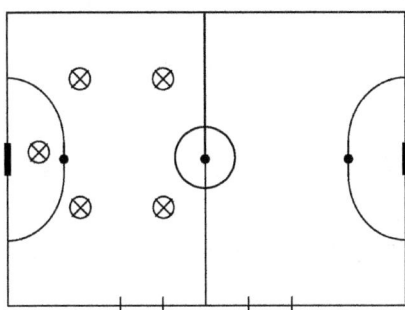

图 5-74　5 人制足球比赛之二二阵型

（3）二一一阵型

二一一阵型在中场布置 1 人，使中场实力得到巩固，此阵型也形成了传统意义上的三条线攻守体系，中场队员进攻时可以给前锋传球，防守时又是中场的一道屏障，始发阵型站位的形状为"L"形（见图 5-75）。此阵型对破紧逼防守的效果较好，同时如果用于防守，该阵型也就成了"Y"形，是一种前场实施紧逼防守的阵型。

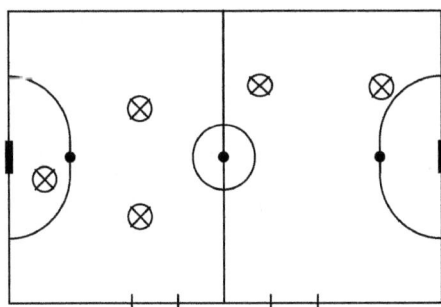

图 5-75　5 人制足球比赛之二一一阵型

（4）四零阵型

四零阵型就是实施轮转进攻的比赛阵型（见图 5-76）。5 人制足球的攻防特点，使场上队员无明显的前锋、前卫和后卫之分，都应具备攻守兼备的能力。通过场上四人不停穿插换位跑动和传控球，以调动防守队员，在局部地区形成以多打少的机会，达到突破防守，形成射门的目的。

（5）一二二（五零）阵型

一二二阵型是利用守门员进攻到对方半场，形成五打四局面，这也可以叫五零阵型（见图 5-77）。此阵型一般出现在一方比分落后，为尽快扳回比分时的

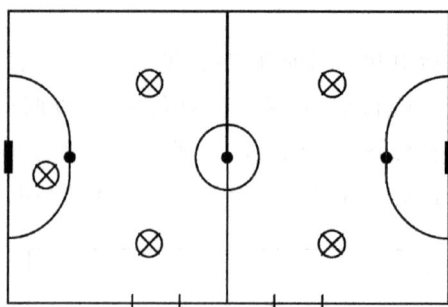

图 5-76　5 人制足球比赛三四零阵型

情况。比分落后方的守门员通常会在本方进攻时一起参与进攻，由于 5 人制足球规则规定，守门员只能到对方半场才能持续持球或传球，也可准备一名进攻型球员换下守门员，形成以多打少的局面。但存在的缺陷是一旦传球失误被抢断，很容易被对手吊空门。

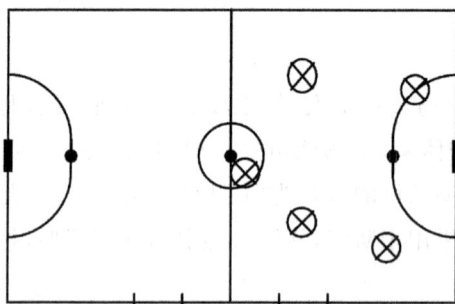

图 5-77　5 人制足球比赛之一二二(五零)阵型

（6）一二一阵型

一二一的阵型（见图 5-78），在比赛中运用得比较少，因为此阵型在保持攻守平衡上难度大一些，但也可根据守方的防守阵型选择采用。如对手在防守时，习惯采用二二防守阵型，当收缩比较紧时，可采用此阵型。

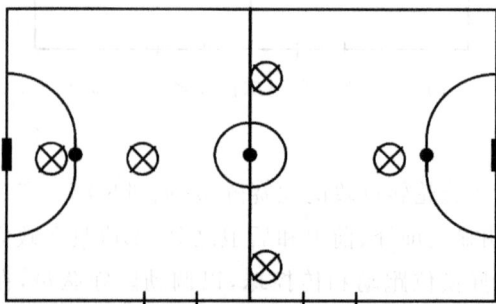

图 5-78　5 人制足球比赛之一二一阵型

2. 场上队员职责

比赛阵型不同，各位置的职责也就有所不同。在 11 人制足球比赛中，各位置球员分工明确,职责相对单一,前锋的主要职责是破门得分,中场的主要职责是组织进攻,协助后卫防守,后卫的主要职责是把精力放在防守上。而5人制足球比赛,各位置的球员职责就复杂了,无论是前锋还是后卫都要担负起进攻与防守的任务。11人制足球比赛中前锋不承担防守任务的情况,而在5人制足球比赛中是要承担的。

3. 进攻战术

(1) 三点进攻

5人制比赛中,想对对方球门形成危险,给对方防守施加压力,进攻方在对方半场就得有三人参与进攻,三人进攻的位置则保持着一种倒三角形状,这样也就达到了在对方门前形成三点进攻态势,创造出了更多的整体跑动路线。

(2) 攻守平衡

攻守平衡指在5人制足球比赛中,全队须保持至少一名进攻队员处于对方最靠近本方球门的防守队员的后面,以防止对手打突然反击。

(3) 包抄远门柱

由于5人制进攻的特点,当进攻从防守强的一侧进行时,则防守严密,守门员封死球门角度,进攻方即使通过有效的配合,有时也难形成有效的射门,而如果有同伴能及时包抄到异侧的远门柱,就会有射空门的良机。所以包抄远门柱是训练5人制进攻重要的手段之一。

(4) 连续二过一

二过一是足球战术构成的最基本元素,五人制足球进攻战术体系中,更强调二过一、二过二、间接二过一等配合的突然性、快速性、连续性、有效性。所有的跑位都应该围绕着如何创造出有效二过一的跑动路线。

4. 防守战术

(1) 跷跷板防守(二防二)

跷跷板防守是一种基础性防守配合,也就是二防二的区域防守形式,也是平常说的在第一防守者身后的保护。二防二时,因其移动形式类似于跷跷板,为了容易记住,称其为"跷跷板防守"。

(2) "关闭"中场(三防三)

"关闭"中场就是防守方利用合理的移动和站位,封住攻方由后场向前场和由边路向中路的传球路线,这样使攻方中路队员接不到球,将攻方的进攻压至边路,远离球门。

(3) 罚球线后防守

当攻方队员控球进攻时,防守队员也一定要相应退至虚线以后,主要是防止突破防守队员后,造成整个防守线被突破,所以在球线以后的防守可以起到保护作用。

(4) 三角形防守(三防四)

5人制足球比赛中,会有多种情况出现,造成三防四的局面(不包括守门员）。三防四就是防守方首先要退到本方防守区域，在本方罚球线与大点球之间，形成一个三角形站位的防守阵型。三角形上方队员一定要有好的体能，根据球的位置左右来回跑动，防止对方持球从容射门和将球传入三角形的中间区域。再好的防守总是被动的，即便在被动的情况下，也要尽量减少被破门的可能或赢得同伴回防的时间。

（5）防守反击

据统计，防守反击进球占总进球数的比例相当大，这是一种非常有效的得分手段。防守反击的成败，最重要的是两个因素，就是防守的质量和反击的时间，在组织好有效防守的前提下，应在对手尚未布置好防守阵型的较短时间内，迅速将球攻到对方门前。

思考题

1. 分析正脚背内侧踢球偏高的技术原因。

2. 简述头顶球对人体大脑健康的影响。对原地头顶球技术动作进行分析。

3. 举例说明"二过一"配合的传球和跑动路线应注意哪几个问题？

4. 简述防守时选位的原则，并举例说明具体方式。

第六章　大学足球高级水平教学指南

◎**本章导读**

　　本章在初级、中级足球教学指南的基础上，着重介绍足球运动的多元化技术和整体性的足球比赛攻防战术。重点掌握足球技术在足球战术中的灵活运用，以提高技术运用的合理性、实效性，有利于同学在训练、比赛中根据自身和对手的不同情况，更好地为足球战术服务，更好地发挥足球集体的整体力量，取得最后比赛的胜利。

第一节　足球多元技术分析及训练

　　足球多元技术是根据比赛实际的需要而提炼成的，这些技术在激烈的比赛中，融会于身体、意识、心理等素质之中。足球多元技术可分为进攻性技术和防守性技术两大部分，但在实际运用中其最基本的元素还是接、运、过、传、射、抢，组成二

> **小知识**
> 　　足球多元技术的实质就是在赛场上完成一次有意识、有目的的合理行为。

元、三元、四元的组合技术。单个技术只是技术教学中的理想模型，在比赛的实战运用中都是多元技术的展现，因此，各单元技术间的衔接也成了技术问题，需要通过专门的学习和训练来获得。

一、进攻技术

（一）接控球

　　接控球技术是现代足球比赛中一项综合运用的并富有攻击性的多元技术，也是争夺控球权、确保比赛优势、选择进攻时机、突破对方防线以及获得射门机会的重要手段。

　　1. 技术要求

　　（1）突然摆脱，迎球接球

　　有利于摆脱对手及时接同伴传球或者接球后迅速转身面对对手，寻找攻击机会。

　　（2）富有攻击性

　　接控球是以进攻为目的的，须与下一个动作连接起来去威胁对手、攻击对

手，并不是单纯地为接控而接控。

（3）传球与射门紧密结合

接控球的目的就是为争取更好的进攻机会，因此，当接好球后，一旦出现门前空当时机就必须及时传球或射门。

2．技术要点

（1）步点要踏准，步法要灵活

接球时准确的步点、灵活的步法是掌握和合理运用接控球的前提。

（2）保持身体平衡

移动重心保持身体平衡，这是完成合理应变接控球技术的关键。

（3）动作间连接速度要快

要注重连接动作的速度和突然起动的爆发力，这是连接动作成败的关键，同时也是衡量个人接控球技术运用好坏的重要标准。

（4）身体要护球

应置身体于球和防守者之间，侧身接控球时要用远侧脚接护球。

3．训练中应注意的事项

（1）接控球技术对球感要求高，强调球员要在各种环境（包括无对抗、消极对抗、积极对抗、小组、配合整体配合）下不断地重复练习。

（2）强调控球前观察和扩大视野。对有较好接控球技术、有一定战术意识水平的队员来说，场上大多数接控球处理不当情况的主要原因就是缺少接控球前的观察。这点在早期训练中应加强培养，对成年队员仍应时刻强调这一要求。

（3）注重接控球时决策能力的培养。通过合理的方法培养队员应该在何时、何地接控的决策力。对这种能力的培养除了方法设计外，还需要在练习中结合实例多分析，多讲解。

（4）突出培养一次性控好球的技巧。现代足球比赛中对方球员的紧逼，可能导致一次未控好球而丢球或错失进攻良机的场面发生。所以，训练时须强调一次性接控好球。

4．练习方法示例

根据各自发展阶段的特点，练习要有重点并选择相应的练习方法。

（1）练习方法一

① 目的：练习各种传接球技术。

② 方法：两人一组，相距 10～15 米，面对面而立，一人先将球传给对面同伴，无球者向前迎球跑动，用规定部位接控球。然后接控球者为传球者，对方为接控球者，按上述方法循环练习。

③ 要求：迎球接球，在活动中传球，传球后移动到位，保持运动中练习。

（2）练习方法二

① 目的：练习队员移向固定目标传球和接球的能力。

② 方法：A先传球给B，B接球后把球带向C，然后将球传给C；C接球后则向A带球，此时的A已跑在原先B的位置上，多次进行传接运球练习（见图6-1）。

③ 要求：传球者出球要平稳、温柔、及时。

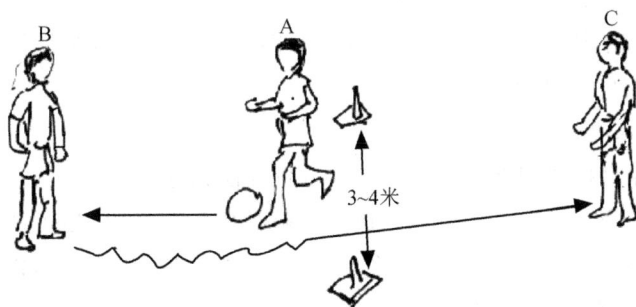

图 6-1　移向固定目标的传球和接球练习

（3）练习方法三

① 目的：练习队员用接控球技术结合位置培养个人随机应变的战术意识。

② 方法：结合位置接控球练习。当右边锋拉出接应时，见身后防守者没紧逼防守，就在接球后立即转身做下一动作——过人传球或射门（见图6-2）。而见身后防守者紧逼时，应该采用不接控球处理方法而把球直接回传给后卫，自己继续创造和利用空当（见图6-3）。

③ 要求：回撤接应要突然，接球转身或回传要及时，衔接下一个动作要迅速。

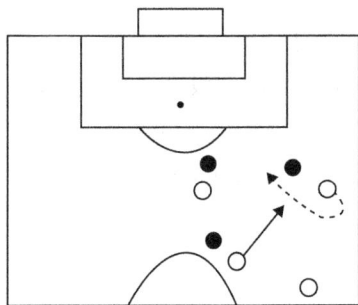

图 6-2　防守紧逼时的接控球练习　　　图 6-3　防守未紧逼时的接控球练习

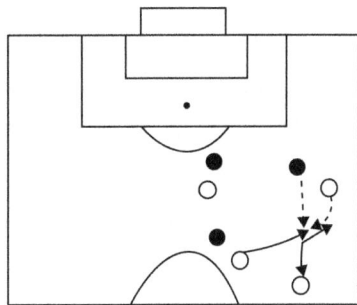

（二）传接球

传接球技术则是组织进攻、变化战术、渗透突破、创造射门的最重要手段，这也是比赛中应用最多的一项多元技术。

1. 传接球要点

（1）准确

准确是指传球的目标。接球队员跑动时，要将球传到跑动队员的前面。传给临近的队员接球时,则要以他即刻能控球为准。

(2)力量

传球力量取决于传球远近。

(3)时机

时机因素与准确性、用力适度同等重要。如

一位前锋实现了切入防守者身后的战术意图,但传球太慢,结果被补上的另一防守者截获而失去进攻良机。

2. 传接球要求

(1)传球时机要把握住,落点、击球分量要恰到好处。

(2)快传球、传快球、传好球。快传球就是传球要及时,尽可能做到直线传球。传快球就是传出的球,球速平急,有利于组织快速渗透进攻,以及中长传的快速转移。传好球就是传球到位、准确,便于同伴接球。

3. 传球注意事项

(1)传球前尽量隐蔽自己的意图。

(2)传球动作要快速、简练、多变。

(3)防守队员在一侧集中时应及时转移传球方向。

(4)遇风雨天比赛时须注意:顺风时传球力量要比平时小些;逆风时多做低传,力量要大些;下雨地滑多传脚下球,场地泥泞则少传地滚球。

4. 练习方法示例

根据踢球技术提高过程,循序渐进地设计传球训练方法,解决各发展阶段的问题。

(1)练习方法一

① 目的:主要练习跑动中传接球能力,培养传球后即跑准备接球的意识。

② 方法:三名球员 A、B、C,A 先将球传给 B,然后跑向没有人的一角,而 B 接球后则向 C 传球,也跑向无人一角,这样多次重复。也可以 A 先将球传向无人一角,则 C 跑向无人角去接球,然后 C 再把球传向无人角,由 B 跑去接 C 传来的球,这样重复多次(见图 6-4)。

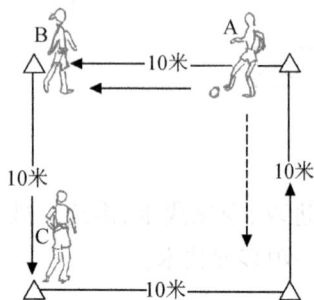

图 6-4 跑动中传球后即跑准备接球练习

③ 要求:针对来球,移动向前,选择合理的触球部位,掌握好传球的方向和

力量,传球后随即转身跑动。

（2）练习方法二

① 目的：练习者掌握在跑动中运球传球,并和辅助者进行配合的一次性出球技术。

② 方法：中间为练习者,两边旗杆处为辅助者。每组 10 人,5 人为练习者,5 人为辅助者,练习者与左右两边辅助者的距离各为 10 米。开始先由左边的辅助者向练习者传球,练习者接球后向前运球,并向右侧辅助者传球,辅助者则立即将球回传到练习者跑动路线的前面,练习者接球后再向前运球,并向左侧辅助者传球,如此进行,等全部做完后可再继续练,也可两组交换练习（图 6-5）。

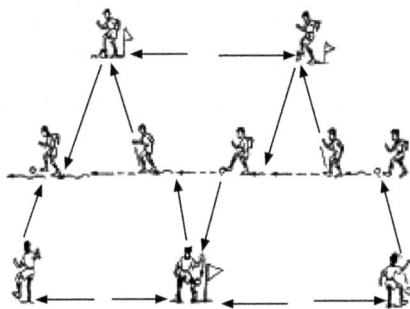

图 6-5　跑动中一次性出球练习

③ 要求：无论是练习者还是辅助者都要尽可能传地滚球并传球准确,练习者在跑动中既要运控好球,又要注意各种结合动作的连贯性。

（3）练习方法三

① 目的：培养传接球后换位意识和传球后即跑习惯。

② 方法：两路纵队球员在 20×20 米的方块场地里,A 先以对角方式跑向侧向位置,B 将球传向 A,A 再将球传向 C,然后立即跑向 1 的后面。C 在接球同时,B 则跑向另一侧向位置,当 B 到位时,C 把球传向 B,此时 C 则跑向原先 A 的位置。B 拿到球后,则把球回传给 D,自己则跑向 2 的后面,依次进行练习（见图 6-6）。

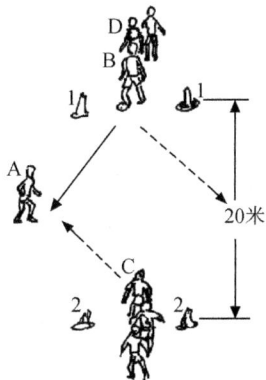

图 6-6　传接球后换位和传球后即跑练习

③ 要求：传球准确，移动迅速，传、跑、接等技术动作须在想象有防守的情况当中完成。

（三）运球过人

运球和过人不仅是维持控球权的重要手段，也是破坏防守组织与平衡、创造以多打少的锐利武器，更是控制比赛节奏、构成更好的传球机会和射门得分的重要方法。

1. 运球过人的原则

（1）当有好的射门、传球机会时，不运球过人，以免贻误战机。

（2）后场运球过人价值不大，应少用或不用，前场可提倡冒险。

（3）运球过人要实现两个目的，即通过运过能创造好的传球或射门机会，否则便毫无战术意义。运球过人可得有利的传中机会（如图 6-7），也可利用同伴拉开后防守所暴露的空当，通过运球越过防线获得宝贵的射门机会（见图 6-8）。

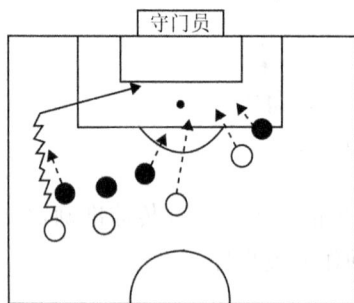

图 6-7　运球过人传中练习　　　　图 6-8　运球越过防线练习

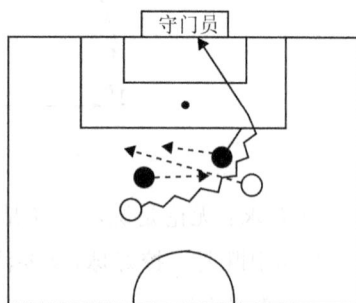

（4）运球过程中须注意反方向传球和反越位。向一侧运球时，常会使防守者的移动和战术行动偏向一侧，此时突然反向传球，可有效地捕捉防守漏洞。对手企图制造越位时，恰当地运用运过技巧，常常是瓦解这一战术的有效手段。

2. 运球过人的要求

（1）身体要求

从静态或者跑动中能突然变速变向，完成急停、起动、转身和变向时，要保持身体平衡，还要有即刻应付防守者行动的能力。

（2）技术要求

观察能力与娴熟的控球技术要得到有效结合，做到既能控球，又能观察到场上情况。

（3）意识要求

要掌握运控、传、射的时机，能对对手的各种防守行动做出预判，便于自身采取有效的行动。

（4）心理要求

具有自信心、好胜心。

3. 运球过人练习注意事项

（1）运控时要注意抬头观察场上情况，并且控好球。

（2）强调运球过人时机的选择，注重对抗意识的培养。

（3）重视个人创造性。

4. 练习方法示例

（1）练习方法一

① 目的：练习运动员控球能力和运球时的观察能力。

② 方法：5～20 名队员在中圈，每人一球做自由运球。注意听教练员口令而不断变换动作。停—跑—变向—只用脚内侧或脚外侧—用脚底向后或向侧拉球等。此练习也可在 20×20 米方块内进行。

③ 要求：注意力要集中，听到口令变换运球方向要快。

（2）练习方法二

① 目的：提升球员在有压力情况下运球过人、传接球、无球跑位的能力，以及防守者阻止进攻者转身并夺下球的能力。

② 方法：在 20×20 米的场地内，设 4 名队员，1 名队员站中间，其他 3 名队员控制球，中间队员则抢球（见图 6-9）。根据队员间的技术水平和运用能力，可进行 1 抢 4、1 抢 5 或者 2 抢 5 的练习。

③ 要求：持球队员要注意观察，传球及时。同伴要善于摆脱接球过人，传球后主动跑位。防守者积极盯逼，看准时机抢截。

图 6-9　有压力情况下运球过人练习

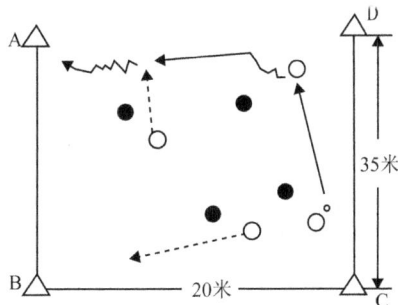

图 6-10　攻防传球、运球练习

（3）练习方法三

① 目的：练习进攻者通过传球或运球突破防守，而防守者尽量迫使进攻者处于不利的位置。

② 方法：在 35×20 米场地内，设 2 个球队各 4 名队员（见图 6-10），A、B 和 C、D 分别为双方的终点线，进攻者通过运、传突破防守者（黑点为防

小知识

4 名进攻队员须采用菱形阵式。其中 2 名队员距持球者左右侧，确保进攻宽度，另一名队员前后错位，确保进攻深度。

守者)后,带球穿过对手的终点线为胜。而防守者则以抢下球为进攻方。比赛开球须在距进攻方终点线 5 米的位置上进行,没有越位,其他规则如同正式足球比赛。

③ 要求:进攻者要充分利用各种"二过一"的战术,配合队友突破防守迅速穿越终点线。防守者要合理选位,阻止攻方配合和穿过本方终点线。

(四)射门

射门是比赛胜负的关键因素,是各种进攻战术的最后归宿。足球比赛的全过程,始终围绕着射门与反射门的争夺而展开。常用的射门方式除了直接踢任意球外,还有接趟球射门、带球突破射门、抢点射门,所以,射门本身就是多元技术。

1. 射门要点

(1)步法、步点准确。

(2)脚法和击球部位准确。

(3)击球一瞬间全身紧张,集中力量。

2. 射门要求

(1)捕捉"战机"

进攻方司职射门的队员,在门前对球的运动路线、对手和同伴动向等方面的预测与判断要准确。通过不断实战锻炼和观摩比赛,以及学习和总结来提高捕捉"战机"能力。

(2)射门意识

对射门的意义认识不足,欲望不强烈,能射的不射,能起脚的却还要等,这些都会导致错失良机。对这类队员应及时地给予实战指导。

3. 射门练习注意事项

(1)射门技术是足球训练工作中的难点和重点。要按规范技术动作进行系统性训练,打好全面坚实的技术基础。尤其要抓好重点区域的训练,坚持脚法、步法天天练,反复练,做到熟能生巧。

(2)要与培养意识品质,提高身体素质相结合,提高传接、接趟、控带、过人等技术。尤其是提高创造射门机会的关键性传球,以及跟冲包抄、抢点、争顶的意识和技能。

4. 练习方法示例

(1)练习方法一

① 目的:练习射门基本脚法,增强射门力量,纠正射门的错误动作。

② 方法:踢重球。球的重量为 1.5～2 千克,两人距离 10～15 米,对踢 100～300 次。

③ 要求:动作方法正确、力量适中。

（2）练习方法二

① 目的：提高队员个人射门技术与包抄抢点射门的能力。

② 方法：按照比赛中得分较多射门点或区域，组织队员，从靠近中圈的 A 开始，先将球传给罚球区两角附近的 B 或 C，B 或 C 则再回传给包抄上来的 A，A 最后射门。B 和 C 可以采用多种形式的传球，如贴墙式配合、回传球、传过顶中球；A 则可以选择近点、远点和中路包抄打门；A 还可以选择直接打门、冲顶门、调整球打门等（见图 6-11）。

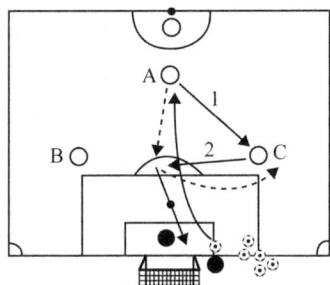

图 6-11　提高个人射门技术与包抄抢点射门能力的练习

③ 要求：动作方法正确，注意传球准确到位及相互之间的配合。

（3）练习方法三

① 目的：提高边锋在快速跑动中射门与包抄射门的意识和能力。

② 方法：组织队员，从靠近中圈 A、B 开始（见图 6-12），A 先横传球给 B，B 则直传球给靠近底线的 C，在 C 接球同时，A 则向门前包抄准备射门，当 C 回传球时，A 抢点迅速射门。B 在传球后可变为防守者，对进攻者 A 施加影响，以增加对抗性。

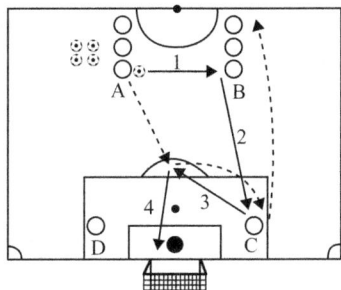

图 6-12　提高边锋在快速跑动中射门与包抄能力的练习

③ 要求：掌握好传、接、跑的时间，射门要准确有力，包抄射门要迅速突然。

（4）练习方法四

① 目的：逐步提高队员在对抗条件下的射门能力。

② 方法：以多攻少到人数相等，从消极对抗到积极对抗射门练习，可重点进行以下练习。

半场 3 攻 1、3 攻 2、4 攻 3 对抗射门练习；

半场 6 攻 5 射门的练习；

人数等数攻守射门练习；

5 对 5 半场大门攻守练习，或 8 对 8 攻守练习。

③ 要求：注意队员射门意识和能力的培养。

二、防守技术

防守技术指防守队员对持球进攻队员所运用的一系列防守技巧。防守技术运用的一般顺序：首先的选择是丢球后立即断截球；第二选择是盯堵，以限制持球队员的转身和进攻推进；第三选择才是抢夺球。这些防守技术构成全队防守的基础。但无论是断截、盯堵、抢夺哪种防守技术，在运用当中，都是由一些系列防守动作组成的多元防守技术。在防守中无论如何，都会不同程度地涉及"接近""角度"和"距离"这三个概念。

1. 接近

接近指防守队员跑向防守位置或持球队员。接近速度要尽可能的快，但快中又要稍有控制。如果很有把握断截传球，则要十分果断地出击；如在对手接了球时，则应全速逼上，限制其转身；如对手控制好了球，则接近时的速度要尽可能快，但靠近后须稍加控制，以防进攻队员在最后一瞬间突然带球快速摆脱，而来不及采取有效的防守措施。

2. 角度

角度是指以球和防守方球门中点连线向前的盯抢方向（角度）。如能有把握断截传给所盯进攻队员的来球，则应迅速地切入传球路线的断球点；如在对手接控球的一瞬间，能迎上去紧逼持球者，则应尽可能阻止对手转身（见图 6-13）。接近对手的角度应力争做到：尽快站于"线"上，尽快贴近持球队员，如随便地跑入线上，持球队员有可能获得时间射门、传球和运球；如不考虑尽快地插入"连接线"上，而是直奔持球队员，同样有可能给对手造成射门、传球或运球的机会（见图 6-14）；如果能兼顾上面提及的两个因素，以一定的弧度形式跑入"线"上，则会更有利于防守与抢球（见图 6-15）。

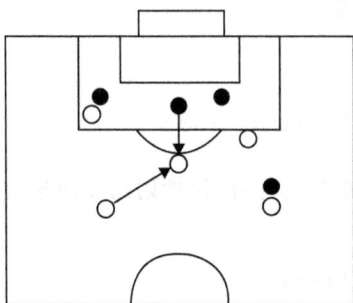

图 6-13 迎面断抢来球角度

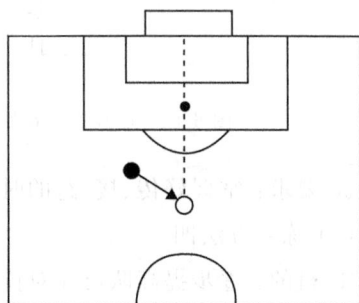

图 6-14 接近对手角度

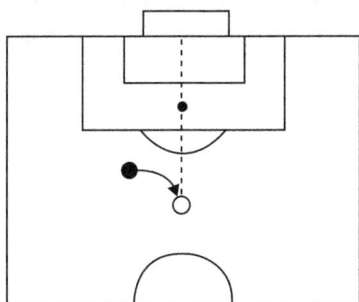

图 6-15　弧线角度跑位防守

3. 距离

防守队员与持球进攻队员间的距离,取决于队员是阻止其射门、传球还是运球。如直接封堵射门,距离应比防堵运球和传球更应贴近对手;如兼顾各种情况,则一般与对手保持 1.5 米左右的距离,这样既可封堵对手向前的活动,又可限制他的活动空间。

(一) 断截球

断截球是多元防守技术中最为积极、主动的方法。

1. 断截球的顺序

(1) 预测传球。预测将要传球的路线、方向、落点等,判断有无断截球的可能,并选择最佳的位置。

(2) 判断传球的时机和球速来决定出击的时机。

(3) 选择断球线路。如按第 1 条路线迎上断球,可能断不到球,因断球点与传球者相距太近,若断球者起动太早,又易暴露自己断球意图,传球者可能突然改变决定;如按第 2 条路线去断球,接球队员很有可能抢先一步拿球;只有第 3 条断球路线才是相对最佳的选择,这样既有较充分的时间起动出击,又能抢先一步断截球(见图 6-16)。

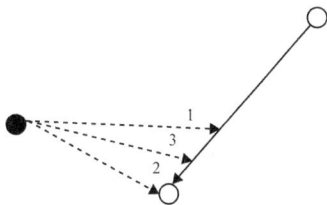

图 6-16　断球线路选择

(4) 合理选择身体部位断截球。原则上可用除手以外的任何部位,用头断球可抢占制高点,则较难做到下一步的控球和传球。

2. 断截球要求

(1) 断球前防守队员的站位须正确,如果离所盯的接球队员距离太近、被盯得太死,那么持球队员就不敢轻易将球传给该接球队员。所以,站位要选择适当的距离和较好的角度,这样使传球和接球的进攻队员都能在自己的视野范围内。

(2)防守队员在断球前应隐蔽自己的意图,甚至使自己的行动(神态、眼神、站位距离等)都带有欺骗性。

(3)断球时机的判断要准,断球的跑动和动作须快而狠,既要有突然性、爆发性,又要切忌过分心急,盲目出击。

3.练习方法示例

(1)练习方法一

① 目的:学习正确断球技术。

② 方法:练习图 6-17 所示的位置 1 和位置 2 时的抢球跑动路线。

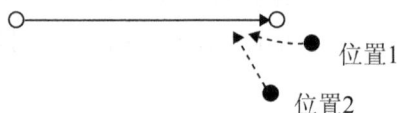

图 6-17　抢球跑动路线练习

③ 要求:集中注意力,降低重心,并使身体重心靠近前侧脚;出击时起动要突然;断截球后,要有衔接动作将球控制住。

(2)练习方法二

① 目的:在罚球区附近的各种攻、守争顶球技术练习。

② 方法:在罚球区内成组的对抗练习,分 A(防守)和 B 二组,每组有 4 名队员,由边上 C、D 轮流向中传球。A、B 两组间争顶,B 组顶射球门,A 组则防守,向外方向顶。然后轮换进行(见图 6-18)。

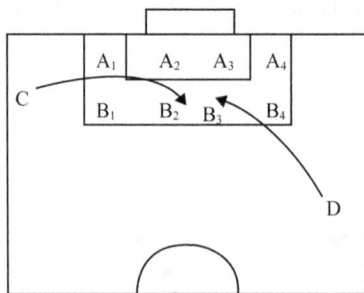

图 6-18　罚球区内攻、守争顶球练习

③ 要求:准确判断传中球,善于抢占有利位置,合理使用各种争顶技术。

(3)练习方法三

① 目的:在接近比赛情况下进行对抗性练习,培养队员断截球技巧。

② 方法:重点进行以下练习。

4 对 2 方形场地断截球;

5 对 3 方形场地断截球；

7 对 3 断截球，要求传球者触球两次或一脚出球；

5 对 5 的比赛；

7 对 7 的比赛。

③ 要求：断球队员要主动观察抢截时机，积极运用断球技术。

(二) 盯堵

1. 盯堵形式

(1) 盯堵传球角度。

(2) 盯堵内线，迫使对手走边路，不让球推进到守方中路(见图 6-19)。

(3) 盯堵边路，迫使对手走中路，抑制对手擅长的边路进攻(见图 6-20)。

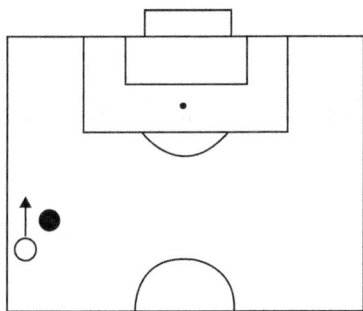

图 6-19　盯堵内线练习　　　　图 6-20　盯堵边路练习

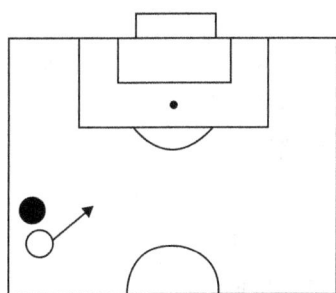

(4) 盯堵攻方向前、向边的进攻路线，迫使其横向的移动，这样阻止其向前的威胁性渗透(见图 6-21)。

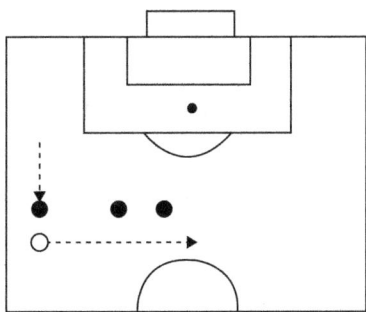

图 6-21　盯堵攻方向前、向边的进攻路线练习

2. 练习方法示例

(1) 练习方法一

① 目的：队员在局部区域封、堵、抢的技术配合练习。

② 方法：每队各 4 名队员，在 20×20 米范围内将场地分成 10×10 米的 4 个小方格。每格内双方各有一名队员，限制在各自方格内进行 1 对 1 争夺。持球者可传可过并与另外 3 名同伴进行传球配合。守方抢下球后即为攻方(见图 6-22)。

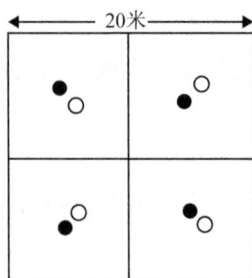

图 6-22　局部区域封、堵、抢技术配合练习

③ 要求：在抢球同时，更重要的是封堵传球的角度。

（2）练习方法二

① 目的：在接近比赛条件下练习盯、堵、断技术。

② 方法：有条件限制的半场攻守。

③ 要求：重点有以下几项要求。

第一，防守队员只能采取盯、堵的防守手段，而不能用抢、铲、断等方法（主要练习"堵"）。

第二，以少防多（如 7 防 8,8 防 9 等）。

第三，在半场攻守中，某一段时间里可以提出堵里放外、堵边放里等要求。

（三）抢截球

抢截球是继断截球、盯堵后更进一步的防守技术，往往是在进攻对手有效控制球的情况下所采取的直接破坏进攻的防守行为。

1. 抢截球种类

抢球技术可分为正面抢、侧面抢、背身抢三种。

2. 练习方法示例

（1）练习方法一

① 目的：有的放矢地熟悉各种抢球技术动作。

② 方法：4 人一组在正方形 8×8 米的范围内，3 人（黑点）控制球，另一人不带球而进行抢截球，可以将球夺过来，也可将球踢出正方形范围的破坏球（见图 6-23）。

> 小知识
>
> 避免直接向控球者跑动；在很确定的条件下才能尝试铲球；可使用佯攻争取优势。

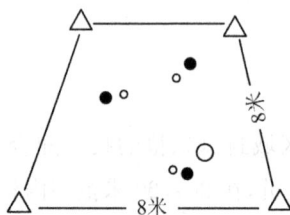

图 6-23　4 人一组抢球技术练习

③ 要求：看准抢球时机，使用正确的抢截动作方法。

（2）练习方法二

① 目的：在对抗中灵活运用各种抢球技术的练习。

② 方法：6 人一组在正方形 15×15 米的范围内，3 对 3 的对等抢截球，3 人控制球，另 3 人（黑点）抢截球，可以将球夺过来，也可将球踢出正方形范围而破坏球（见图 6-24）。也可变换练习形式以 4 对 4 对抗。

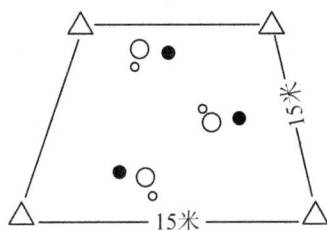

图 6-24　6 人一组抢球技术练习

③ 要求：准确判断抢球的时机，灵活运用各种抢球技术，养成抢到球后迅速处理球和一抢再抢的强烈拼抢意识。

（3）练习方法三

① 目的：在活动与对抗中练习抢球技术。

② 方法：5 人一组的抢截球练习，其中 1 人（黑点）在正方形 10×10 米的范围内，其他 4 人作为进攻者各带一球站在正方形的四边外面。每名进攻者必须控制球穿过正方形方可有效，每名进攻者各做 5 次，防守者完成 8 次防守后，进攻和防守角色轮换继续练习（见图 6-25）。

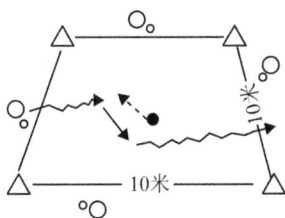

图 6-25　5 人一组抢截球练习

③ 要求：进攻者在正方形边线耐心观察，找出防守者的破绽，有的放矢地突破正方形；防守者则注意观察进攻者带球速度和运行轨迹，选择最佳路线靠近目标，突袭进攻者使其失去时间和空间，并养成一抢再抢的强烈拼抢意识。

（四）运用防守技术的注意事项

（1）要有良好的准备姿势，首先保持较低的身体重心。

（2）两眼注视对手脚下的球，球不动，人则不动，不受对手身体、神态、眼光等假动作的欺骗。

（3）要观察周围的情况，做出正确的判断，从而决定何时该抢、何时该堵、何时应兼顾临近的两个对手，延缓进攻速度。

（4）与同伴互相呼应，充分发挥集体配合的力量

（5）要有夺回球的强烈欲望和自信。

（6）处于最后后卫防守位置时，抢球须谨慎，而且在本方罚球区内，要防止由于犯规而罚点球。

（7）一旦抢球失败，应立即回追或与前来保护的同伴换位。

（8）防守者也要善于运用假动作，使对手难于猜透防守者的真实意图而上当。

（10）在本方后场争球决定出脚抢球时，必须考虑是否有把握抢到、有无临近同伴的可靠保护等因素。

（11）如已有良好的位置保护，可采取积极的抢截球。如处于1防2或2防2时，则应先考虑采取封堵策略，再等待适宜的时机抢截。

第二节　足球比赛阵型及各位置打法

一、常用足球比赛阵型介绍

（一）"四三三"阵型

"四三三"阵型攻防机动灵活，成为世界足坛上运用最广泛的阵型之一。"四三三"阵型是偏重于进攻的阵型，进攻主要围绕两个边锋下底突破传中。此阵型运用的关键在于三名中场前卫，必须要有一名脚法细腻的组织者，而且另两名前卫要成为相对平衡的接应球员，这样可以将其改进

> **小知识**
> 两名边锋的主要职责当然是进攻，但还得保护边路来积极参与失球后的回追。

为"四二一三""四一二三"等阵型加以运用（见图6-26、图6-27）。1962年，巴西队就是运用了"四三三"阵型，蝉联了第7届世界杯足球赛冠军。

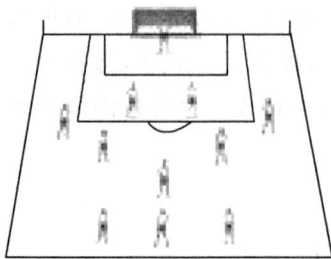

图6-26 "四二一三"阵型

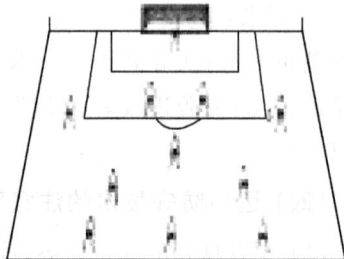

图6-27 "四一二三"阵型

（二）"四四二"阵型

"四四二"阵型（见图 6-28）的优点是攻守平衡，但偏向防守，一般球队都以此阵型来加强防守而遏制进攻，缺乏创造力。此阵型前卫线与后卫线紧密联系，进攻形式主要采用频繁套边，边前卫和边后卫互换套边，则中前卫接球策应。如果把中场 4 名前卫排成前、后、左、右四点形成的菱形

（见图 6-29），则中间两名前卫成了前腰和后腰，这两个腰要求都能独当一面，而前腰又是球队的核心，球星战术往往以此前腰为中心而展开。整个 20 世纪 60 年代，诸如锁链式、混凝土式等密集防守阵型都以此为蓝本应运而生。1966 年，英格兰队首先采用了"四四二"阵型，并一举登上了第 8 届世界杯足球赛冠军的宝座。1982 年第 12 届世界杯足球赛上，意大利队创造性地运用了更具积极进攻意义的"四四二"阵型而夺得冠军。他们既秉承了"四四二"阵型防守稳固的特点，同时又要求中场的 4 名前卫队员积极地从二线交替插上方形成多点进攻，使其进攻威力倍增。

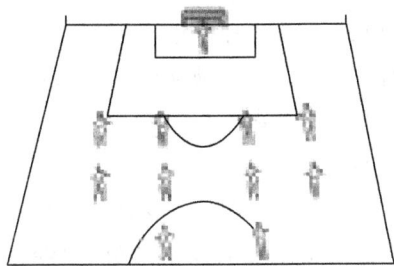

图 6-28　"四四二"阵型

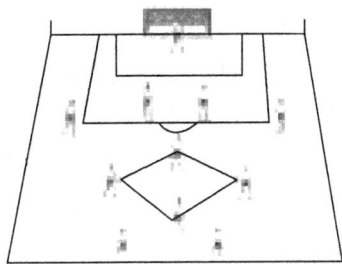

图 6-29　"四四二"的菱形阵型

二、比赛阵型的各位置攻守打法

按照队员不同位置进行战术决策分解，能够了解许多战术决策的技巧。虽然这些战术决策可能适用于场上所有的队员，但按队员位置进行战术的划分，有利于在足球比赛中探索战术情况有一个清晰的框架。

（一）"四三三"阵型的各位置攻守打法

1. 后卫队员的攻守打法

两名边后卫主要防两边路进攻，盯住对方的两名边锋以及进入边路防区的进攻队员，同时需对相邻中卫的保护、补位。由守转攻时，应迅速压上，协助控制中场，同时要积极插上参与边路的进攻，起到机动性边锋的作用。两名中后卫站位要分前后，视攻防的需要可上下交替，以保持合理的

中路防守纵深和左右联系。突前中卫主要盯防对方的突前中锋,扫清罚球区前沿的进攻威胁,拖后中卫(清道夫)专司保护与补位,重点弥补防守的漏洞和抢断传到后卫身后的球,最重要的是组织和指挥全队的防守。由守转攻时,两名中后卫要与边卫一起伺机压上助攻。

2. 前卫队员的攻守打法

如一名前卫拖后(后腰),则另两名边前卫靠前,形成三角的立体攻防队形,拖后前卫防守时呈"漏斗式"防守,重点在封锁进攻的"中间通道",并堵塞后卫之间结合部的防守空隙,必要时填补边后卫与中卫身后的空当,两名边前卫阻击对方中场的进攻,同时协助路的防守,当进攻时,则发动中场的进攻和接应本队前锋队员,可通过与同伴的配合突然插上进攻,以突破对方防线,射门得分。如一名前卫突前(前腰),则其核心作用更明显,既是进攻的组织者,又是整队比赛节奏的控制者。

3. 前锋队员的攻守打法

两名边锋主要活跃在球场两侧的区域,通过配合或突破运球过人,进行套边传中或射门。此外,还应通过积极的回撤或斜线内切等无球活动扯动防守,拉出边路空当,为前卫和后卫插上制造进攻的空间。中路进攻时,要与中锋进行各种二过一配合或交叉换位,及时包抄异侧边路向中传球,或者抢点射门。一旦由攻转守时,应迅速阻抢

> **小知识**
>
> 中锋既是头球争抢的高点,又是中场队员出球的支点;边锋一般身材相对矮小,但速度超快,便于地面传递或带球突破对方防线。

就近的控球队员,延缓对手的反击速度,在边路与其他防守队员形成对进攻队员的夹击,与前卫队员一起形成第一道防线。中锋是主要的攻击队员,要经常紧靠对方拖后中卫,或在两中卫之间,或在中卫与边后卫结合区域游动,制造出传球空当,采用吊球、传切、头球摆渡、各种二过一配合等大胆地创造突破与射门的机会。

(二)"四四二"阵型的攻守打法分析

1. 后卫队员的攻守打法

边后卫与中卫的职责和打法采用区域与盯人相结合的混合防守体系。双中卫主要防对方的中锋,中锋拉边或回撤则分别由边后卫和前卫看盯防,两名边后卫固守边路。由于只有2名前锋,因此在进攻时,边后卫应大胆压上中场,卡住中场两边肋区域,并协助控制中场,不失时机地套边和插上进攻,这也是现代足球比赛所倡导的全攻全守主要进攻打法。

2. 前卫队员攻守打法

(1)前后前卫和左右两边前卫(菱形)

拖后前卫(后腰)对口盯防对方突前前卫,由守转攻时,负责组织本方中后场的进攻,掌握比赛节奏和进攻方向。突前前卫(前腰)则是中前场的自由人,

侧重于进攻,进攻时主要起穿针引线和承上启下的作用,接应中、后场传球,为前锋输送球,同时通过与前锋配合或向中路插上,突破对方防线,创造射门机会,而一旦失球,要立马盯防对方的拖后前卫,阻击对方发动有组织的进攻。

左右两边的前卫则主要负责边路的攻防,并与前腰和两名前锋构成攻防中轴。因此,两边前卫进攻时应组织发动并积极地参与边路的进攻,能起到边锋的作用,或者在中路通过配合,直接插上或包抄射门。防守时应快速回防,紧紧盯防对方两名边前卫,及时地填补边后卫插上助攻而留下的空当,使全队形成稳固的防守。

(2)两前前卫和两后前卫(矩形)

两名拖后前卫(双后腰)侧重于防守,其防守的区域和分工更明确,防守的重点应是堵塞后卫间结合部的空隙,严密封锁两中卫结合部间的通道,交替盯防对方进入罚球区前沿的前锋或突前前卫,形成后防线前沿的防守屏障。由守转攻时,应积极地发动和组织后场的进攻,接应与支援前面的进攻同伴,伺机边后卫轮换交替插上进攻。

3.前锋队员的攻守打法

两名前锋队员可一前一后、一左一右或一中一边,活动区域集中在对方后卫之间。中路进攻时,在同伴的支援下,通过前后、左右的交叉换位,一拉一插、一传一切的传球配合,从中路突破防线,以创造射门得分机会。在两侧边路的进攻当中,突破对方边路防线,同时也要根据场上的情况有意识地主动回撤或拉边接应,制造中路或边路空当,为插上的前、后卫进攻,创造突破和射门得分机会。如一旦失球就应当就地逼抢对方,以延缓对方进攻速度,协助中场的防守。

第三节　进攻战术

一、定位球进攻战术

(一)任意球战术

罚球区附近任意球的进攻威胁性最大,虽然比赛中这种任意球机会较少,但一旦出现,若能把握好机会,常常更能进球,要充分利用。在对方门前罚任意球要记住:能直接射门的就不打配合,如要配合也要简练,越简练的配合则成功性就越大。

1.罚球弧区域进攻

此区域获得直接或间接任意球时,守方一般会排"人墙"封住部分射门角度。罚球弧区域罚任意球的进攻方法有直接射门和一拨一射等。

（1）直接射门

选用一名擅长左脚射门或一名擅长右脚射门的队员，踢出弧线球绕过人墙，直接射门。应视赛场情况确定进攻方法和主罚者人选。掩护者 C 和 B 交叉先跑，为主罚者 A 做好掩护，同时 D 包绕抢点，为捡漏反弹球的补射做好准备（见图 6-30）。

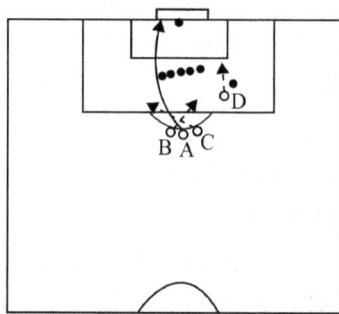

图 6-30　罚球弧区域直接射门

（2）一拨一射

队员 A 如不能直接射门时，在防守方排墙后，攻方可采用 A 的一拨，C 或 B 向前一射的方法避开人墙的封挡，以增大射门角度，同时 D 包绕抢点，为捡漏反弹球的补射做好准备。射远离守门员方向的直线或弧线球，这样将对球门产生极大的威胁（见图 6-31）。

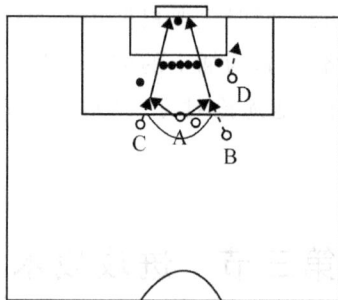

图 6-31　罚球弧区域一拨一射

2. 罚球区两前角及两侧区域的任意球进攻

（1）直接射门

罚球区角获得任意球时，大多数以近门柱为射门目标。用绕过人墙的内侧线球或者越过"人墙"后下落的弧线球射向近门柱一侧的空当，这种球成功的可能性较大。射向近门柱的得分率要远高于射向远门柱的得分率（见图 6-32）。

小知识

在罚球区两侧的区域罚任意球直接射门，很容易使防守方对球运行做出判断，可通过隐蔽性的横传，再打门，使对手防不胜防。

（2）传球配合射门

除了直接射门外，许多还采用短、长传避开人墙，由同伴配合射门。主罚者 A 将球传给 B（见图 6-33），B 再将球传至防守者身后而守门员又难以出击的空当，C 则快速插上射门，射门者插上要及时，摆脱要突然，D 应给予掩护。

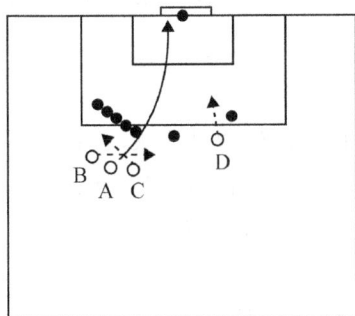

图 6-32　罚球区两前角及两侧区域
直接射门

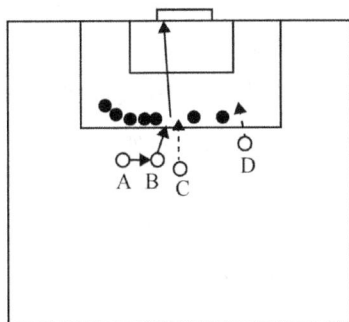

图 6-33　罚球区两前角及两侧区域
传球配合射门

（二）角球进攻战术

角球是破门得分的重要手段之一，角球进攻有短传和长传两种配合。多数的角球则采用弧线球把球传至球门前的区域。

1. 短传角球

当 A 准备发角球时，D 和 E 向 A 一侧的两个方向跑动接应，A 发球给 E，E 则传球给插向门前的 B 或 C，B 和 C 则抢点冲顶。这种角球的优点是快速，在角球弧处附近能形成人数上的局部优势，缩短传中的距离，提高了传球的准确性，丰富了战术运用。特别是在队员身材不高、争夺空中球能力较弱的情况下，多采用此方法（见图 6-34）。

2. 长传角球

多数长传角球是将球传至球门区前的区域，由同伴头顶或配合射门。一般落点分前点 B、中间 C 和 D、后点 E 三个区域（见图 6-35）。

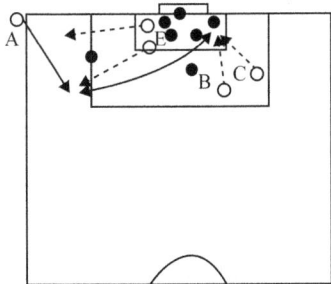

图 6-34　短传角球

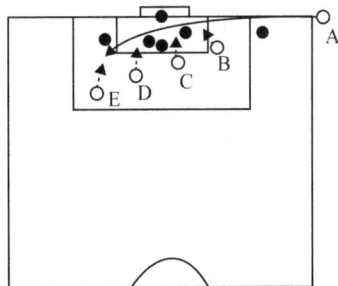

图 6-35　长传角球

（1）传前点球

A 将球传至近门柱的区域，B 抢点射门，或者向后蹭传，异侧队员 E、D 再包抄抢点攻门。

（2）传中后点球

把角球传至球门区远端线附近的区域，包抄队员 E、D 分层次跑动抢点射门。传球和跑动时机要默契。

（三）掷界外球进攻战术

足球比赛中，掷界外球很频繁，特别在罚球区两侧的界外球，其效果可相当于角球，所以要重视它的作用。界外球一般由 2～4 人配合进行，距离在 5～10 米居多。无论采用什么方法，迅速、简练、有效是共同的要求。

1. 边路进攻的配合

在前场进攻时，防守方往往采用紧逼盯人，掷界外球在两人间配合较难成功，这就需要更多队员的配合。由 A 掷界外球，C 马上迎上去准备接球，而 A 则把球掷给了快速往前斜插的 B（见图 6-36）。如果 C 迎球时还大声要球，那效果会更好。

2. 中路进攻的配合

有的队员都能掷 20 米以上的界外球，所以把球直接掷向中路，能增强进攻的威慑力。由 A 掷界外球，C 向前斜插准备接球，D 直接靠向 A 假装去接球，而 A 则大力把球掷给从中路向前斜插上去的 B（见图 6-37）。

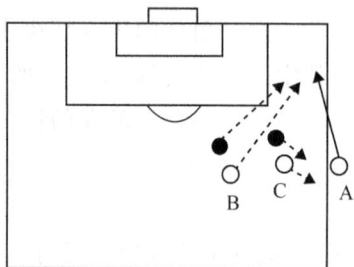

图 6-36　掷界外球边路进攻的配合　　图 6-37　掷界外球中路进攻的配合

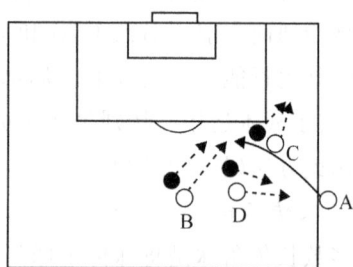

二、全队进攻战术

全队进攻战术是指为了完成进攻任务所采用的整体性的配合方法。一次完整的全队进攻是由发动、推进和结束三个进攻阶段组成。发动是获得球、控制球和传球的阶段；推进是通过整体的无球跑动和有球配合迅速向前进行的阶段；结束是通过传中、带球突破、传切配合等攻击，最后射门的阶段。依据进攻的推进区域，可分为边路进攻、中路进攻和转移进攻；依据进攻的推进速度，又可分为快速反击、层次进攻和破密集防守进攻。

(一) 边路进攻

边路进攻指进攻的最后阶段发生在前场罚球区侧向外区域的进攻。边路进攻的目的在于充分利用"宽度",横向拉开对方的防守面,以削弱中路的防守力量,创造出中路破门得分的有利战机。

1. 边路进攻方式

(1) 边路带球突破传中(见图 6-38)。队员 A 横传球给边路的 B,B 利用一边的纵深空当直接带球快速推进,到达底线时立即传中,此时快速插上的 C 打门,进攻队员 D 跑位掩护。

(2) 外围 45 度角斜传高吊传中。中场队员 A 把球转移边路给 B,队员 B 找准门前空虚的机会直接开大脚把球吊向门前,此时快速插上的 C 射门(见图 6-39)。

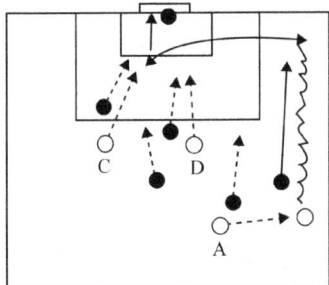

图 6-38　边路带球突破传中

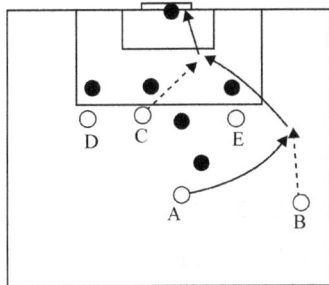

图 6-39　外围 45 度角斜传高吊传中

(3) 二过一配合突破下底传中。前卫 A 先斜传球于边路,B 则快速沿边线向前直插去接球,到达底线时立即传中,此时快速插上的 C 打门,其他进攻队员 D、E 等则跑位掩护,并随时捡漏补射门(见图 6-40)。

(4) 前卫或后卫插上套边配合突破传中。当进攻至前场时,边路进攻队员 E 有意向中间移动,以牵制防守队员也跟着向中间移动,此时留出了边路的空当,则前卫 B 隐蔽地迂回至边路接中场队员 A 长传过来的球,下到底线时立即传中,此时快速插上的 C 打门(见图 6-41)。

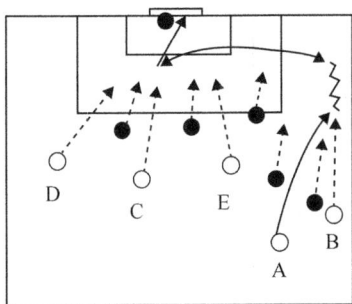

图 6-40　二过一配合突破下底传中

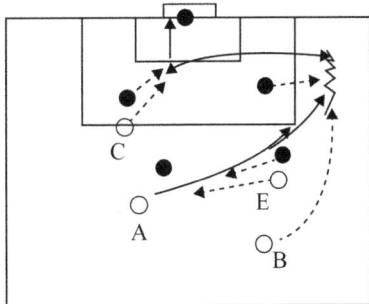

图 6-41　前卫或后卫插上套边配合突破传中

2. 边路传中的时机和落点

传中时的时机至关重要,过早或过晚都会达不到预期的目的,最佳时机应是:守方队员和攻方队员同时面向球门跑动;后卫线与守门员之间有较大空当;对方守门员贸然出击。

传中落点最好在距球门线 4 米,距罚球区前沿的宽 8 米,长 20 米的区域内(见图 6-42)。另外,传球的弧度和旋转也很重要,传前点球应是低平球,传后点球应是高远球。

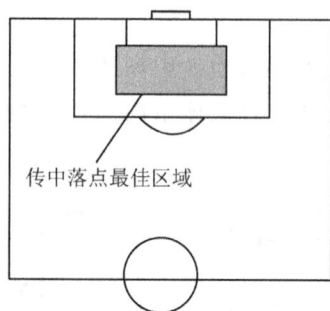

图 6-42 传中落点最佳区域

(二)中路进攻

中路进攻指进攻最后阶段发生在前场罚球弧区域的配合。中路进攻因为直接面对球门,射门角度大,所以比边路进攻更具威胁性,但正因如此中路防守人员更密集,进攻的难度也较大。

1. 渗透进攻

通过"二过一"传球和运球过人的局部战术,向对方门前层层渗透,以达到最后能射门目的。A 先传球给 B,B 马上横传球回给 A,A 再横传球给边路的 D,D 为摆脱防守队员紧逼,把球回传给后面的 E,此时 E 发现前面有空当出现,立即向前直传球,C 则心领神会快速跑向空当接 E 传来的球,抓住战机直接射门。未直接参与传接球的 F、G 应伺机策动,以帮助拉出门前空当便于射门(见图 6-43)。

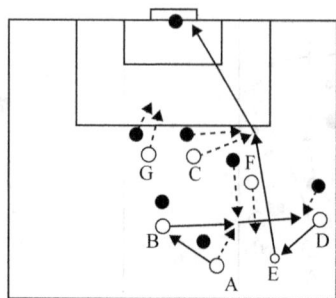

图 6-43 渗透进攻

2. 插上进攻

前卫 A 向一侧的同伴 D 传球，D 则向后回传球给 B，同时进攻方的前锋队员 G、F 不急于向前靠，并可以有意识地往回策应，以留出身后纵深距离，此时 B 向前面罚球区内留出的防守空当送球，而面朝球门的 C，在 B 送球的同一时刻，抓住这个战机冲向门前射门（见图 6-44）。

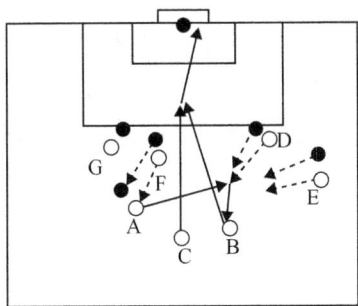

图 6-44　插上进攻

（三）转移进攻

转移进攻指中路与边路间或两边路间的进攻配合。中路进攻受阻则应转移到边路组织进攻，或边路进攻受阻则应转移到中路组织进攻，或一侧边路转移到另一侧边路的进攻。转移进攻就是利用足球场地的大空间，以及充分利用足球比赛进攻时间仓促、传球次数受限等问题，不时地转移攻击点，迫使对方防线横向扯动，出现空当，从而成功地突破防线射门得分。

（四）快速反击

快速反击指防守方获得球权后，在对方尚未形成稳固防守态势时，就迅速攻击对方，从而创造出射门机会的配合。快速反击的发动往往是在抢截到对方的传球、直接抢到对方脚下控制的球、对方射门后球刚好落在防守方时。上述机会是否能被充分把握，关键在于能否合理运用"快"和"准"的技术，在足球赛中快速反击进球数几乎占总进球数的一半，因此，快速反击的战术已越来越受到重视。

（五）层次进攻

层次进攻指有组织、层层推进的一种进攻方式，又称阵地进攻。它发生在对方已经组织起有效防守的情况下所采取的进攻战术，层次进攻比快速反击的进攻打法更慎重。层次进攻具有四平八稳的特征，不过对于进攻方所采用宽度、渗透的原则和控制比赛节奏的战术，需要与之相适应的跑位和传球配合的较高能力。

（六）破密集防守的进攻

破密集防守的进攻是专门针对对方全队收缩在后场，特别是把防守队员集中在罚球区密集防守情况下的进攻配合。要破密集防守的进攻方法有以下几种。

1. 拉开进攻宽度

进攻队员相互横向扯动拉开对方的防线,使中路出现空当,然后再传中路创造射门机会。

2. 带球强行突破

勇于带球突破对方的防线,果断地射门或突破后为同伴创造出射门机会。

3. 连续二过一配合的渗透

通过进攻队员不断地无球穿插跑位,迫使防守队员只注意球,然后进攻队员小范围连续、快速、多变的二过一配合,从而暴露出防守漏洞,以撕开对方的防线。

4. 外围斜传吊中

在场上配合受阻的情况下,最简单的进攻办法就是采用外围传高球吊中,利用内线队员的跑位,头球抢点直接射门或摆渡创造射门机会。

5. 任意球配合射门

在焦灼状态下的比赛,可利用制造出罚球区附近的直接任意球机会,以简捷、有实效的任意球配合,达到有效地破密集防守的目的。

第四节　防守战术

一、定位球防守战术

(一) 任意球战术

在罚球区附近的任意球,已在 25 米左右的有效直接射门范围之内,设置人墙来封堵球门一侧的角度就很重要。人墙组织要有人负责,一般由守门员指挥,根据罚球地点的角度确定排墙的人数,一般为 2~5 人,最多 6 人(见图 6-45)。人墙最外侧队员应和球、近门柱成

> **小知识**
> 人墙封住射门的近角,守门员则站在射门的远角。球一旦解危,防守队员应倾巢压出。

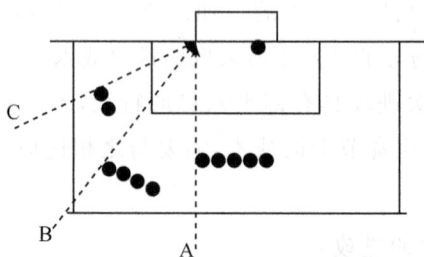

图 6-45　不同角度人墙的人数

一直线。守门员应选择最佳位置,做到既能看清球和罚球者的动作,又兼顾到整个球门的防守。充当人墙的队员横向间站位要紧靠,抬眼看球而不抬头,双手交叉置于裆部保护。球罚出后,人墙应及时压上,有效封堵和缩小射门角度。

(二)角球防守战术

1. 防守角球最重要的是不漏人和不留空当位置

(1)一名防守队员要站位于靠近端线离角球区 9.15 米处,一来干扰有可能传至近门柱球的低平球,同时防止对方罚短传配合的战术角球。

(2)两名边后卫要分别占据球门区外近、远门柱的区域,以防对方抢点射门和冲顶。

(3)守门员选位应在球门中后部,并面朝场内站立,这样既看到罚球者,又看到罚球区内的攻方队员,以保护球门及控制球门区。

(4)留个别防守队员在罚球区线的附近,控制罚球区前沿区域,以防再次进攻和远射,并作好伺机反击的准备。

(5)其他防守队员站位于罚球点两侧的区域,控制罚球点至罚球区域的对方抢点。

2. 注意事项

(1)防守队员注意力须高度集中,分工明确,各司其职,切忌盯人不看球或看球不盯人。

(2)防守者要抢占有利位置,始终处于球、对手和球门内侧之间。

(3)在解围或危急时,果断触球,踢远、踢高,向两边踢。

(4)球一旦踢出,全体防守队员要统一快速压上,以压缩对方进攻的时间和空间,并伺机造成对方越位。

(三)掷界外球防守战术

当对方获得界外球而未掷出时,全队就要快速对有可能接球的队员紧逼盯人,同时还要相互保护,防止对方切入空当。尤其要严防后场掷向门前的界外球,由于这种掷球空中停留时间长且飞行路线清楚,所以接球队员有强大的防守压力,接控球和一次触球配合都显得异常困难。除此之外在对方获掷外球时,全队要及时回防到位,在掷球队员附近的防守队员要进行规则允许的干扰,限制其掷出低、平弧度的界外球。

二、全队防守战术

全队防守战术指全队整体性的防守配合。

(一)防线连接(拆线防守)

防线连接(包括拆线防守)是指球队在防守时形成一个严密的整体,三条线之间保持较短的距离。图 6-46 中的白点和黑点各自代表两队整体性的站位模

型(线型),其中白点代表防守队员可快速对控球
方队员施压,全体防守队员都可快速向球移动。
任何一支球队如能建立起这种严密的整体防守,
它就可能有意识地随时使用越位规则作为防守
武器。

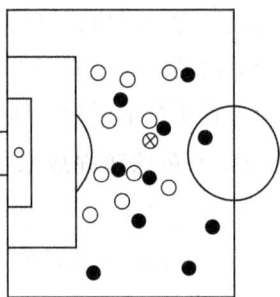

图 6-46 整体性站位模型

(二)防守类型

1. 人盯人防守

人盯人防守是一种除自由人外,其他防守队
员都有固定盯人对象的防守形式。这种打法的突出特点是,在全场攻守的每个
时间和空间里,迫使每个进攻队员都处在高压态势中。在人盯人防守时,要求
同伴间要相互协作,当同伴盯人失误时,邻近队员须根据场上情况,迅速、灵活
地补位,以保证全队整体人盯人防守的严密性;每名防守队员必须有良好的身
体素质,以保证全场比赛始终不停地奔跑和逼抢。

2. 区域盯人防守

区域盯人防守是要求防守队员分别负责防守球场的一个区域,尤其是在本
方半场内,这样可在横向与纵向上封锁防区。队员防守区域的大小是依据其负
责防守场地的部分而定。如图 6-47 所示,各圆圈部分都代表着相应队员(黑点
表示防守队员)的防守区域,圆圈的重叠部分也是重点的防守区域。

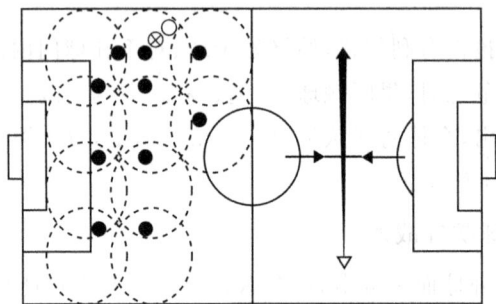

图 6-47 区域盯人防守

区域防守打法包含以下两种形式。

(1)区域盯人

防守队员在场上一定区域内站位,仅随队友移动而移动,即及时补位,防止
出现空当区域。

(2)人盯人

防守队员也是在场上一定区域内站位,但随离自己最近的对手移动而移
动,防止出现漏人。

区域盯人防守的基本含义是,每一个防守队员占据一定的活动区域,当进
攻者进入该防区时,区域防守队员则实施严密的盯人,以控制进攻者在此区域
的一切有效行动。区域盯人打法规定了每一个防守者的任务,但同伴间仍需必

要的协作,当某一区域盯人防守失误时,邻近队员应及时补位,被突破防守队员要及时与他换位,以求得整体防守的有效性。区域盯人防守特别要注意各区域间交界处的防守。交界处因常常由于防守职责不明确而给进攻者带来可乘之机。

3. 混合防守

混合防守是人盯人防守和区域盯人防守两种形式交织在一起的防守打法。其最大特点是能根据对手情况,灵活地将人盯人防守和区域盯人防守的优点结合在一起,以提高全队防守的效益。混合防守通常是选择体能好、个人作战能力强的队员,以人盯人防守盯住对方的核心队员,其他队员则采用区域盯人防守。比如针对进攻方中场组织者和前场得分手实施人盯人的防守,而对其他进攻队员则采取区域盯人防守。

(三) 防守打法

1. 向前逼压式打法

向前逼压式打法指丢失控球权之后,此时的防守方不是马上回撤消极防守,而是立即对球、对空间进行逼压,降低进攻速度,迫使对手犯错误,把球破坏掉或者夺回来。

2. 层次回撤式打法

层次回撤打法指丢失控球权后,有组织、有层次地回撤,形成纵横交错网络的防守队形和体系。层次回撤打法不同于消极回撤防守,又不同于向前逼压打法,而是有组织、有步骤、分层次的防守打法。第一层次就是在丢球之后,要求离球最近的队员立即逼抢,附近队员堵截传球路线,以延缓进攻,争取时间;第二层次则是其他队员的思想统一,迅速回位,既要选位盯人,又要以球为中心,并按场上情况区分主次,组成相互支持保护的三角纵深防守队形和体系,达到控制对方进攻节奏和空间的目的;第三层次就是在稳固防守的基础上,变被动防守为主动争夺球权,变防守为进攻。

3. 快速密集式打法

快速密集式打法就是指丢失控球权后,除个别队员延缓进攻外,其他队员则快速撤至本方罚球区附近,以密集设防回应对方进攻。

思考题

1. 如何认识足球比赛中阵形的作用?举例说明运用阵形要注意什么事项?

2. 设计在前场运用任意球、角球配合进攻的套路。

3. 简述比赛中前锋、前卫、后卫的位置分工及职责。

4. 在赛前作为主教练如何从心理、身体、技术、战术等方面进行布置(假设对手综合实力明显高于自己时)?

第七章　大学足球水平测试内容与评价方法指南

◎**本章导读**

　　本章根据教育学和心理测量学的基本原理,结合浙江省普通高校足球选项课的实际情况,设计出了大学足球初、中、高三级的水平测试内容和评分办法,包括足球运动专项身体素质、基本技术、综合运用技术和教学比赛表现等,供各高校足球选项考核和考试时选用,同时,也配合同学们足球技战术自学或自我学习效果鉴别时使用。

第一节　足球专项身体素质测试内容与评分方法

一、耐力素质测试内容与评分方法

(一)12分钟跑测验与评分标准

1. 测试目的

　　测试学生耐力素质的发展水平和有氧运动的能力,特别是心血管和呼吸系统的机能及肌肉耐力。

2. 场地器材

　　400米田径场跑道,地质不限。四面红旗、四面黄旗,口哨、秒表若干块。

> **小知识**
>
> 水平测试内容和评价方法,为通常健康状态下的大学生而定制,由于个体间的体质、受体育教育程度等不同,故应斟酌参考比对。

3. 测试方法

　　首先要做好场地的准备工作,在400米田径场测试时,每50米处插面黄旗,每100米处插面红旗,在每面旗处各画一条横线。当12分钟到点时,听到哨声,必须马上停下来,记录跑动的距离。距离间隔为50米或50米的倍数,记录成绩为前50米或100米的距离,如2420米记为2400米,不能记为2450米。

4. 注意事项

　　(1)教师要向学生介绍12分钟跑的意义,途中如何控制跑速和合理分配体能,并做好准备活动。

　　(2)听到哨声时应停下来,在附近调整放松,等老师记录完成绩后,才能离开。

5. 中长跑测试项目与评分标准(见表 7-1)

中长跑测试项目与评分标准如表 7-1 所示。

表 7-1　中长跑测试项目与评分标准

分数 / 性别	男　生			女　生		
	12分钟跑(米)	3000米跑(分、秒)	1000米跑(分、秒)	12分钟跑(米)	2400米跑(分、秒)	800米跑(分、秒)
100	3000	13′00″	3′30″	2500	13′00″	3′25″
95	2950	13′30″	3′35″	2450	13′30″	3′30″
90	2900	14′00″	3′40″	2400	14′00″	3′35″
85	2850	14′30″	3′46″	2350	14′30″	3′41″
80	2800	15′00″	3′52″	2300	15′00″	3′47″
75	2700	15′30″	3′59″	2250	15′30″	3′54″
70	2600	16′00″	4′06″	2200	16′00″	4′01″
65	2500	16′30″	4′14″	2100	16′30″	4′08″
60	2400	17′00″	4′22″	2000	17′00″	4′15″
55	2300	17′30″	4′30″	1900	17′30″	4′22″
50	2200	18′00″	4′38″	1800	18′00″	4′29″
45	2100	18′30″	4′46″	1700	18′30″	4′36″
40	2000	19′00″	4′54″	1600	19′00″	4′43″
35	1900	19′30″	5′02″	1500	19′30″	4′50″
30	1800	20′00″	5′10″	1400	20′00″	4′57″

(二)3000 米跑测验与评分标准(女生为 2400 米跑)

1. 测试目的

测试学生耐力素质的发展水平和有氧运动的能力,特别是心血管和呼吸系统的机能及肌肉耐力。

2. 场地器材

400 米、300 米、200 米田径场跑道,地质不限。也可使用其他不规则场地,但必须丈量准确,地面平坦。准备秒表若干块。

3. 测试方法

记录受试者完成 3000 米距离的时间。测试可分两组,前后两组一对一报圈数,使受试者清楚自己完成情况。

4. 注意事项

教师要向学生介绍 3000 米跑的意义,途中如何控制跑速和合理分配体能,并做好准备活动。

5. 评分标准。

评分标准如表 7-1 所示。

(三)1000 米跑测验与评分标准(女生为 800 米跑)

1. 测试目的

测试学生耐力素质的发展水平,特别是心血管和呼吸系统的机能及肌肉耐力。

2. 场地器材

400 米、300 米、200 米田径场跑道,地质不限。也可使用其他不规则场地,但必须丈量准确,地面平坦。准备秒表若干块。

3. 测试方法

受试者至少两人一组进行测试,站立式起跑。当听到"跑"的口令后开始起跑。计时员看到旗动开表计时,当受试者的躯干部到达终点线垂直面时停表。以分、秒为单位记录测试成绩,不计小数。

4. 评分标准。

评分标准如表 7-1 所示。

(四)5×25 米折返跑测验与评分标准

1. 测试目的

测试学生耐力素质的发展水平,特别是心血管和呼吸系统的机能及肌肉耐力。

2. 场地器材

直线距离超过 30 米、宽度 5 米以上的场地,地质不限。但必须丈量准确,地面平坦。起始线上和每间隔 5 米放置一个标志物。准备秒表若干块。

3. 测试方法

受试者一人一组进行测试,站立式起跑。计时员看到受试者脚起动时,则开表计时,当受试者的躯干部到达终点线(起始线)垂直面时停表。受试者从起跑线向场内垂直方向快跑,在跑动中用手击倒位于 5 米、10 米、15 米、20 米和 25 米各处的标识物后返回起跑线,每击倒一个标识物立即返回一次(须将标识物击倒,否则不计成绩)。以秒为单位记录测试成绩,精确到小数点后一位。

4. 评分标准

5×25 米折返跑评分标准如表 7-2 所示。

表 7-2　5×25 米折返跑评分标准

分值	成绩(秒)		分值	成绩(秒)	
	男	女		男	女
100	32″00	34″00	98	32″01～32″30	34″01～34″30

续　表

分值	成绩（秒）		分值	成绩（秒）	
	男	女		男	女
96	32″31～32″60	34″31～34″60	72	35″01～35″30	37″01～37″30
94	32″61～32″90	34″61～34″90	69	35″31～35″60	37″31～37″60
92	32″91～33″20	34″91～35″20	65	35″61～36″90	37″61～37″90
90	33″21～33″50	35″21～35″50	60	36″91～36″20	37″91～38″20
87	33″51～33″80	35″51～35″80	55	36″21～36″50	38″21～38″50
84	33″81～34″10	35″81～36″10	50	36″51～37″80	38″51～38″80
81	34″11～34″40	36″11～36″40	45	37″81～38″10	38″81～39″10
78	34″41～34″70	36″41～36″70	40	38″11～38″40	39″11～39″40
75	34″71～35″00	36″71～37″00	30	38″4 以上	39″4 以上

二、力量和爆发力素质测试内容与评分方法

（一）俯卧撑

1. 测试目的

测试学生的上肢肌肉、胸大肌、背部肌肉力量。

2. 场地器材

垫子若干块（或代用品），铺放平坦。

3. 测试方法

（1）双手支撑身体，双臂垂直于地面，两腿向身体后方伸展，依靠双手和两个脚的脚尖保持平衡，保持头、脖子、后背、臀部以及双腿在一条直线上。

（2）两个肘部向身体外侧弯曲，身体降低到基本靠近地板。

（3）收紧腹部，保持身体在一条直线上，全身挺直，平起平落。

（4）测试人员发出"开始"口令的同时开表计时，记录1分钟内完成次数。1分钟到时，精确到个位。

4. 注意事项

（1）如发现受试者下降身体时，肩关节没有与肘关节平，就撑起，或身体没有平起平落，该次不计数。

（2）测试过程中，观测人员应向受试者报数。

5. 评分标准。

俯卧撑评分标准见表7-3。

表 7-3 俯卧撑评分标准

分值	成绩（次）		分值	成绩（次）		分值	成绩（次）	
	男	女		男	女		男	女
100	54	16	75	39	11	50	22	6
95	51	15	70	36	10	45	18	5
90	48	14	65	33	9	40	14	4
85	45	13	60	30	8	35	10	2
80	42	12	55	26	7	30	6	1

（二）仰卧起坐

1. 测试目的

测试学生的腹肌耐力。

2. 场地器材

垫子若干块（或代用品）铺放平坦。

3. 测试方法

（1）受试者仰卧于垫上，两腿稍分开，屈膝呈90°角左右，两手指交叉贴于脑后。另一同伴压住其踝关节，以固定下肢。

（2）受试者坐起时两肘触及或超过双膝为完成一次。仰卧时两肩胛必须触垫。

（3）测试人员发出"开始"口令的同时开表计时，记录1分钟内完成次数。1分钟到时，受试者虽已坐起但肘关节未达到双膝者不计该次数，精确到个位。

4. 注意事项

（1）如发现受试者借用肘部撑垫或臀部起落的力量起坐时，该次不计数。

（2）测试过程中，观测人员应向受试者报数。

（3）受试者双脚必须放于垫上。

5. 评分标准。

仰卧起坐评分标准见表7-4。

表 7-4 仰卧起坐评分标准

分值	成绩（次）		分值	成绩（次）		分值	成绩（次）	
	男	女		男	女		男	女
100	50	50	75	40	40	50	30	30
95	48	48	70	38	38	45	28	28
90	46	46	65	36	36	40	26	26
85	44	44	60	34	34	35	24	24
80	42	42	55	32	32	30	22	22

（三）引体向上（男生）

1. 测试目的

测试学生的上肢肌肉力量及耐力的发展水平。

2. 场地器材

高单杠或高横杠,杠粗以手握住为准。

3. 测试方法

受试者跳起双手正握杠,两手与肩同宽成直臂悬垂。静止后,两臂同时用力引体(身体不能有附加动作)上拉到下颌超过横杠上沿为完成一次。记录引体次数。

4. 注意事项

（1）受试者应双手正握单杠,待身体静止后开始测试。

（2）引体向上时,身体不得做大的摆动,也不得借助其他附加动作撑起。

（3）两次引体向上的间隔时间超过 10 秒终止测试。

5. 评分标准。

引体向上评分标准见表 7-5。

表 7-5　引体向上评分标准

分值	成绩(次)	分值	成绩(次)	分值	成绩(次)
100	25	75	14	50	8
95	22	70	12	45	7
90	20	65	11	40	6
85	18	60	10	35	5
80	16	55	9	30	4

（四）立定跳远

1. 测试目的

测试学生下肢爆发力及身体协调能力的发展水平。

2. 场地器材

沙坑、丈量尺。沙面应与地面平齐,如无沙坑,可在土质松软的平地上进行。起跳线至沙坑近端不得少于 30 厘米。起跳地面要平坦,不得有坑凹。

3. 测试方法

受试者两脚自然分开站立,站在起跳线后,脚尖不得踩线(最好用镭绳做起跳线)。两脚原地同时起跳,不得有垫步或连跳动作。丈量起跳线后沿至最近着地点后垂直距离。每人试跳三次,记录其中成绩最好一次。以米为单位,保留两位小数。

4. 注意事项

（1）发现犯规时，此次成绩无效。三次试跳均无成绩者，应允许再跳，直至取得成绩为止。

（2）可以赤足，但不得穿钉鞋、皮鞋、塑料凉鞋参加测试。

5. 评分标准。

立定跳远评分标准如表 7-6 所示。

表 7-6　立定跳远评分标准

分值	成绩（米）		分值	成绩（米）		分值	成绩（米）	
	男	女		男	女		男	女
100	2.64	2.06	75	2.44	1.85	50	2.20	1.60
95	2.60	2.02	70	2.40	1.80	45	2.14	1.55
90	2.56	1.98	65	2.35	1.75	40	2.08	1.50
85	2.52	1.94	60	2.30	1.70	35	2.01	1.45
80	2.48	1.90	55	2.25	1.65	30	1.94	1.40

三、速度和灵敏素质测试内容与评分方法

（一）10 米×4 往返跑

1. 测试目的

测试学生灵敏、协调、速度等综合身体素质。

2. 场地器材

10 米长的跑道若干，在跑道两端线外 30 厘米处各画一条线。5×10 厘米木块每道 3 块，一端画线处放 2 块，另一端放 1 块。准备秒表若干。

3. 测试方法

受测试者用站立式起跑，听到发令后从一端线起跑，跑到对面端线用一只手拿起一木块随即往回跑，跑到出发端线时交换木块，再跑回另一端交换另一木块，最后持木块冲出出发端线，记录跑完全程的时间。

4. 注意事项

（1）10 米×4 往返跑是指 10 米的跑道往反跑 4 次，即往返各算 1 次，即共 40 米，并非是往返合起来算 1 次即 80 米。

（2）当受测试者取放木块时，脚不要越过端线。

（3）记录以秒为单位，取一位小数，第二位小数非"0"时用进"1"。

5. 评分标准

10 米×4 往返跑评分标准见表 7-7。

表 7-7　10 米×4 往返跑评分标准

分值	成绩（秒）		分值	成绩（秒）		分值	成绩（秒）	
	男	女		男	女		男	女
100	9″2	10″0	75	10″2	11″1	50	11″6	12″6
95	9″4	10″2	70	10″4	11″4	45	11″9	12″9
90	9″6	10″4	65	10″7	11″7	40	12″2	13″2
85	9″8	10″6	60	11″0	12″0	35	12″6	13″6
80	10″0	10″8	55	11″3	12″3	30	13″0	14″0

(二) 30 米跑

1. 测试目的

测试学生速度、灵敏素质及神经系统灵活性的发展水平。

2. 场地器材

30 米直线跑道若干条,地面平坦,地质不限,跑道线要清楚。发令旗一面、口哨一个,秒表若干块。

3. 受试方法

受试者至少两人一组测试。站立起跑,受试者听到"跑"的口令后开始起跑。发令员在发出口令同时要摆动发令旗。计时员视旗动开表计时,受试者躯干部到达终点线的垂直面停表。以秒为单位记录测试成绩,精确到小数点后两位。

4. 注意事项

(1) 受试者测试最好穿运动鞋或平底布鞋,赤足亦可。但不得穿钉鞋、皮鞋、塑料凉鞋。

(2) 发现有抢跑者,要当即召回重跑。

(3) 如遇风时一律顺风跑。

5. 评分标准

30 米跑评分标准如表 7-8 所示。

表 7-8　30 米跑评分标准

分值	成绩（秒）		分值	成绩（秒）		分值	成绩（秒）	
	男	女		男	女		男	女
100	3″90	4″60	75	4″50	5″35	50	5″15	6″10
95	4″00	4″70	70	4″65	5″50	45	5″30	6″25
90	4″15	4″85	65	4″80	5″65	40	5″40	6″40
85	4″25	5″05	60	4″90	5″80	35	5″55	6″60
80	4″40	5″20	55	5″05	5″95	30	6″00	6″80

（三）50 米跑

1. 测试目的

测试学生速度、灵敏素质及神经系统灵活性的发展水平。

2. 场地器材

50 米直线跑道若干条，地面平坦，地质不限，跑道线要清楚。发令旗一面，口哨一个，秒表若干块。

3. 受试方法

受试者至少两人一组测试。站立起跑，受试者听到"跑"的口令后开始起跑。发令员在发出口令同时要摆动发令旗。计时员视旗动开表计时，受试者躯干部到达终点线的垂直面停表。以秒为单位记录测试成绩，精确到小数点后一位，小数点后第二位数按非"0"时则进 1，如"10.11 秒"读成"10.2 秒"记录之。

4. 注意事项

（1）受试者测试最好穿运动鞋或平底布鞋，赤足亦可。但不得穿钉鞋、皮鞋、塑料凉鞋。

（2）发现有抢跑者，要当即召回重跑。

（3）如遇风时一律顺风跑。

5. 评分标准

50 米跑评分标准如表 7-9 所示。

表 7-9　50 米跑评分标准

分值	成绩（秒）		分值	成绩（秒）		分值	成绩（秒）	
	男	女		男	女		男	女
100	6″2	7″4	75	7″2	8″4	50	8″0	9″2
95	6″4	7″6	70	7″4	8″6	45	8″1	9″3
90	6″6	7″8	65	7″6	8″8	40	8″2	9″4
85	6″8	8″0	60	7″8	9″0	35	8″3	9″5
80	7″0	8″2	55	7″9	9″1	30	8″4	9″6

（四）跳绳

1. 测试目的

测试学生的下肢力量和身体协调能力。

2. 场地器材

地面平整、干净的场地一块，地质不限。主要测试器材包括秒表、发令哨、各种长度的跳绳若干条。

3. 测试方法

两人一组，一人测试，一人记数。受试者将绳的长短调至适宜长度，听到开始信号后开始跳绳,动作规格为正摇双脚跳绳,每跳跃一次且摇绳一回环(一周圈),计为一次。听到结束信号后停止,测试员报数并记录受试者在 1 分钟内的跳绳次数。测试单位为次。

4. 注意事项

测试过程中跳绳绊脚,除该次不计数外,应继续进行。

5. 评分标准

跳绳评分标准如表 7-10 所示。

表 7-10　跳绳评分标准

分值	成绩(次/分)		分值	成绩(次/分)		分值	成绩(次/分)	
	男	女		男	女		男	女
100	195	185	75	112	102	50	60	60
95	182	170	70	99	98	45	55	55
90	153	136	65	91	86	40	50	50
85	140	125	60	70	71	35	45	45
80	133	119	55	66	66	30	40	40

第二节　大学足球初级水平测试内容与评分方法

一、运球绕杆

(一) 场地设施

(1) 在足球场上画两条相隔 20 米的平行线,作为起点和终点(见图 7-1)。

(2) 在垂直于起点 5 米处插一根标杆,接着在此标杆所在垂直于起点线的直线上向右再插 5 根标杆,6 根标杆依次间隔 2 米,最右侧标杆距离终点线为 5 米。

图 7-1　运球绕杆测试

(3) 标杆固定垂直插在地面上,插入深度以受试者碰杆不倒为宜。杆高至少 1.5 米。

(二) 测试方法

(1) 受试者从起点开始运球,脚触球立即开表计时。运球逐个绕过杆后,带球越过终点线后将球踩住时则停表。

（2）每人做两次，取最佳一次成绩。

（3）运球漏杆，则无成绩。

（三）评分标准

运球绕杆评分标准如表 7-11 所示。

表 7-11　运球绕杆评分标准

分值	成绩（秒）		分值	成绩（秒）		分值	成绩（秒）	
	男	女		男	女		男	女
100	10″0	13″0	75	11″0	14″0	50	12″0	15″0
95	10″2	13″2	70	11″2	14″2	45	12″1	15″1
90	10″4	13″4	65	11″4	14″4	40	12″2	15″2
85	10″6	13″6	60	11″6	14″6	35	12″3	15″3
80	10″8	13″8	55	11″8	14″8	30	12″4	15″4

二、脚内侧传球

（一）场地设置

（1）以 A 为圆心，以 3 米和 6 米为半径，分别画出两个同心圆。圆心处插上一面 1.5 米高，并带有彩色小旗的标志杆，作为传球的目标。以 20 米为半径，从圆心 A 向任何方向画一 5 米长的弧为传球限制线（见图 7-2）。

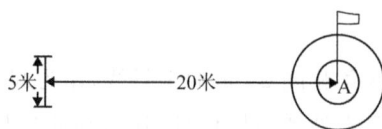

图 7-2　脚内侧传球测试

（2）每人一次测试连续传 5 个球，以 5 个球的第一落点为计算成绩。

（二）考核标准

每个球的第一落点在内圈得分为 6 分，在外圈得 4 分，在圈外得 0 分，最后将 5 个球所得分值累加，为定位球传球的最后成绩，满分为 30 分。

三、脚背射门

（一）场地设置

在场内距离球门线 20 米处（女子为 13.5 米）画一条长 20 米平行于球门线的直线作为测试线（见图 7-3）。

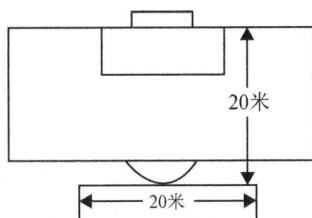

图 7-3　脚背射门测试

（二）考试方法

将 5 个球分列于平行于球门线的测试线上或后面的任何地方，学生运用脚背将球射入球门，以射门效果计算成绩。

（三）评分标准

将球凌空直接射进球门得 6 分；以地滚球和第一落点在球门线前再进球为 4 分；射出的球碰门柱和横梁弹出得 3 分；没有命中任何目标不得分；将每个学生 5 次射门得分相加，得出该学生的总得分，满分为 30 分。

第三节　大学足球中级水平测试内容与评分方法

一、正脚背颠球

（一）测试方法

（1）受试者用脚背正面进行颠球，如果球落地或者于触球则为一次颠球结束，主考者依据其脚背正面颠球的次数计成绩。受试过程中，可以用大腿、胸、肩和头等部位进行调整，但不计成绩（即用脚背正面颠球才计入有效次数）。

（2）每人两次，取最佳一次成绩。

（二）评分标准

颠球评分标准如表 7-12 所示。

表 7-12　颠球评分标准

分值	成绩（米）		分值	成绩（米）		分值	成绩（米）	
	男	女		男	女		男	女
100	30	30	75	20	20	50	12	12
95	28	28	70	18	18	45	11	11
90	26	26	65	16	16	40	10	10
85	24	24	60	14	14	35	9	9
80	22	22	55	13	13	30	8	8

二、传球

（一）场地设置

（1）将 5 个球分列于起始线后，起始线距离目标区域男子为 16.5 米、女子为 13.5 米，并与目标区域平行。目标区域划分为 5 个，中间为 2 米，两边分别为 1.5 米和 1.175 米。由标杆（或球门立柱）间隔，受试者用脚将球向前传低平球，目标为中间区域。

（2）标竿固定垂直于地面。

（二）测试办法

（1）受试者用脚将球向前依次传低平球，脚触球开表计时，球越过球门线时停表。

（2）从脚触球开始到球越过目标线（或球门线）男子不超过 2.5 秒，女子不超过 2.0 秒，且球进入目标区域才有成绩。每人传球 5 次。

（3）若球击中标杆（或球门立柱）后进入目标区域，成绩有效；若球被标杆弹回，则取两区域的平均成绩。

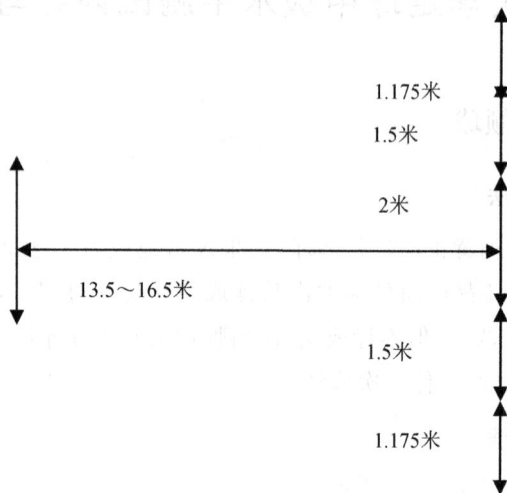

图 7-4　传球测试

（三）评分标准

球有效进入 2 米区域得 5 分，球有效进入 1.5 米区域得 4 分，球有效进入 1.175 米区域得 3 分。取 5 次传球得分，满分为 25 分。

三、运球射门

（一）场地设置

（1）距罚球区横线向外 20 米处画一横线（见图 7-5）为起点，在两横线间过中点画一直线,与横线垂直。

（2）在所画直线上插 6 根标杆,6 根杆间距为 2 米,最前和最后 2 根杆分别距起点线和罚球区横线为 5 米。

（3）标杆固定垂直插在地上。杆高至少 1.5 米。

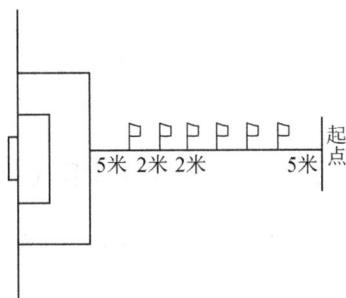

图 7-5　运球射门

（二）测试方法

（1）考生从起点开始运球,脚触球立即开表计时。运球逐个绕过杆后射门,球越过球门线时停表。

（2）运球漏杆或未射入球门内,则无成绩。射中球门横梁或立柱可补测一次。

（3）每人测两次,取最佳一次有效成绩。

（三）评分标准

运球射门评分标准如表 7-13 所示。

表 7-13　运球射门评分标准

分值	成绩（秒）		分值	成绩（秒）		分值	成绩（秒）	
	男	女		男	女		男	女
100	8″8	9″0	75	9″6	10″0	50	10″9	11″0
95	8″9	9″2	70	9″8	10″2	45	11″0	11″2
90	9″0	9″4	65	10″0	10″4	40	11″1	11″4
85	9″2	9″6	60	10″2	10″6	35	11″2	11″6
80	9″4	9″8	55	10″4	10″8	30	11″3	11″8

四、足球中级水平技战术实战能力考试内容与评分方法

（一）技战术实战能力考试方法

可按受试者自报位置,进行至少 30 分钟的分队比赛。如果没有标准场地,可借用篮球场或手球场进行 3 对 3 或 4 对 4 的抢截,也可进行小场地比赛。

（二）考生实战能力评分标准

重点观察受试者的技术运用合理性和比赛意识。

按 4 级评分，各级评分分值如下。

（1）优秀：个人技术正确熟练，运用合理，比赛意识强。

（2）良好：个人技术正确熟练，运用合理，比赛意识较强。

（3）及格：个人技术运用和比赛意识一般。

（4）不及格：个人技术运用和比赛意识较差。

五、足球中级水平足球专项基础知识考试

足球中级水平足球专项基础知识考试参见各章思考题。

第四节　大学足球高级水平考试内容与评分方法

一、行进间颠球

1. 测试方法

考生可用除手臂以外的任何部位，向前行进间连续颠球。球落地或手触球则为一次颠球结束。依据行进连续颠球的距离长度计成绩，核定距离以最后一次有明显控球的触球为准。每人测两次，取最佳一次有效成绩。

2. 评分标准

行进间颠球评分标准如表 7-14 所示。

表 7-14　行进间颠球评分标准

分值	成绩（米）		分值	成绩（米）		分值	成绩（米）	
	男	女		男	女		男	女
100	40	30	75	31	21	50	26	16
95	38	28	70	30	20	45	25	15
90	36	26	65	29	19	40	24	14
85	34	24	60	28	18	35	23	13
80	32	22	55	27	17	30	22	12

二、传球

1. 测试方法

从长 5 米、宽 10 厘米的起点线中心点垂直向前，分别以 20 米、26 米、32 米

处(女子为 18 米、24 米、30 米)为圆心各画三个同心圆作为传准目标,每个同心圆的半径分别为 1 米、2 米、3 米。受试者从限制线上或线后,按由近到远的顺序,向各同心圆连续传球 2 次,脚法不限。

2.评分标准

踢准得分标准是以球从空中落到地面的第一接触点为准。6 次传球的累计得分为最终得分,满分为 20 分。评分分值如下。

(1)男 32 米(女 30 米)处的目标分值,由外圈向内圈分别为:1 分、3 分、4 分。

(2)男 26 米(女 24 米)处的目标分值,由外圈向内圈分别为:1 分、2 分、3 分。

(3)男 20 米(女 18 米)处的目标分值,由外圈向内圈分别为:1 分、2 分、3 分。

三、运球射门

(一)场地设置(见图 7-5)

(二)测试方法

(1)考生从起点开始运球,脚触球立即开表计时。运球逐个绕过杆后射门,球越过球门线时停表。

(2)运球漏杆或未射入球门内,则无成绩。射中球门横梁或立柱可补测一次。

(3)每人测两次,取最佳一次有效成绩。

(三)评分标准

运球射门评分标准如表 7-15 所示。

表 7-15　运球射门评分标准

分值	成绩(秒)		分值	成绩(秒)		分值	成绩(秒)	
	男	女		男	女		男	女
100	7"2	9"0	75	8"2	10"0	50	8"0	11"0
95	7"4	9"2	70	8"4	10"2	45	8"1	11"2
90	7"6	9"4	65	8"6	10"4	40	8"2	11"4
85	7"8	9"6	60	8"8	10"6	35	8"3	11"6
80	8"0	9"8	55	9"0	10"8	30	8"4	11"8

四、足球高级水平技战术实战能力考试内容与评分方法

(一) 比赛

视受试者人数分队进行比赛。

(二) 实战能力评分标准

参照实战评分表(见表 7-16),对受试者的技术能力、战术能力、心理素质及比赛作风四方面进行综合评定。按 10 分制打分,所打分数至多可到小数点后 1 位。

表 7-16　实战评分表

等级	优	良	中	差
分值	10~8.6分	8.5~7.6分	7.5~6.0分	6.0分以下
标准	战术意识水平表现突出,位置攻守职责完成很好;对抗情况下技术动作运用及完成合理、规范,比赛作风顽强、心理状态稳定	战术意识水平表现良好,位置攻守职责完成良好;对抗情况下技术动作运用较合理、完成动作较规范,比赛作风良好、心理状态稳定	战术意识水平表现一般,位置攻守职责完成一般;对抗情况下技术动作运用基本合理、完成动作基本规范,比赛作风较好、心理状态较稳定	战术意识水平表现差,位置攻守职责不清楚,完成很差;对抗情况下技术动作运用不合理、完成动作不规范,比赛作风一般、心理状态不稳定

思考题

1. 哪项身体素质反映有氧代谢能力?为什么?

2. 初级足球水平考试最基本的技术内容是什么?为什么?举例说明。

3. 简述普通高校学生足球中级水平的基本特征。可举例说明。

4. 请同学根据自身状况评价足球技术、战术掌握及运用的能力。

竞赛篇

JINGSAI PIAN

第八章　足球规则与足球裁判法

◎**本章导读**

　　本章介绍的是足球竞赛的规则及执行,内容主要涉及竞赛规则、裁判法,以及在足球选项课中通常进行的小场地比赛的规则,通过这些内容的介绍,同学们能够在课内、课外以多种形式交流比赛。同时,透过比赛的规则进一步了解足球运动的深刻内涵,在欣赏高水平足球竞赛中,能够品味到足球运动的真正魅力。

第一节　足球竞赛主要规则

一、足球场地、器材、队员人数和比赛时间

(一)足球场地

1. 尺寸(见图 8-1)

边线的长度必须长于球门线的长度。

长度(边线):最短 90 米,最长 120 米;宽度(球门线):最短 45 米,最长 90 米。

国际比赛场地的长度:最短 100 米,最长 110 米;宽度:最短 64 米,最长 75 米。

场地所有线的宽度必须一致,不能超过 12 厘米。

> **小知识**
>
> 　　场地分为天然草坪和人造草坪。天然草坪的优点是自然并符合球自然运动规律,但易损耗,维护资金和时间成本都高。而人造草坪的优缺点则恰恰相反。

2. 场地标记

比赛场地必须为长方形并且用线来标明,这些线作为场内各个区域的边界线应包含在各个区域之内。

两条较长的边界线叫边线,两条较短的线叫球门线。

比赛场地被中线划分为两个半场,中线与两条边线中间相连。在场地中线的中点处做一个中心标记,以距中心标记 9.15 米为半径画一个圆圈。

在比赛场地外,距角球弧 9.15 米且垂直于球门线和边线处做标记,以保证在踢角球时,守方队员在那个区域能遵守规定的距离。

3. 球门区

从距每个球门柱内侧 5.5 米处,画两条垂直于球门线的线。这些线伸向比赛场地内 5.5 米,并与一条平行于球门线的线连接。这些线和球门线组成的区

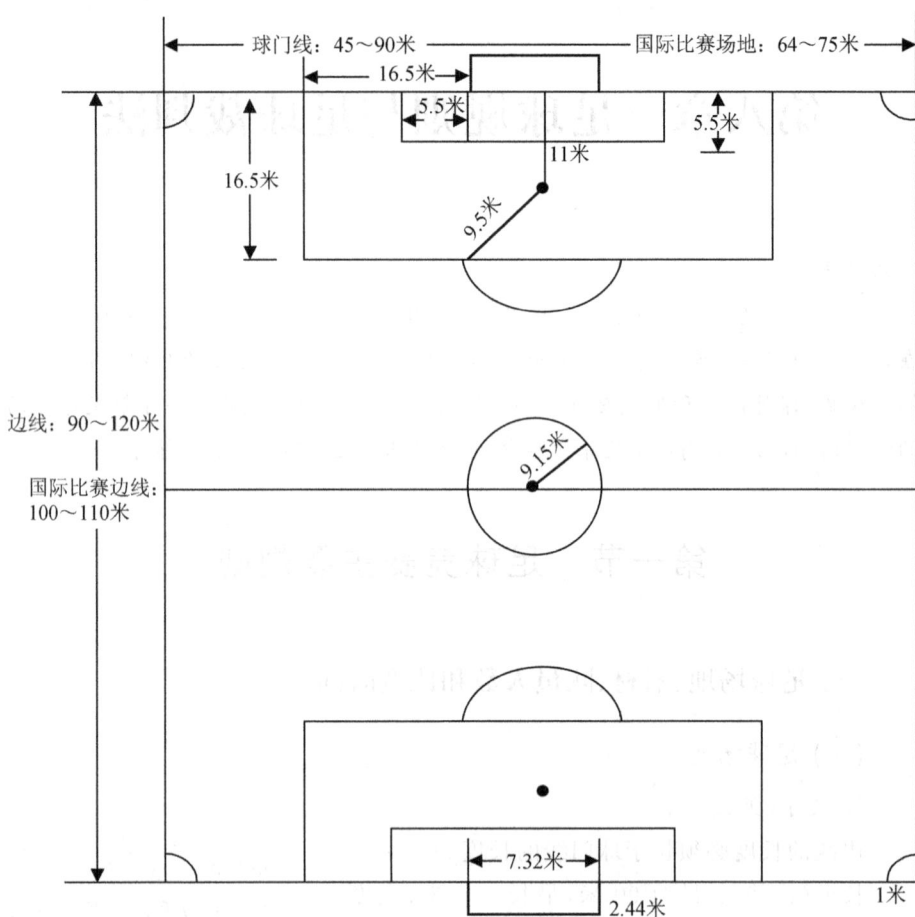

图 8-1　足球场地示意

域范围是球门区。

4.罚球区

从距每个球门柱内侧 16.5 米处,画两条垂直于球门线的线。这些线伸向比赛场地内 16.5 米,与一条平行于球门线的线连接。由这些线和球门线组成的区域范围是罚球区。在每个罚球区内距球门柱之间等距离的中点 11 米处设置一个罚球点。在罚球区外,以距每个罚球点 9.15 米为半径画一段弧。

5.角球弧

在比赛场地内,以距每个角旗杆 1 米为半径画一个 1/4 圆。

(二)器材

1.球门

球门由两根距角旗杆等距离的垂直柱子和连接其顶部的水平横梁组成。球门柱和横梁必须用木材、金属或其他被批准的材料制成。其形状必须是正方形、长方形、圆形或椭圆形,并不得对队员构成危害。

两根柱子之间的距离是 7.32 米,从横梁的下沿至地面的距离是 2.44 米。

两根球门柱和横梁具有不超过 12 厘米的相同的宽度和厚度。球门线与球门柱和横梁的宽度是相同的。球门线可以系在球门及球门后面的地上，并要适当地撑起以不影响守门员活动范围。

球门柱和横梁必须是白色的。

如果横梁移位或折断，应停止比赛直至修好复位。如果不可能修复，比赛必须中止。不允许用绳子替代横梁。如果横梁可以修复，应在比赛停止时球所在地点以坠球方式重新开始比赛。除非在球门区内裁判员将比赛停止，否则裁判员应在与球门线平行的球门区线上，在比赛停止时距球最近的位置坠球。

2. 旗杆

（1）角旗杆

在场地每个角上各竖一根不低于 1.5 米的平顶旗杆，上系小旗一面。

（2）中线旗

在中线的两端、边线以外不少于 1 米处，也可以放置旗杆。

3. 球

足球应具备以下特征。

（1）圆形。

（2）用皮革或其他适当的材料制成。

（3）圆周不长于 70 厘米，不短于 68 厘米。

（4）重量在比赛开始时不多于 450 克，不少于 410 克。

（5）压力在海平面上等于 0.6～1.1 个大气压。

> **小知识**
>
> 5 号球为成人 11 人制用球，而 5 人制足球的用球为 4 号球，如果开展幼儿足球活动，建议使用更小的 3 号足球。

（三）队员人数

一场两队参加的比赛，每对上场队员不得多于 11 人，其中必须有一名守门员。如果一队少于 7 人则比赛不能开始。

竞赛规程规定，在开球前，每队上场的队员和替补队员以及在赛前不足 11 名队员的队必须确定报名，只有在赛前上场名单中报名的队员在随后到达赛场后才有资格参加比赛。

无论何种原因，如果某队因为 1 名或多名队员故意离开比赛场地而少于 7 人，裁判员不应该立即停止比赛。可按有利原则掌握，如果一个队在场上不足 7 名队员，则球成为死球，裁判员决不可以重新开始比赛。

1. 正式比赛

在由国际足联、洲际联合会或国家足球协会主办的正式比赛中，每场比赛最多可以使用 3 名替补队员。竞赛规则应说明有几名替补队员被提名，从 3 名到 7 名，最多不超过 7 名。

2. 其他比赛增加替补队员的条件

如果双方关于替补队员人数达成一致意见，应在比赛前通知裁判员。如果

比赛开始前未通知裁判员,或双方未达成一致意见,替补队员人数则不超过
6名。

3. 替补队员名单

在所有的比赛中,替补队员名单必须在比赛开始前交给裁判员。在赛前规
定的时间内,任何没有交给裁判员名单的球队,其替补队员不得参加比赛。

4. 替补程序

替补队员必须遵守以下规定:

(1) 替补前应先通知裁判员。

(2) 替补队员在被替补队员离场,并得到裁判员信号后方可进入比赛场地。

(3) 替补队员只能在比赛停止时从中线处进场。

(4) 替补队员进入比赛场地,即完成了替补程序。

(5) 从那时起,替补队员成为场上队员,而被替补队员不再是场上队员。

(6) 被替补下场的队员不得再次参加该场比赛。

(7) 所有替补队员无论上场与否,裁判员均有权对其行使职权。

5. 更换守门员

任何场上队员都可与守门员互换位置,具体规定如下:

(1) 互换位置前应先通知裁判员。

(2) 在比赛停止时互换位置。

6. 队员和替补队员被罚令出场

(1) 队员在开球前被罚令出场,只可以从被提名的替补队员中选一人替换。

(2) 凡被提名的替补队员被罚令出场,无论是在开球前或在比赛开始后,均
不得替换。

(四) 比赛时间

1. 比赛时间

比赛分为两个半场,每半场45分钟。经裁判员和双方同意的特殊情况除
外。任何改变时间的协议(如因光线不足每半场减少到40分钟)必须在比赛开
始之前制定,并要符合竞赛规程。

2. 中场休息

(1) 队员有中场休息的权利。

(2) 中场休息不得超过15分钟。

(3) 竞赛规程必须注明中场休息的时间。

(4) 只有经裁判员同意方可改变中场休息时间。

3. 允许补充的时间

在每半场比赛中损失的所有时间应予补足,损失的时间主要体现在以下一
些方面:

(1) 替换队员。

（2）对队员伤势的评估。

（3）将受伤队员移出比赛场地进行治疗。

（4）浪费的时间。

（5）任何其他时间。

比赛中有许多停顿是正常的（如掷界外球、球门球等）。当这些停顿延误的时间较长时才允许补时。

第四官员在每半场结束前最后一分钟显示由裁判员决定的最少补时时间。公布的补时时间不是比赛实际应该补足的时间。如果裁判员认为需要，可以增加时间，但绝不能减少时间。

补充消耗时间的多少由裁判员酌情决定。裁判员不得因上半时计时出错而在下半时增加或减少时间。

4. 罚球点球

如果执行罚球点球或重新执行罚球点球，每半场结束时间可延长至罚球点球结束。

5. 终止的比赛

除竞赛规程另有规定外，中止的比赛应重新执行。

二、越位

（一）越位位置

队员处于越位位置本身并不是犯规。

1. 队员处于越位位置

队员比球和对方最后第二名队员更接近对方球门线。对攻方队员"更接近对方球门线"的定义为，头、躯干和脚的任何部分比球和对方最后第二名队员更接近球门线，手臂不包含在内。

2. 队员不处于越位位置

（1）他在本方半场内。

（2）他齐平于最后第二名对方队员。

（3）他齐平于最后两名对方队员。

（二）犯规

处于越位位置的队员，在同队队员踢或触及球的一瞬间，裁判员认为其处于下列情况时才被判为越位犯规。

1. 干扰比赛

这是指参与传递或触到同队队员传来或触到的球。

2. 干扰对方队员

这是指队员通过明显地阻挡对方视线，或移动或做出裁判员认为有可能欺骗及干扰对方队员的姿势或移动，以达到阻止对方争抢球或可能争抢的目的。

3. 利用越位位置获得利益

这是指队员在越位位置接到从球门横梁或立柱反弹回来的球,或在越位位置接到从对方队员身上反弹回来的球。

(三)没有犯规

队员直接从下列情况下接到球,则没有越位犯规。

1. 球门球

接到球门球不算越位。

2. 掷界外球

掷界外球不算越位。

3. 直接角球

直接角球旋向球门不存在越门;角球直接传中,发出后进攻球员接球后直接攻门不存在越位。

(四)违规与判罚

对于任何越位位置的犯规,裁判员应判给对方在犯规发生地点踢间接任意球。

就越位而言,任何防守队员无论何种原因未经裁判员允许离开比赛场地,应视其为处在本方球门线或边线上直到比赛停止。如果队员故意离开比赛场地,当比赛停止时,裁判员必须警告故意离场的队员。

三、犯规要素与任意球

(一)犯规的基本要素

下列应视为犯规行为的必备条件。

(1)必须是由场上队员所为。

(2)必须在比赛场地内。

(3)必须是在比赛进行中。

比赛中,如果裁判员因发生在场外的情况停止比赛,必须以坠球形式,在比赛停止时球所处的位置重新开始比赛。除非球在罚球区内,裁判员将比赛停止,否则裁判员应在与球门线平行的球门区线上,在比赛停止时距球最近的位置坠球。

(二)草率地、鲁莽地或使用过分的力量

"草率地"表示对于在争抢时没有什么预防措施,缺少注意力或考虑。如果认定为"草率地"行为,不必给予纪律处罚。

"鲁莽地"表示对于自己的行为完全不顾及对方的危险,或者因他的行为所带来的危险性结果。如果队员以这种方式对待比赛必须给予警告。

"使用过分的力量"表示队员使用完全不需要的、过分的力量进行争抢或比赛,并且使对方有被伤害的危险。队员如有使用过分的力量必须被罚出场地。

(三) 直接任意球

1. 违反以下七种犯规判直接任意球

裁判员认为,如果队员草率地、鲁莽地或使用过分的力量违反下列七种犯规中的任何一种,将判给对方踢直接任意球。

小知识
一般在足球比赛中对侵人以及与比赛无关的干扰行为,应判罚直接任意球。

(1) 踢或企图踢对方队员。

(2) 绊摔或企图绊摔对方队员。

(3) 跳向对方队员。

(4) 冲撞对方队员。

(5) 打或企图打对方队员。

(6) 推对方队员。

(7) 拦截对方队员。

2. 违反以下三种犯规判对方直接任意球

如果队员违反下列三种犯规中的任何一种,也判给对方踢直接任意球。

(1) 拉扯对方队员。

(2) 向对方队员吐唾沫。

(3) 故意手球(守门员在本方罚球区内不受限制)。

3. 直接任意球判罚地点

在犯规发生地点踢直接任意球。

4. 球进门的判分

(1) 如果直接任意球直接踢入对方球门,判为得分。

(2) 如果直接任意球直接踢入本方球门,判给对方踢角球。

(四) 罚球点球

在比赛进行中无论球在什么位置,如果队员在本方罚球区内违反了上述10种犯规中的任何一种,应被判罚球点球。

(五) 间接任意球

1. 如果守门员在本方罚球区内违反下列4种犯规中的任何一种,将判给对方踢间接任意球

小知识
一般在足球比赛中由于技术动作不规范,以及没有按比赛规则要求做,则给判罚间接任意球。

(1) 用手控制球后到再发出球之前持球超过6秒。

(2) 在发出球之后未经其他队员触及,再次用手触球。

(3) 用手触及同队队员故意踢给他的球。

(4) 用手触及同队队员直接掷入的界外球。

2.裁判员认为队员在出现下列情况时,也将判给对方踢间接任意球

(1)以危险方式比赛。

(2)阻碍对方队员行进。

(3)阻挡对方守门员从手中发球。

(4)因规则第十二章未提及的任何其他犯规而停止比赛,对队员进行警告或罚令出场。

3.间接任意球判罚地点

在犯规发生地点踢间接任意球。

4.信号

当裁判员判间接任意球时,应单臂上举过头,并保持这种姿势直到球踢出后被其他队员触及或死球时为止。

5.球进门的判分

(1)只有当球进门前触及另一名队员才可得分。

(2)如果间接任意球踢入对方球门,判为球门球。

(3)如果间接任意球踢入本方球门,判给对方踢角球。

(六)冲撞对方

合理冲撞的行为是双方距离球在合理范围内,用身体接触(不能使用手臂和肘部)争取得到合理的位置。

下列方式为冲撞对方犯规。

(1)用草率的方式。

(2)用鲁莽的方式。

(3)使用过分的力量。

(七)拉扯对方

拉扯对方包括用手、手臂及身体阻止对方移动或转动。裁判员要及时干预和严格处理拉扯犯规,特别是在踢角球和任意球时在罚球区内的拉扯现象。

对待拉扯现象的处理方式有以下几种。

(1)裁判员在比赛重新开始前必须口头警示任何拉扯对方的队员。

(2)在比赛重新开始前,如果有继续拉扯对方的队员,要给予警告。

(3)一旦比赛重新开始,有拉扯行为的队员应被警告并判罚直接任意球或是罚球点球。

(4)如果有一名守方队员从罚球区外拉扯对方直至罚球区内,裁判员必须判罚球点球。

(八)手球

手球包含了队员一种故意用手或臂部与球接触的行为。裁判员必须考虑下列因素。

(1)手向球的方向移动(不是球向手移动)。

（2）对方和球之间的距离（意外的球）。

（3）手的位置不意味着构成犯规。

（4）用手中的物品（衣物、护腿板等）触球被认定是违例。

（5）用手掷出的物品（球鞋、护腿板等）击球被认定是违例。

四、有利原则的掌握

在比赛进行中，如有违例或犯规发生，裁判员都可以运用有利原则。裁判员应考虑下列情况以决定是掌握有利原则还是将比赛停止。

1. 犯规的严重性

如果队员的犯规行为完全符合罚出场条款，且随后出现了对方将要进球的机会，裁判员必须停止比赛将犯规队员罚出场外。

2. 犯规时的地点

离对方球门越近，运用有利效果越好。

3. 当时出现的有效进攻机会

当被犯规队员或犯规队还存在或还有能力继续获得进攻机会和得分机会时，可视为具备了有利条件。

4. 当时比赛的气氛

裁判员掌握有利后，如果犯规行为符合警告条款，必须在随后比赛停止时执行。无论如何，除非出现明显的有利原则需要裁判员去掌握，否则裁判员应立即停止比赛警告犯规队员。如果在随后比赛的暂停时间内没有警告犯规队员，就不能再对犯规队员出示黄牌。

五、纪律处罚

纪律处罚主要有以下几种方式。

（1）黄牌表示警告场上队员、替补队员或被替补下场的队员。

（2）红牌表示某场上队员、替补队员或被替补下场队员被罚出场。

（3）只允许对场上队员、替补队员或被替补下场的队员出示红牌或黄牌。

（4）裁判员从进入比赛场地开始直到比赛结束离开场地前，均有权进行纪律制裁。

（5）队员无论是在比赛场内或场外，无论是直接对对方队员、同队队员、裁判员、助理裁判员或其他人犯有被警告或罚令出场的行为，都将根据犯规性质进行处罚。

（一）可警告的犯规

如果队员违反下列七种犯规中的任何一种，将被警告并被出示黄牌。

（1）犯有非体育行为。

（2）以语言或行动表示不满。

（3）持续违反规则。

（4）延误比赛重新开始。

（5）当以角球、任意球或掷界外球重新开始比赛时，不退出规定的距离。

（6）未得到裁判员许可进入或重新进入比赛场地。

（7）未得到裁判员许可故意离开比赛场地。

如果替补队员或者被替补下场的队员违反以上犯规中的前四种，也将被警告。

（二）罚令出场的犯规

如果队员违反下列七种犯规中的任何一种，将被罚令出场。

（1）严重犯规。

（2）暴力行为。

（3）向对方或其他任何人吐唾沫。

（4）故意用手球破坏对方的进球或明显的进球得分机会（不包括守门员在本方罚球区内）。

（5）用可能被判为任意球或球点球的犯规，破坏对方向本方球门移动着的明显的进球得分机会。

（6）使用有攻击性的、侮辱的或辱骂性的语言和（或）动作。

（7）在同一场比赛中得到第二次警告。

被罚令出场的队员、替补队员或被替补下场的队员必须立即离开比赛场地附近及技术区域。

（三）对非体育行为的队员给予警告

当一名队员因非体育行为必须被警告时有多种不同的情况，主要体现在以下几个方面。

（1）违反了"以鲁莽的方式进行比赛"这一条款，应被判罚直接任意球的7种犯规之一。

（2）为达到战术目的而干扰或破坏对方的有利进攻。

（3）为达到战术目的而拉扯对方队员，将对方队员从球旁拽到一边或阻止对方队员得到球。

（4）用手球阻止对方队员得到球或阻止对方进攻（守门员在本方罚球区内除外）。

（5）用手击球试图得分（不管是否得分）。

（6）用假装受伤试图欺骗裁判员或假装被对方犯规（假摔）。

（7）比赛中与守门员互换位置或未经裁判员同意下互换位置。

（8）表现出一种对比赛不尊重的行为。

（9）在得到裁判员允许离开场地前还踢球。

（10）在比赛中或在重新开始比赛时用语言干扰对方队员。

（11）未经允许在场地内做标记。

（12）比赛中，队员故意施诡计，用头、胸或膝盖等部位传球给本队守门员以逃避相关处罚条款，无论守门员是否用手触球，该队员行为是企图利用规则的模糊地带而造成的犯规。裁判员应以间接任意球重新开始比赛。

（13）队员踢任意球故意施诡计传球给本队守门员以逃避相关处罚条款，裁判员警告该队员后，必须判罚重踢任意球。

（六）阻止进球或明显进球得分机会

有两种罚出场的犯规涉及阻止对方明显的进球机会，这种犯规不需要发生在罚球区内才罚队员出场（有时队员犯规发生在罚球区外）。如裁判员在明显的进球得分机会过程中运用有利原则，而球进入球门之前尽管队员有手球或对对方的犯规，也不能将其罚出场，但仍可对其进行警告。

（七）欢庆进球

进球后，允许队员有欢庆的表现，但这一行为绝不能过分。当表演自编舞蹈浪费过多的时间则不值得鼓励，裁判员对类似情况应予以干涉。

（八）延误比赛重新开始

裁判员对采用战术行为延误比赛的队员必须予以警告，主要体现在以下几方面。

（1）在错误地点踢任意球，其目的是想迫使裁判员判罚重踢任意球。

（2）看着像要掷界外球，但又突然将球留给了同队队员去掷该球。

（3）裁判员停止比赛时，将球踢走或用手将球拿走。

（4）过分地延误掷界外球或踢任意球时间。

（5）被替换下场时拖延时间。

（6）裁判员停止比赛后，队员故意触球而引发冲突。

第二节　足球裁判方法简介

足球规则赋予裁判权力来执法比赛，裁判员、助理裁判员通过各种方法将规则运用到比赛中，通过各种手段将规则精神传达给队员，这就是裁判法。

一、裁判员装备及哨声

（一）裁判员的装备

裁判员要有几件不同颜色的上衣、短裤、足球袜、足球鞋，以及胸徽、口哨（备用哨）、笔、记录本、红牌和黄牌、手表（备用秒表）、挑边器、手旗等。

（二）哨声

1. 哨声使用场合

比赛中裁判员在比赛开始、比赛时间终了、判某队胜一球、执行罚点球、发生犯规或其他情况而暂停比赛时，必须鸣哨。

2. 哨声的信号

哨声是裁判员控制比赛的信号，是比赛行为的命令。

（1）比赛开始：一声洪亮长声。

（2）一般犯规：短促有力。

（3）严重犯规：声音有力洪亮，有爆发力。

（4）胜一球：长音洪亮，带有拖音。

（5）比赛结束：一短一长或两短一长。

（6）制止有可能引发的纠纷的行为：连续短声。

二、裁判员的手势与助理裁判员的旗示

（一）裁判员的手势

裁判员鸣哨判罚后，手势要及时、准确、大方，防止手势不明确或过分模仿队员犯规动作的情况。

1. 直接任意球

单臂前平举或侧平举，指向罚球方向（见图8-2）。

2. 间接任意球

单臂上举，掌心向前，直至球踢出后触及场上其他队员身体或球出界，才放下手臂（见图8-3）。

3. 有利而不判罚，继续比赛

两臂张开向前挥摆（见图8-4）。

4. 警告或罚令出场

一手持牌直臂上举，面向被处分队员，有短暂时间的停顿（见图8-5）。

图 8-2　直接任意球手势

图 8-3　间接任意球手势　图 8-4　有利而不判罚手势　图 8-5　警告或罚令出场手势

5. 球门球

单臂前平举或侧平举,掌心向下,指向球门区。

6. 角球

单臂斜上举约 60 度,指向执行角球的角球弧。

7. 界外球

单臂指向掷球队员进攻方向。

8. 罚球点球

单臂指向执行罚球点球的罚球点。

(二) 助理裁判员的旗示

旗示是助理裁判员对场上发生情况进行某种判罚并且与裁判员联系的信号。

1. 界外球

单臂执旗斜上举约 45 度,指示掷球方向(见图 8-7)。

图 8-7　界外球手势

2. 越位

先单臂执旗上举,待裁判员鸣哨判罚后,再呈斜上举(远端越位)、前平举(中路越位)或斜下举(近端越位)(见图 8-8)。

图 8-8　越位(上举、远端、中路、近端)手势

3. 队员替补(换人)

待死球时,双手持旗杆两端平举过头,将旗在头上展开(见图 8-9)。

4. 球门球

单臂执旗前平举,指向球门区(见图 8-8 中路旗示)。

5. 角球

单臂执旗呈 45 度斜下举,指向近侧角球区,同时向球门线跑动(见图 8-10)。

图 8-9　换人手势　　　　　　　图 8-10　角球手势

6. 犯规

单臂执旗上举,直臂左右摇动,待裁判员看到旗示并令比赛暂停后,再下落至斜上举,指向罚球方向(见图 8-8 中上举旗示)。

三、裁判员与助理裁判员的跑动与配合

(一)裁判员的跑动方法

比赛中裁判员应始终将球和一位助理裁判员放在自己的视野范围内,既要观察双方争夺球,也要兼顾助理裁判员的信号。裁判员的跑动路线,在遵循对角线的原则下(见图 8-11),进行"S"形跑(见图 8-12),并及时跟踪球跑。在跑动技巧上有前进、后退、侧滑、慢跑、冲刺等。

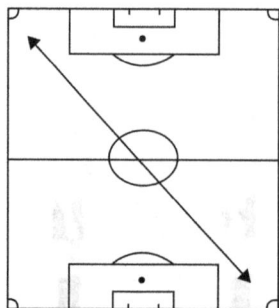

图 8-11　对角线原则　　　　　　图 8-12　"S"形跑路

(二)裁判员的跑位要点

1. 判距恰当

裁判员应以球为中心,当双方队员短兵相接时,力求保持在球的左侧后方

10～15 米距离。

2.速度快

成死球或球在运行中,正是裁判员跟进选位的时机,要做到反应快、起动快、跑速快。

3.选好角度

侧面是裁判员观察双方队员动作的有利位置,要避免与队员重叠站位,以免视线被挡。观察角度比判距更为重要,当双方身体发生接触时,更要抓观察角度。

4.人球兼顾

裁判员首先应注意球已经被谁或可能被谁先得到,重点注意对方队员的争抢行动,同时又要将巡边员活动置于自己视野内。在重点观察有球区的情况下,抽空扫视无球区队员的活动,以及记录台、运动员座席的情况。

5.静中观察

双方队员争抢时,裁判员应处于相对静止状态,侧身观察,切忌在快速跑动中去观察。

(三)助理裁判员的跑动方法

比赛中,助理裁判员要始终保持与倒数第二名防守队员平行的位置,根据比赛中球的发展而采取后退、侧滑、冲刺等方法。

(四)裁判员与助理裁判员的配合方法

1.赛前准备

裁判员、助理裁判员和第四官员共四人赛前要开好准备会,检查场地、器材,收集上场队员名单,检查队员装备(服装颜色、号码、护腿板、护袜、鞋钉、佩带物、指甲、女队员的发夹等),四人同时出席挑边等工作。

2.开球

裁判员位于开球队一方中圈左侧外沿或开球队员左侧 5～6 米处,助理裁判员则在位于每队倒数第二个防守队员平行处看越位。

3.球门球

裁判员处于中线附近,助理裁判员则在罚球区平行处看是否踢出该区。

> 小知识
>
> 当球出界明确时,裁判员不一定每次鸣哨,而助理裁判员必须旗示;越位须由助理裁判旗示和裁定,并由裁判员执行判罚。

4.角球

裁判员在罚球区线的左侧区域选择自己便于观察的位置,助理裁判员在角旗后看球是否出球门线。

5.掷界外球

裁判员重点注意上肢违例。助理裁判员看下肢犯规为主。

6. 罚球点球

裁判员在守门员与罚球队员之间左侧罚球区内,助理裁判员则在球门线上看球是否进门,以及守门员是否提前移动。

7. 越位

在传球进攻时,裁判员要注意看旗。如有越位犯规,助理裁判员应在越位平行线处原地不动举旗示意,如有漏旗而进球,应待裁判员鸣哨后再举旗示意区域的远近。

8. 任意球

(1)前场任意球

裁判员位于进攻一方左侧便于观察犯规,并能与助理裁判员保持联系。助理裁判员则在倒数第二个防守队员平行的位置上。如助理裁判员到球门线协助裁判员看是否进球,则裁判员看越位。

(2)中后场任意球

裁判员位于左侧前方球可能的落点附近看球是否合理发出,看犯规等。助理裁判员到倒数第二名防守队员平行处看越位。

9. 球出界

如球出界,靠近裁判员的以裁判员为主判罚,靠近助理裁判员的以助理裁判员为主判罚。

10. 球进门

(1)无争议时,助理裁判员沿边线跑向中线,裁判员鸣进球哨。

(2)进球不明显的,裁判员要注意与球门线平行的助理裁判员的旗示,如裁判员鸣进球哨,助理裁判员上举旗示意并向中线处跑一段距离。必要时,裁判员应征询助理裁判员的意见后再做出判决。

11. 协作区

在此区内背对裁判员的犯规,以助理裁判员为主,先上举旗,鸣哨后再指向发球方向。

12. 比赛时间

每半场开球和最后 3 分钟,裁判员应与助理裁判员及第四官员互相提示。

13. 突发事件

(1)出现围攻裁判员或助理裁判员时,另外两人应尽快到出事地点,帮助解围。并记住带头闹事者和参与者的号码。

(2)出现红牌,第四官员以及第一助理裁判员负责管理被罚出场的队员,令其退出赛场及替补席。

14. 换人

两个助理裁判员在死球时举旗示意,裁判员鸣哨后,第一助理裁判员应在中线附近,协助第四官员换人。

15. 赛后

同入场一样,三人到中圈处全体列队同时整齐退场。

(五)裁判组准备会内容

分析比赛双方的积分、打法、整体实力,对双方重点的球员有所了解,主裁与边裁、第四官员需交流比赛双方的信息。

1. 比赛要点

(1)抓住重点区域的判罚。

(2)判进球一定要干净。

(3)黄牌和红牌出示合理。

(4)四位一体,团结合作。

2. 主裁和边裁的配合

(1)球门线的配合(助理近端的边裁要快,助理远端的边裁要慢一些)。

(2)越位的配合(100%依靠助理裁判)。特殊情况:① 犯规主裁掌握有利后的越位举起但不要给方向;② 助理裁判看不清谁最后触球的越位,主裁看清要压旗。

(3)掷界外球的配合(助理只需要看球员的脚是否进场)。

(4)助理协助犯规(要适合主裁的尺度:是否存在有利发生;全场有没有协助区域之分;场上气氛紧张时的处理;左手示意攻方犯规,右手示意守方犯规)。

(5)罚球区附近的任意球(助理裁判首先看是否有越位,再看球是否进门)。

(6)球是否进门的配合(助理裁判必须先到位,球未进门或进门无效要给出手势)。

(7)主裁掌握有利后,助理裁判或者第四官员应记一下犯规的队员。

(8)助理裁判要及时掌握主裁身后的犯规和情况(及时处理,避免事件升级)。

(9)助理裁判记录黄牌和红牌的时间及重大失误时应及时提醒主裁。

(10)出现严重判罚错误及重大失误时助理裁判要提醒主裁。

(11)罚点球的配合(比赛时间内助理裁判看守门员是否提前移动和球是否越过球门线;若有点球决胜时助理裁判只看球是否越过球门线)。

第三节 小场地比赛介绍

一、7 人制足球

(一)场地

1. 场地规格(见图 8-13)

长度:60～65 米,宽度:40～45 米。所有线宽 10 厘米。

2. 球门

门柱直径 10 厘米，两立柱内缘间距 5 米，横柱下缘与地面间距 2 米。必须牢固地固定在地面上。

3. 罚球区

在从每个球门柱内侧沿球门线向边线 10 米处，画两条垂直于球门线的线。这些线伸向比赛场地内 10 米，与一条平行于球门线的线相连接。由这些线和球门线组成的区域范围是罚球区。

4. 球门区

从每个球门柱内侧沿球门线向边线 4 米处，画两条垂直于球门线的线。这些线伸向比赛场地内 4 米，与一条平行于球门线的线相连接。由这些线和球门线组成的区域范围是球门区。

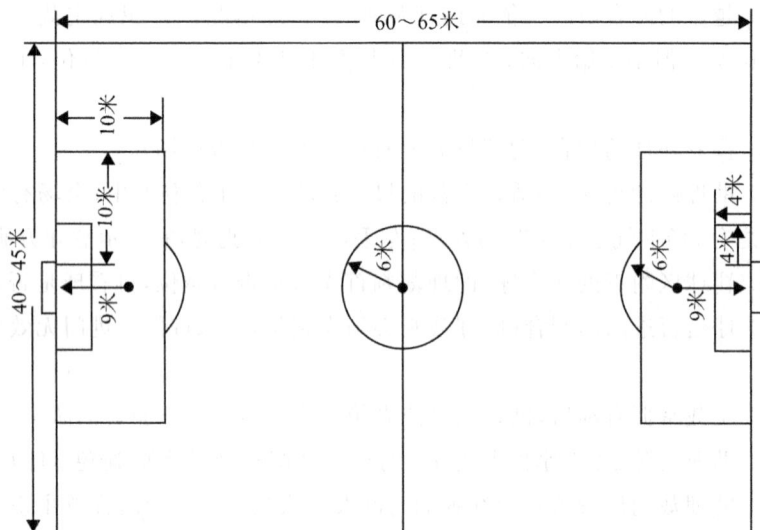

图 8-13　7 人制足球场地示意

5. 罚球点

在每个罚球区内，距两球门柱之间等距离的中点 9 米处设置一个罚球点。

6. 罚球弧

以每个罚球点为圆点，以 6 米为半径在罚球区外画一段弧。

7. 角球弧

以每个角旗杆插点为圆心，以 0.8 米为半径在场地内画一个四分之一圆。

（二）队员人数

两队参加比赛，每队上场队员不得多于 7 人，其中 1 人为守门员。比赛场上如少于 4 人，则比赛就不能继续进行。

（三）队员装备

队员装备规则同 11 人制比赛规则。

（四）比赛时间

1. 比赛时间

比赛时间分为两个 30 分钟相等的半场。每半场比赛因各种原因损失的所有时间应被扣除。在每半场比赛结束时，如因执行罚点球，应允许延长时间执行罚完点球为止。

2. 休息时间

上下半场之间的休息时间不得超过 15 分钟。

（五）犯规与不正当行为

犯规与不正当行为罚球点球规则同 11 人制比赛规则。

（六）任意球

任意球有直接任意球和间接任意球两种，直接任意球直接入门得分，间接任意球直接入门不得分，除非球入门前碰到对方或本方队员进门才可算得分。

罚球程序分为以下几个步骤。

（1）将球放定在犯规地点。

（2）对方队员距球至少 6 米。

（3）球被触动后即算比赛开始。

（七）纪律及处罚条例

7 人制足球比赛纪律及处罚条件主要有以下几条。

（1）比赛中发生打架或对裁判、对方球员恐吓的球员或领队，按情节严重给予处罚，严重者取消赛会比赛资格。球员个别打架，立即被出示红牌。双方球员打群架，比赛应立即结束，本场比赛无成绩，各记零分。

（2）比赛中，如对裁判执法不满，可在赛后及时照会仲裁委员会按程序进行申诉，切不可做出不理智行为。

（3）领红牌或同场两张黄牌者须自动停赛一场。

（4）球队要在比赛前 60 分钟到场，球队负责人在比赛前 30 分钟要将参赛证交由当值裁判核对。

（5）赛会有权保留修订赛例权利，不另行通知。

（6）参加球队及领队负责人对以上规定在赛前需承诺一切责任。

二、5 人制足球

（一）比赛场地

5 人制比赛场地及有关区域如图 8-14 所示。

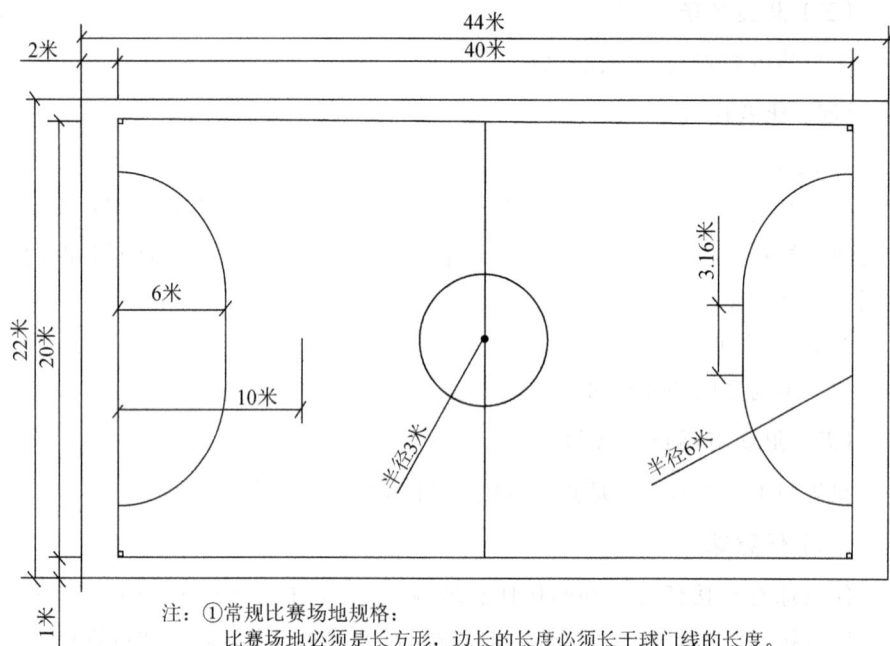

图 8-14　5 人制足球比赛场地示意

注：①常规比赛场地规格：
　比赛场地必须是长方形，边长的长度必须长于球门线的长度。
　长度：25～42米；宽度：15～25米
②国际比赛场地规格：
　长度：38～42米；宽度：18～22米

（二）球

5 人制足球比赛用球有以下几个特点。

（1）球为 4 号，圆形。

（2）用皮革或其他适当的材料制成。

（3）圆周不短于 62 厘米，不长于 64 厘米。

（4）重量在比赛开始时不少于 400 克，不多于 440 克。

5 海平面气压为 0.4～0.6 个大气压力（400～600 克/平方厘米），弹性比 5 号球低一点。

（三）队员人数

1. 参赛队员人数

比赛由两队参加，每队上场队员不得多于 5 名，其中一名为守门员。

2. 比赛中换人次数不限

替换下场的队员可以重新上场替补其他队员。队员可在比赛中或死球时随时进行替换，但要遵守如下规则。

（1）离场队员须由己方换人区离场。

（2）上场队员也须由己方换人区入场，且必须在离场队员完全跨出边线后方可入场。

（3）替补队员无论上场与否，裁判员均有权对其行使职权。

（4）替补队员踏入场地，即完成替补程序，从那时起，替补队员成为场上队员而被替补队员终止成为场上队员。

（5）守门员可与场上任何队员互换位置。

（四）队员装备

1. 球员必要的基本装备必须包括以下几个相互分离的部分

（1）运动衣或运动衫。

（2）短裤——如穿紧身内裤，必须与短裤的主色同一颜色。

（3）护袜。

（4）护腿板——被护袜全部包住，由适当的材料制成（橡胶、塑料或其他类似材料）。

（5）足球鞋——只允许鞋底由橡胶或类似材料，鞋面由帆布或软革、适合用于体育运动而制的专用足球鞋。

2. 守门员

（1）守门员可以穿长裤。

（2）守门员的服装颜色必须有别于其他队员和裁判员。

（3）如果场上队员替换了守门员，则要在该队员穿的守门员球衣背后标上原来的号码。

（五）主裁判员

主裁判员所作出的决定为最终判决。主裁判员和第二裁判员均有警告及罚令球员出场的权力，但当两人意见不一致时，以主裁判员的决定为准。

（六）第二裁判员

第二裁判员主要有以下职责。

（1）比赛时应委派一名第二裁判员，他与主裁判员隔着场地面对面执行任务。第二裁判员也可以使用哨子。

（2）第二裁判员按照竞赛规则协助主裁判员执法和控制比赛。

（3）第二裁判员同样有权力因队员违反规则而中止比赛，或保证换人时程序正确。

（七）计时员和第三裁判员

比赛时要委派一名计时员和一名第三裁判员。他们坐在换人区同侧并靠近中线的场外。计时员和第三裁判员应配备计时器，以及可以显示累计犯规次数的设备，这些设备应由比赛场地所属协会或俱乐部提供。

（八）比赛时间

1. 比赛用时

比赛分两个半场，每半场有效比赛时间 20 分钟。允许延长时间执行完罚球点球。

2. 暂停

每队在每半场可向计时员申请一次 1 分钟的暂停。申请暂停须遵守如下规定。

（1）球队官员均有权向计时员提出要求暂停 1 分钟。

（2）可随时要求暂停，但只有在本方控球时才给予执行。

（3）当比赛成死球时，计时员用不同于裁判员的哨音或其他声音信号示意暂停。

（4）暂停时，替补队员不得进入球场，换人应在暂停结束时进行。

（5）官员不能进入场地做指示。

（6）如某队上半场未要求暂停，则在下半场也只能要求一次暂停。

（九）比赛进行及死球

下列情况比赛成死球。

（1）当球的整体从空中或地面越过球门线或边线时。

（2）当比赛被裁判员停止时。

（3）当球击打到天花板或顶棚时。

在室内球场比赛时，如果球意外击中天花板，则由最后触球队员的对方队员，以踢界外球或掷球门球的方式恢复比赛。此界外球或掷球门球，应在距球触天花板垂直下方最近的边线或球门线处踢出或掷出。

（十）计胜方法

1. 普通计胜方法

比赛中进球数较多队为胜者。如两队进球数相等或均未进球，则比赛为平局。

2. 特殊情况计胜方法

如竞赛规程规定比赛必须分出胜负，或淘汰赛以平局结束时，只能采取下列方式决胜。

（1）客场进球数。

（2）加时赛。

（3）点球决胜。

（十一）犯规与不正当行为

1. 直接任意球

（1）如果裁判员认为，队员草率地、鲁莽地或使用过分的力量触犯下列六种犯规中的任何一种，将判给对方踢直接任意球。

① 踢或企图踢对方队员。

② 绊摔或企图绊摔对方队员。

③ 跳向对方队员。

④ 冲撞对方队员。

⑤ 打或企图打对方队员。

⑥ 推对方队员。

（2）如果队员违反下列任何犯规，也判给对方踢直接任意球。

① 拉扯对方队员。

② 向对方队员吐唾沫。

③ 当对方队员踢球或正欲踢球时，对其进行铲球（铲球拦截）。守门员在本方罚球区内除外，但不允许草率地、鲁莽地或使用过分的力量。

④ 故意手球（守门员在本方罚球区内除外）。

以上犯规都属于累计犯规之列，并判由对方在犯规地点踢直接任意球。犯规地点如在罚球区内，则判罚点球。

2. 间接任意球

（1）如守门员触犯如下犯规规定，判由对方踢间接任意球。

① 将球发出后，未越过中线或未经对方队员踢或触及再接得同队队员的回传球。

② 以手触及或控制同队队员故意踢给他的球。

② 用手触及或控制同队队员直接踢给他的界外球。

④ 在场内的任何区域（对方半场除外），用手或脚去触及或控制球超过4秒。

⑤ 在发出球之后未经其他队员触及，再次用手触球。

（2）如裁判员认为队员触犯了如下犯规规定，则也判由对方在犯规地点踢间接任意球。

① 动作具有危险性。

② 队员不去踢球而故意阻挡对方。

③ 阻止对方守门员把球从手中发出。

④ 违反规则第12章未提的任何其他犯规，裁判员因此需暂停比赛，对犯规队员进行警告或罚令出场。

上述犯规由对方在犯规地点踢间接任意球。犯规地点在罚球区内，则在距犯规地点最近的罚球区线上踢出。

3. 可警告的犯规

队员触犯下列犯规规定中的任何一种，将被警告并出示黄牌。

（1）犯有非体育道德行为。

（2）语言或行动表示异议。

（3）持续违反规则。

（4）延误比赛重新开始。

（5）以角球、踢界外球、任意球或掷球门球恢复比赛时，不退出规定的距离。

（6）未经裁判员许可而擅自入场或重新入场，或者违反其他换人规定。

（7）未经裁判员许可而擅自离场。

4. 罚令出场

队员触犯下列犯规中的任何一种,将被出示红牌罚令出场。

(1) 严重犯规。

(2) 暴力行为。

(3) 向对方或其他人吐唾沫。

(4) 故意手球破坏对方进球或明显的进球得分机会(不包括守门员在本方罚球区内)。

(5) 用犯规破坏对方向本方球门进攻的明显进球得分机会,这种犯规可判为任意球或罚点球。

(6) 使用无礼的、侮辱的或辱骂性的语言。

(7) 在同一场比赛中得到第二次警告。

5. 罚令出场后的队员替补规则

队员一旦被罚令出场,不得重新参加该场比赛,也不能坐在替补席上。该队可在队员被罚出场满 2 分钟后,经计时员允许,补充队员入场。如在这 2 分钟内,其中一队有进球,则可引用下列条款。

(1) 如场上是 5 人对 4 人,较多人数一队进球,则 4 人的一队可补足第 5 名队员。

(2) 场上是 4 人对 4 人,虽有进球,两队都不补充队员。

(3) 场上是 4 人对 3 人,或 4 人对 3 人,较多人数的一队进球,则只有 3 人的一队可补充一名队员。

(4) 场上是 3 人对 3 人,虽有进球,两队都不补充队员。

(5) 如场上较少人数的一队进球,则不补充队员。

(十二) 累计犯规

1. 累计犯规

(1) 累计犯规指规则中提到的应判罚直接任意球的犯规。

(2) 每个队在上下半场累积的前五次犯规应被记录在比赛总结报告中。

(3) 执行有利原则时发生的累计犯规,主裁判应在死球后用命令信号立即通知计时员和第三裁判。

2. 任意球的位置

(1) 任一队伍在每半场前五次累计犯规后:① 守方队可排人墙防守;② 所有守方队员至少须离球 5 米直至球踢出;③ 该任意球可以直接得分。

(2) 从任一队伍每半场的累计至第六次犯规起:① 守方队不可排人墙防守;② 须明确主罚任意球的队员;③ 守方队的守门员须留在己方罚球区内且至少距球 5 米;④ 其他队员应在假象平行线(即与球相齐且平行于球门线的一条假象直线)后边、罚球区外,且至少距球 5 米,不可阻挡主踢队员,在球未踢或触及前,不可越过假象平行线。

3. 程序(对累积六次犯规或更多次累计犯规)

(1) 任意球必须直接射门而不能传给其他队员。

(2) 任意球踢出后,只有球被守门员触及或从门柱、横梁弹回来以及球出界后,其他队员才可触球。

(3) 任意球不得在距离球门线不足 6 米处踢。如果队员在罚球区内触犯了判为间接任意球的犯规规则,则在距犯规地点最近的罚球区线上踢。

(4) 如队员获得己方的第六次累计的犯规,该犯规地点在对方半场或本方半场介于通过第二罚球点的假象平行线与中线之间的区域,那么该任意球在犯规方半场的第二罚球点踢出。

(5) 如犯规地点在犯规方半场球门线和通过第二罚球点的假象平行线之间区域,则对方可选择在犯规地点或第二罚球点踢任意球。

(6) 如比赛需进行加时赛,在下半场的累计犯规次数将在加时赛中继续有效。

(十三) 踢界外球

1. 球的位置

(1) 须放定在边线上。

(2) 可踢向场内任何方向。

2. 主踢队员

踢球时,任何一只脚的部分站在边线上或站在边线外的地上。

3. 防守方队员

在球踢出前,应至少距球 5 米外。

4. 程序

踢界外球的程序主要有以下几方面。

(1) 主踢队员控制球后须在 4 秒钟内将球踢出。

(2) 在球未触及其他队员前,该队员不能再触球。

(3) 球一经踢出或触动,比赛即为进行。

(十四) 掷球门球

掷球门球的规则主要有以下几个方面。

1. 由防守方守门员从罚球区内的任何一点将球掷出。

2. 对方队员应在罚球区外直至比赛进行。

3. 该守门员在其他队员触球前不得再触球。

4. 球一掷出罚球区,比赛即为进行。

三、3 人制足球

(一) 比赛场地(见图 8-15)

1. 3 人制足球比赛场地规格

3 人制小型足球比赛在规则上基本和 5 人制相同,但根据 3 人制比赛的特点,他们的比赛场地有很多不同之处。在 3 人制足球比赛中,比赛场地尺寸为长 24～28 米,而宽为 8～16 米。

2. 球门区

以球门线中点为圆心,以 1.5 米为半径画弧,与球门线交接点构成的半圆为球门区(球门区内攻守双方均不可触球,如守方触球则由攻方罚球点球,如攻方触球则由守方罚间接任意球)。

3. 球门

球门宽为 1.2 米,高为 0.8 米。

4. 罚球点

球场中线的中点为罚球点。

5. 中圈

以罚球点为圆心、以 3 米为半径的圆为中圈。

6. 换人区

在球场内有替补席的一方边线上,在距中线两端各 3 米处,各画一条长 80 厘米垂直边线的直线(场内场外各长 40 厘米)。替补队员时,被换出的球员须在各自边线的换人区域进出球场。

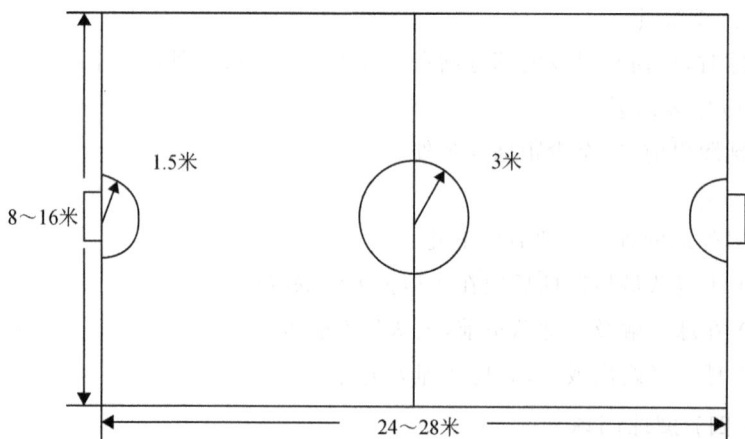

图 8-15　3 人制足球场地示意

(二) 球员人数

1. 比赛人数

每队出场队员 3 人(不设守门员)。场上比赛队员不得少于 2 名,否则比赛无效。

2. 队员替换与被罚令出场

(1) 队员被罚令出场,不得参加本场余下时间的比赛。

(2) 1 分钟后经裁判员同意,由另名一队员替补。

(3) 如果在 1 分钟内其中一队有球,则可引用以下条款执行。

① 如果场上是 3 人对 2 人,较多人数一队入球时,2 人一队可补足人数

比赛。

② 如两队同时为 2 人，入球后，两队都可补足队员。

③ 如果队员人数较少一方入球，则比赛继续，两队均不补队员。

分钟计算方法是比赛时间的 1 分钟，队员替补被罚出场的队员，时间一到即可进场而无须等待死球。

（三）比赛时间

比赛时间全场为 20 分钟，每半场 10 分钟，中场休息 5 分钟（每场比赛必须决出胜负）。

（四）比赛进行过程

1. 比赛开始

（1）比赛开始，掷币选择场地和开球权。裁判员鸣哨，开球方的一名队员将球踢回（即踢动放定在比赛场地中央的球）本方半场。球踢出前，双方队员必须在本方半场内，且开球队的对方队员必须离球至少 3 米。开球的队员在球未被其他队员踢或触及前，不得再次触球。

（2）开球不可以直接射门得分。

2. 比赛进行及死球

（1）当球的整体在地面或空中全部越过球门线时成为死球。

（2）当裁判员停止比赛时。

（五）犯规与不正当行为

1. 队员故意违反下列 7 项中的任何一项时，应由判罚对方踢直接任意球或点球

（1）踢或故意踢对方队员。

（2）绊摔对方队员（即在对方身前、身后，伸腿或屈体绊摔或企图绊摔对方）。

（3）跳向对方队员。

（4）猛烈地或带有危险性地冲撞对方队员。

（5）从背后冲撞对方队员。

（6）打或企图打对方队员或向对方队员吐痰。

（7）使用污言秽语或进行辱骂，不服从裁判判罚的。

2. 若队员故意触及下列各项中的任何一项者，应由对方在犯规地点踢间接任意球

（1）裁判员认为其动作危险。

（2）队员不去踢球而故意阻挡对方。

3. 下列情况，队员应被警告

（1）进行"机动替补"时，替补队员在被替补队员还未完全离场时就进入场地或未从规定位置进入场地。

（2）连续违反规则。

（3）用言语或行为对裁判员的判决表示不满。

（4）有不正当行为。

（5）拉对方队员。

（6）推对方队员。

（7）故意将球大力踢向对方球员。

（8）当对方队员正踢球或正欲踢球时，倒地铲球。

（9）用手触球，即用手或臂部携带、击或推球。

（六）以互踢点球决胜的规定

若比赛成平局，需以互踢点球的方式决出胜负（取代平局抽签）时，应按下列规定执行。

（1）裁判员选定一个球门进行罚球点球。

（2）裁判员以掷币方式决定何队先踢。

（3）两队由场上3名队员轮流踢3个球。如果场上不足3人可由替补队员补足。

（4）如果两队踢完3个球后，双方进球数相同，则应按相同顺序继续踢点球，直至双方踢球次数相等（不一定须再踢3个球），而一队比另一队多进一球时为止。

（5）比赛中被罚出场的队员不得参加踢点球。

（6）以互踢球点球决胜负时，所有队员都应集中停留在非踢点球的半场。计时员负责管理这一半场及在该半场的队员。

（7）点球是在被犯规方禁区线中点，由被犯规方罚球队员，射向犯规方球门。

思考题

1. 说出足球场上四线、三区、一圈、一弧、一门的划分及其作用。

2. 对处于越位位置上的队员是否判越位？为什么？

3. 何种情况下判罚直接任意球或间接任意球？简述两类判罚的区别。

4. 小场地足球比赛与11人制足球比赛有何异同？

第九章　足球竞赛组织与编排

◎本章导读

　　足球竞赛既可以促进足球运动技战术水平的不断提高,又能够增添这项运动的魅力,以吸引更多同学积极参与足球运动。同时,激烈的足球比赛还能增强体质,陶冶情操,使同学们的身心素质得到全面地提高。本章从基层的足球运动竞赛工作的实际出发,介绍了竞赛的组织与编排,让同学了解有关竞赛组织工作方面的知识,便于因地制宜开展校园足球运动,以丰富校园文化生活。

第一节　足球竞赛概述

一、足球竞赛的概念

　　足球竞赛是指为了保障足球赛事的顺利进行,所展开的一系列为比赛服务的工作内容,包括比赛人员、赛程、场地、奖项、医疗、裁判、纪律等与比赛相关的事宜。

二、足球竞赛的性质和种类

(一)足球竞赛的性质

　　足球竞赛的性质可分为两类:职业足球竞赛和业余足球竞赛。职业足球竞赛如中国足协超级联赛、中国足协甲级联赛、中国足协乙级联赛等;业余足球竞赛如全国、各省市举办的成人、青少年、学生等参加的各种业余的或校园足球比赛等。

(二)足球竞赛的种类

　　足球竞赛的种类很多,它是根据不同的比赛任务和比赛目的来区分的。以我国为例,目前足球竞赛活动有以下几种:全国足球联赛、邀请赛、选拔赛、锦标赛(杯赛)、表演赛(友谊赛、商业比赛)、冠军赛等。

　　1. 全国足球联赛

　　目的是提高我国足球的竞技水平,创造出更好的社会效益和经济效益,同时根据比赛的成绩划分等级。每年举行的中国足球协会超级联赛(简称中超联赛)、中国足球协会甲级联赛(简称中甲联赛)和中国足球协会乙级联赛(简称中乙联赛)预赛都采用主客场制、双循环的竞赛方法。只是中乙联赛在决赛阶段采用集中赛制的方法进行。全年比赛结束后重新调整球队的级别,中超联赛后几名则降到中甲联赛,中甲联赛前几名升到中超联赛。中甲联赛的后几名降到中乙联赛,中乙联赛前几名升到中甲联赛,并且还可授予相应的运动员等级称号。

2. 邀请赛

近年来随着我国足球运动的发展,各级邀请赛比较多,既有国际足球邀请赛,也常有省、市之间邀请赛。这些邀请赛都是为了达到互相学习,增进友谊,共同提高的目的而举行。

3. 选拔赛

选拔赛目的是为选拔一支优秀队或选拔优秀运动员组成代表队参加某种比赛而举行的一类竞赛。

4. 锦标赛或杯赛

为了检阅足球运动水平,推动足球运动的开展和培养后备力量,主办单位对优胜队奖以锦旗或奖杯的比赛。如每四年举办一次的"世界杯"足球赛和我国每年一度的足协杯赛等。

5. 表演赛、友谊赛或商业比赛

这是为互相观摩学习,促进友谊和团结,宣传和普及足球运动,丰富群众的节假日文化生活,促进足球产业发展,产生经济效益等目的而进行的足球比赛。

6. 冠军赛

足球冠军赛是为争夺某种范围的冠军,授予该竞赛冠军称号的比赛。

足球竞赛种类很多,有的足球竞赛兼有以上多种赛事种类的作用,如有的比赛既是选拔赛又是冠军赛,有的比赛既是邀请赛又是商业比赛。此外,足球竞赛不限于这些,如足球协作区比赛等,有些还具有传统性。足球竞赛的种类还可以从参加者的年龄、职业、系统范围来区分。如各年龄级别的儿童、少年、青年足球赛,工人、农民、大学生、中小学生足球赛和军人足球赛等。另外,从足球比赛上场人数、方法上的不同,足球竞赛又有 11 人制、9 人制、8 人制、7 人制、5 人制、3 人制等足球赛。

第二节 足球竞赛组织

足球比赛的主办单位应根据竞赛工作计划和安排有秩序地进行工作。组织竞赛是一项比较复杂而细致的工作,涉及面广,它是决定竞赛能否顺利进行的关键,直接影响到竞赛任务的完成。竞赛组织工作可分为竞赛前准备工作、竞赛期间日常工作和竞赛结束后的后续工作。

小知识

竞赛组织就是竞赛管理机构,须遵循管理学的一般规律。当然足球竞赛面对比赛人数多、对抗激烈等还有其自身的特点。

一、竞赛前的准备工作

足球比赛主办单位应根据竞赛性质、规模的大小,召集各有关部门成立比赛的领导机构——组织委员会(简称组委会)。将比赛的组织方案、工作计划、组织机构等重要问题提交领导机构审定。

(一) 讨论和确定组织方案

根据上级单位的竞赛工作计划和竞赛的性质来确定组织方案,一般应包括以下内容。

1. 竞赛的名称、目的和任务

根据上级单位对比赛提出的任务和要求来确定。

2. 竞赛的规模

根据竞赛的目的来决定,主要内容应包括主办单位、承办单位,参加单位和运动员人数、竞赛地址和日期等。

3. 竞赛的组织机构

根据需要设立,内容包括竞赛的组织形式、工作人员的名额、组织委员会下设的主要工作部门及负责人名单等。

4. 竞赛的经费预算

应本着勤俭节约的原则,从实际需要来制定。内容包括比赛场地的修建(租借)、器材设备、奖品、交通、食宿、接待、医药、奖金、工作人员补贴金等项目的经费预算。

(二) 成立组织机构

组织机构的形式与规模要与竞赛规模相适应,根据工作需要来组建。全国性、地区性或行业系统内的竞赛,一般是由中国足协、省(市)体育局(足协)或行业体协(足协)主办。基层单位的竞赛则由有关部门负责人组成领导机构,设置主任(副主任)、秘书长(副秘书长)和委员等。下面介绍竞赛规模大小不同的两种组织形式。

1. 竞赛规模较大的组织形式(见图 9-1)

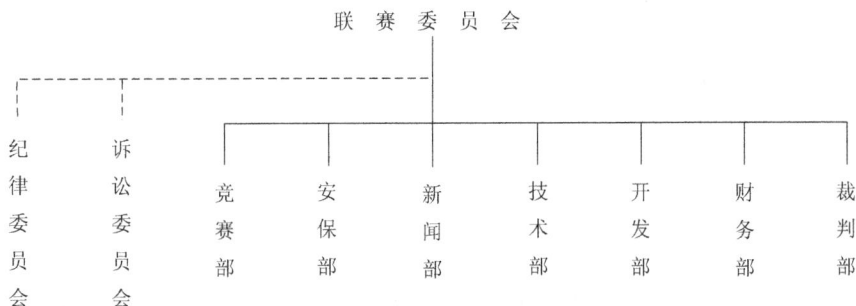

图 9-1　竞赛规模较大的组织形式

联赛委员会各部门负责人由秘书长提名报常委会批准,并由秘书长全面领导,联赛委员会及各部门具体职责,简述如下。

(1)联赛委员会

① 执行竞赛规程的各项规定。

② 编排联赛日程。

③ 执行规定的罚款,收取报名费。

④ 处理异议(诸如运动员参赛资格等)。

⑤ 处理抗议(诸如场地、接待等)。

⑥ 兴奋剂检查。

⑦ 替换退出比赛队。

⑧ 监督和检查商务合同和商务行为。

⑨ 更改比赛日期、地点、场地和开球时间。

⑩ 审核比赛用球、场地和设施标准。

⑪ 评选和宣布最佳赛区、公平竞争优胜队、最佳运动员和最佳射手。

(2)诉讼委员会

受理按规定对纪律委员会决定的书面上诉。

(3)纪律委员会

处理比赛过程中的任何违纪事件。

(4)竞赛部

负责报名、审查资格、颁发比赛许可证、印制秩序册、检查比赛场地、收集异议或抗议等文函,发送联赛委员会及各部门的决定及通知,组织赛区评选,下发成绩公告、红黄牌情况、停赛通知以及医疗救护等其他比赛日常事务。

(5)安保部

报批委员会的相关工作证件,指导协调赛区保卫工作。

(6)新闻部

管理联赛期间的各类新闻、宣传事宜。

(7)技术部

负责规划联赛期间的调研工作,编写印发比赛资料,撰写联赛技术报告,组织联赛公平竞争球队、最佳运动员、最佳射手等的评选。

(8)开发部

开发联赛的商务项目,落实赛区签署的有关协议,监督、指导各赛区经营开发和商务工作。

(9)财务部全面管理联赛财务工作,收取联赛中的各项罚款,汇总并检查赛区和俱乐部的各项财务报表。

(10)裁判部

负责联赛裁判员和裁判监督的提名,负责裁判报表和红黄牌的审核登记,并对裁判员违纪事件上报处理意见。

2. 竞赛规模较小的组织形式(见图9-2)

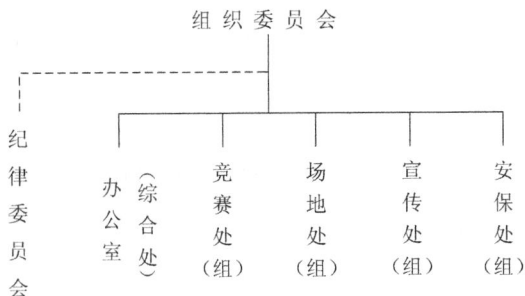

图 9-2　竞赛规模较小的组织形式

(1) 组织委员会

组织委员会领导大会的筹备、进行和总结工作。竞赛联系面较广,所以组织委员会成员应包括各有关方面的领导,便于解决竞赛各方面的工作问题。

① 掌握竞赛的指导思想。

② 研究和批准竞赛规程。

③ 研究和批准竞赛的工作计划。

④ 赛前听取筹备工作汇报,研究解决有关事宜。

⑤ 赛后批准大会总结或处理有关的问题。

(2) 办公室(综合处)

① 根据组委会的决议,组织配备各部门的工作人员。

② 拟定工作日程计划,主要内容有组织委员会会议,确定裁判员报到日期、筹备动员工作、开幕式和闭幕式、各代表队领队会议日期,组织学习报告或经验交流的时间,明确大会总结等工作时间。

③ 制定各种规章制度与须知(如作息时间、会议制度和大会须知等)。

④ 负责对外联络。

⑤ 召开有关会议,统一解决各处(组)之间的问题。

⑥ 编制经费预算等事宜。

⑦ 做好大会的物质准备工作,如交通、食宿、医药、文具及其他用品等的准备工作。

⑧ 大会的生活管理工作,及时召开各单位管理人员的会议,解决大会中有关生活方面的问题。

(3) 竞赛处(组)

① 筹备裁判工作,制定裁判员计划,包括人数、来源等。当裁判组到位后,在裁判长领导下展开裁判工作。

② 组织报名,编印秩序册等工作。秩序册一般包含如下内容:竞赛规程、比赛相关通知、赛事组委会及工作机构名单、裁判组名单、代表队名单、大会日程安排、比赛分组安排、球队训练安排、竞赛日程安排、成绩表及其他需要在秩

序册上体现的内容,比如报到地点、比赛地点的交通图等。

③ 召开有关会议,解决有关比赛的各种问题,赛前要召开裁判长、教练员联席会议。比赛期间根据需要可随时召开有关会议,解决比赛中出现的问题。

④ 安排各队日常训练,组织经验交流、座谈等。

⑤ 与裁判组一起确定每场比赛双方队员服装颜色。

⑥ 下发成绩公告、红黄牌情况及停赛通知以及医疗救护等其他比赛日常事务,最后排列出各队名次。

（4）场地处（组）

① 按规定准备场地和各种器材(包括场地设备、器材和裁判用具等)。

② 比赛期间场地设施、器材及相关用具的保管和维护。

（5）宣传处（组）

① 组织好大会的宣传报道工作。

② 组织通讯报道与编辑会刊。

③ 制定先进队和先进个人的评选条件和细则。

④ 组织学习和讨论。

⑤ 组织有关参观等活动。

（6）安保处（组）

负责报批组委会的相关工作证件,指导协调赛区保卫工作。

（三）制定竞赛规程

竞赛规程是竞赛组织者和参加者需要遵循的基本文件,也是竞赛工作的依据,竞赛规程是在竞赛前由主办单位制定,并提前发给有关单位便于做好准备工作,竞赛规程一般由以下内容组成。

① 竞赛的名称。

② 竞赛的目的任务。

③ 主办单位及承办单位。

④ 比赛日期和地点。

⑤ 参赛单位和各单位人数及参赛资格等。

⑥ 报名和报到日期。

⑦ 竞赛办法。

⑧ 采用的规则和用球。

⑨ 录取名次和奖励办法以及其他事宜。

⑩ 裁判员。

（四）制定工作计划

依据竞赛方案和竞赛规程规定的竞赛日期,各部门应根据自己的职责范围拟订出具体工作计划。有计划地做好赛前各项准备工作。办公室要定期检查各部门准备工作的落实情况。

（五）纪律委员会的工作

纪律委员会的职责是处理竞赛过程中所发生的违犯竞赛规程和竞赛规则的代表队及个别运动员、裁判员、领队、教练员和随队其他工作人员，采取警告、暂停或取消比赛资格或工作资格等纪律措施。纪律委员会做出处罚的参考的依据是《中国足球协会纪律准则及处罚办法》及比赛组织方或行业系统内的其他相关规定。

二、竞赛期间的工作

竞赛期间的工作主要有以下几方面。

（1）竞赛期间要不断对参赛单位和运动员进行思想教育，端正比赛态度，正确对待胜负，正确对待裁判员，正确对待观众，表扬先进队和先进运动员。

（2）大会有关成员应经常深入到球队中去，征求意见及时改进工作。竞赛组应每天维持场地竞赛秩序，及时发布当天成绩公告（成绩、红黄牌和停赛情况）。成绩公告范例见表9-1。

表 9-1　×××足球比赛成绩公告

轮次：

一、比赛成绩表

场　序	比赛队	比　分	胜　队

二、红、黄牌

1. 黄牌

2. 红牌

三、下轮停赛

大会竞赛处

年　月　日

（3）场地组应每天对比赛场地、器材和设备进行检查和管理，保证竞赛顺利进行。

（4）遇有特殊情况需要更改比赛日期、时间和场地时，竞赛组及时通知有关部门和比赛各队。

(5) 安保组应注意住宿和比赛场地安全和秩序。

(6) 大会各部门应经常与各队取得联系,听取意见改进工作。必要时召开领队、教练员、裁判长联席会议,及时处理和解决比赛中所发生的问题。

三、竞赛结束后的工作

竞赛结束后的主要工作有以下几方面。

1. 印制成绩册并下发给相关单位。成绩册一般包含如下内容:比赛名次及各种奖项结果、比赛成绩表、每轮成绩公告、红黄牌登记表、红黄牌统计表、运动队确认名单。

2. 各部门总结大会期间的工作。

3. 组织和举行闭幕式,作大会总结报告和颁发奖品。

4. 安排和办理各队离会的有关事宜。

5. 组织委员会向上级汇报工作情况。

第三节　足球竞赛制度与编排方法

竞赛制度是指竞赛活动中确定参赛队名次方法体系的总称。足球比赛中常用的有循环制、淘汰制和混合制三种。

根据比赛的目的、任务、要求,以及竞赛时间的长短,参加队数的多少和训练水平,比赛场地、人力、财力等因素来选择某种竞赛制度。

> **小知识**
>
> 本节介绍的赛制和编排,已包括几乎所有足球比赛中所采用的,当然,介绍内容也可用于其他大多数现代运动的比赛。

一、循环制

(一) 循环制概述

循环制可分为单循环、双循环和分组循环三种。

单循环就是所有参加比赛的队,在比赛中都要相遇一次,最后按各队在单循环赛中的全部成绩排定名次。

双循环就是所有参加的队在比赛中都要相遇两次,即进行两次单循环,最后按各队在双循环赛中全部比赛成绩排定名次。

分组循环就是将参加的队分成若干小组,各组先进行单循环,排出小组名次后,再按竞赛规程规定的方法进行第二阶段的比赛,最后排定名次。

(二) 循环制的特点

循环制的特点是参加各队相遇的机会多,有利于相互学习,共同提高技战术水平。由于各队比赛总场数相对较多,因此名次的排定较客观,较能反映各队真实的技术、战术水平。当参赛的队数较多而又受时间、经费等条件限制时可采用分组循环的方式进行比赛;当时间、经费充裕时,则可采用双循环或单循环的方法进行比赛。目前我国中超、中甲职业联赛均是采用主客场双循环的方法进行比赛。

(三)循环制的编排方法

1. 单循环

(1)比赛总场数和轮数的计算方法

① 单循环比赛总场数

单循环比赛总场数=参加比赛队数×(参加比赛队数-1)÷2。

② 单循环比赛轮数

若参赛队的队数是单数,则比赛轮数等于参赛队数。若参赛队数是双数,则比赛轮数等于参赛队数减一。

③ 示例

有 9 支队参加比赛,则:

比赛总场数=9×(9-1)÷2=36 场;

比赛轮数=参赛队数=9 轮。

又如,有 8 支队参加比赛,则:

比赛总场数=8×(8-1)÷2=28 场;

比赛轮数=10-1=9 轮。

(2)比赛轮次表的排列

比赛轮次表的排列可采用轮转法。

编排的方法是不论参赛队是奇数或偶数,一律按偶数编排,若参赛队为奇数时用一个“0”号代表一个队,使之成为偶数,各队碰到“0”号队即为轮空。编排时以号数代表队数,将其平均分为两半,前一半号数由 1 号起自上而下写在左边,而后一半号数自下而上写在右边,然后再把相对的号数用横线接连起来,这就是第一轮的比赛。轮转的方法一般有逆时针轮转法和顺时针轮转法两种。

一般参赛队为偶数时,轮转方法是 1 号位置保持不动,其他位置每轮按逆时针方向轮转一个位置,这样可排出各轮比赛顺序,如表 9-2 所示。

表 9-2 逆时针轮转编排法

第一轮	第二轮	第三轮	第四轮	第五轮	第六轮	第七轮
1—8	1—7	1—6	1—5	1—4	1—3	1—2
2—7	8—6	7—5	6—4	5—3	4—2	3—8
3—6	2—5	8—4	7—3	6—2	5—8	4—7
4—5	3—4	2—3	8—2	7—8	6—7	5—6

一般参赛队为奇数时，可用"0"代表轮空，补成双数。但"0"号位置固定不变，其他位置每轮按顺时针方向轮转一个位置，如表 9-3 所示。

表 9-3　顺时针轮转编排法

第一轮	第二轮	第三轮	第四轮	第五轮	第六轮	第七轮
1—0	2—0	3—0	4—0	5—0	6—0	7—0
2—7	3—1	4—2	5—3	6—4	7—5	1—6
3—6	4—7	5—1	6—2	7—3	1—4	2—5
4—5	5—6	6—7	7—1	1—2	2—3	3—4

（3）确定各队赛序，编写比赛日程表

轮次排定之后，还应明确各参赛队的代表号码数，将各队队名按其代表号码数填到轮次表中，再编写比赛日程表。而决定参赛代表号码数的方法一般有以下两种。

① 抽签法

赛前召集各队代表一起抽签，以明确各个号码分别代表何队。

② 直排法

根据上届比赛名次，直接将队名填于相应号码处，若上届排名中有不参加本届比赛者，就将其后名次队依次升填到缺队号码处，若本届比赛有若干新增加队，则须将新队按报名先后或其他竞赛名次的高低，依次排在上届最后一名之后。如有同一地区或单位有两队以上参加比赛，就应安排第一轮先比赛，以避免今后出现默契球等违背公平竞赛的情况出现。

2. 双循环

双循环最显著的特点就是增加了各参赛队间的比赛机会，使足球比赛胜负的偶然性大大减少，比赛名次的排定更合理、客观。双循环可分为集中赛会制和主客场制两种形式。

（1）集中赛会制双循环

它是指各参赛队集中到某一赛区，在一定时间内进行双循环比赛，它适合参赛队数较少且时间和经费又允许的情况下。

（2）主客场制双循环

它是指各参赛队在进行双循环比赛时，需分别与所有对手在本队所选场地（主场）和对手所选场地（客场）各赛一场，最后以各队全部比赛成绩排定名次。主客场制的特点：赛中间歇时间及整个赛期持续时间长，便于练、赛结合，提高水平。增加参赛队获取地利与人和之优势，满足当地球迷观看主队比赛的需要，推动足球市场开发。适合于职业化球队间的竞赛。

集中赛会制和主客场制这两种双循环在编排上没有区别，均以单循环方法为基础。两次循环的赛序可以相同也可以根据需要而改变第二循环的赛序，实践中以两次循环的赛序相同最为常见。主客场制双循环赛制，在第二循环比赛时,将第一循环对阵双方对调主、客队位置,以满足每支队伍在主、客场均与同一对手进行一次比赛。

　　3.分组循环

　　分组循环的特点在于它既保留了循环制中各队相遇机会较多的优点,又可缩短比赛时间。但因其只能确定出各队分组赛中的名次,所以一般在分组循环赛后还会安排第二阶段比赛决出最终名次。分组循环比赛时,为了使分组比较合理,能反映出比赛的实际水平,一般采用种子队或蛇行排列分组的办法。如有同一地区或同一单位两队以上参加,应分别排进不同的组,若有第二阶段淘汰赛,则同一地区或同一单位球队应尽可能晚碰面。

　　(1)种子队编排法

　　种子队编排法首先要确定种子队。种子队的确定应根据参赛队的水平或上届比赛的名次协商解决。然后,由种子队先抽签,把种子队经抽签分到各组中去,然后再用抽签的方法确定其他各队在各组的位置。种子队的数目应该与分组数相当,或者是分组的倍数,8个队分两组可设两支种子队。如果每组有两支种子队时,应把第一名种子队与最后一名种子队编在一个组内。第二名种子队与倒数第二名种子队编在一个组内,依此类推。如分4个组设8名种子队时,种子队的编排如表9-4所示。

表 9-4　种子队编排法

A 组	B 组	C 组	D 组
1	2	3	4
—	—	—	—
8	7	6	5

　　(2)蛇形编排法

　　蛇行编排法是按上届的名次进行分组,即是将参赛队按上届比赛的名次,根据分组数量,用"S"形(即蛇形)排列的顺序,进行分组。例如将16个队分成4组,蛇形编排法如表9-5所示。

表 9-5　蛇形编排法

A 组	1	8	9	16
B 组	2	7	10	15
C 组	3	6	11	14
D 组	4	5	12	13

　　分组循环的比赛总场数等于每组的比赛场数之和。

（四）循环制比赛的计分方法

循环制竞赛的计分方法必须在竞赛规程中明确规定。国际足联要求所属会员在其本国或地区的正式足球比赛中均采用 3 分制。目前我国职业联赛决定名次的方法有如下几种。

1. 每队胜一场得 3 分,平一场得 1 分,负一场得 0 分。以全部比赛积分的多少决定名次,积分多者列前。

2. 如果全部比赛结束时两队或两队以上积分相等,依下列顺序名次列前。

（1）积分相等队之间相互比赛的积分多者列前。

（2）积分相等队之间相互比赛净胜球多者列前。

（3）积分相等队之间相互比赛进球总和多者列前。

（4）整个联赛中净胜球多者列前。

（5）整个联赛进球总和多者列前。

（6）抽签优胜者列前。

根据比赛性质、水平的不同,决定名次的办法也有所调整,在很多业余比赛中,在分组小组赛时为了避免两队打默契球,则规定每场比赛必须决出胜负,如果两队常规时间打成平局,则进行点球决胜,以分出胜负。

循环制竞赛计算成绩时,可制出成绩表,如表 9-6、表 9-7 所示。

表 9-6　单循环比赛成绩

| 队名 | A队 | B队 | C队 | D队 | E队 | 积分 | 积分相同队相互间 | | | 净胜球 | 进球总数 | 抽签 | 名次 |
							积分	净胜球	进球总数				
A队		：（ ）	：（ ）	：（ ）	：（ ）								
B队	：（ ）		：（ ）	：（ ）	：（ ）								
C队	：（ ）	：（ ）		：（ ）	：（ ）								
D队	：（ ）	：（ ）	：（ ）		：（ ）								
E队	：（ ）	：（ ）	：（ ）	：（ ）									

表 9-7　主客场双循环成绩

参赛球队		A队	B队	C队	D队	积分	积分相同队相互间			胜球	进球总数	抽签	名次
							积分	净胜球	进球总数				
A队	主场		：（ ）	：（ ）	：（ ）								
	客场		：（ ）	：（ ）	：（ ）								
B队	主场	：（ ）		：（ ）	：（ ）								
	客场	：（ ）		：（ ）	：（ ）								
C队	主场	：（ ）	：（ ）		：（ ）								
	客场	：（ ）	：（ ）		：（ ）								
D队	主场	：（ ）	：（ ）	：（ ）									
	客场	：（ ）	：（ ）	：（ ）									

二、淘汰制

（一）淘汰制的基本概念

淘汰制有单淘汰制、双淘汰制和主客场淘汰制三种方法。比赛中失败一次即失去比赛资格的方法称为单淘汰制，失败两次即失去比赛资格的方法称为双淘汰制。按主客场两次比赛成绩之和而失败的队（即失去比赛资格）的方法称为主客场制淘汰制。

（二）淘汰制的特点

单淘汰制比赛对参赛队力争胜利起着积极促进作用。在比赛过程中，技术、战术水平高的队趋向集中，比赛逐渐形成高潮。这种方法在参赛队数多、场地少、时间短的情况下采用。缺点是有些队参赛场次少，实践锻炼机会少，不利于互相学习。此外，单淘汰制的偶然性也较大，名次评定难以完全公平合理。双淘汰制给初次失败的队增加了一次机会，这样产生的名次较单淘汰相对合理些。由于上述原因，实践中较少采用单淘汰制。

（三）淘汰制的编排方法

1. 单淘汰制

（1）总场数和轮数的计算方法

① 总场数

单淘汰比赛总场数＝参赛队－1。

② 比赛轮数

若参赛队数等于 2 的乘方数,则比赛轮数等于 2 的指数;若参赛队数不是 2 的乘方数,则比赛轮数为略大于参赛队数的 2 的乘方数的 2 的指数。

例如,8 个队参加比赛,总场数则为 8－1＝7,轮数则因 8 是 2 的 3 次方,3 为 2 的指数,即比赛为 3 轮。具体对阵如图 9-3 所示。

图 9-3 8 支队单淘汰对阵示意

又如,5 支队参加比赛,总场数为 5－1＝4。轮数的计算方法为:先找到是略大于 5 的 2 的乘方数 8,再判断 8 是由 2^3 构成,指数 3 便是 5 支队伍参加比赛的轮数,所以比赛为 3 轮。具体对阵如图 9-4 所示。

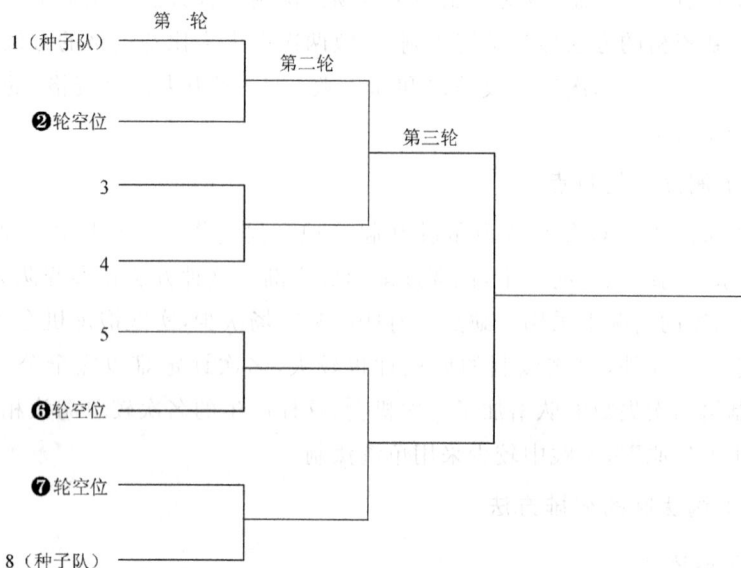

图 9-4 5 支队单淘汰对阵示意

（2）轮空队的编排

如果参赛的队是 2 的乘方数（4、8、16、32），则第一轮比赛没有轮空，所有的队都参加比赛。如参赛的队数不是 2 的乘方数时，则必须在第一轮的比赛中有一部分队轮空，使第二轮的比赛队数成为 2 的乘方数。因此，应先计算出第一轮的轮空队数。

轮空队数＝略大于参赛队数的 2 的乘方数－参赛队数。

根据淘汰制的特点，为了能准确地反映出比赛的实际水平，实力较强的队应较晚或最后相遇，使末轮比赛更加精彩，要把轮空位置安排在种子队的旁边。为了编排方便，在一次比赛或一个比赛组不超过 32 个队的情况下，可按照如下轮空位置表安排轮空位（见表 9-8）。

表 9-8　轮空位置编排

轮空顺序号	1	2	3	4	5	6	7	8	9	10	11	12	13	14	15	16
相应轮空位置号	2	31	18	15	10	23	26	7	6	27	22	11	14	19	20	3

查表方法：用略大于参赛队数的 2 的乘方数作为最大位置号数，再根据轮空队数，在轮空位置表上由左向右依次找出轮空队数量小于最大位置号的数，也就是轮空位置。与轮空位置相遇的队就是第一轮的轮空队。

参赛队数为 5，比 5 略大的 2 的乘方数是 8，即 8 为最大位置号数，轮空数＝8－5＝3。再从图 9-4 中由上向下查找比 8 小的 3 个数，即 2、6、7，则第 2、6、7 号位为轮空位置。与轮空位置相遇的队，即 1、5、8 号位的队为第一轮轮空的队。

（3）种子队的编排和比赛表的分区

为了避免实力较强的队在第一轮比赛相遇而过早被淘汰，可采用设置种子队的方法编排比赛秩序。把实力较强、技术较好的队定为"种子队"，并把种子队合理地分别排入各个不同的区内，使他们最后相遇，这样在比赛中产生的名次较为合理。确定种子队时，主要依据它的技术水平或最近参加的主要比赛所取得的成绩来确定。一般情况下应根据参赛队数的多少来确定种子队数目。单淘汰一般以 5～8 个队设立 1 名种子队为宜。16 个队或少于 16 个队则可设 2 名种子队，17～32 个队参赛时可设 4 名种子队。种子队应分布在各个区内。

单淘汰赛的区是指全部号码位置所分成的若干相同的部分。例如有 32 个号码位置时可划分为 1～16 号和 17～32 号上下两个部分，即为上下两个半区（1～16 号为上半区，17～32 号为下半区）。上下半区的 16 个号码的位置还可划分为相同的两个部分（上半区分成 1～8 号和 9～16 号，下半区分成 17～24 号和 25～32 号）。这样所分成的 4 个部分称为 1/4 区。

为了安排种子队的位置方便、合理，可按照如下种子队位置表确定种子队位置（见表 9-9）。

表 9-9 种子队位置编排

种子队顺序号	1	2	3	4	5	6	7	8
相应种子队位置号	1	32	17	16	9	24	25	8

查表方法：按比赛所设种子队数量，在种子队位置表上由左向右依次找出小于或等于比赛号码位置数的号码，即为种子队位置号码。若设 2 支种子队，则从表 9-9 中，由左向右依次找出小于或等于 8 的数，即为种子队所在位置号码，即 1 号位和 8 号位为种子队。

种子队的队数和位置确定之后，再让非种子队抽签，根据抽签号码确定其比赛秩序。

（4）附加赛

附加赛是在采用淘汰制的情况下，为了要决出冠军队、亚军队外和确定其他队的名次而采用的方法。运用附加赛决定名次的办法应在竞赛规程中规定。例如，8 支队参赛，附加赛办法是复赛中失败的两个队比赛一场，胜者为第 3 名，负者为第 4 名。在预赛中失败的 4 支队进行附加赛，决出 5～8 名，如图 9-5 所示。

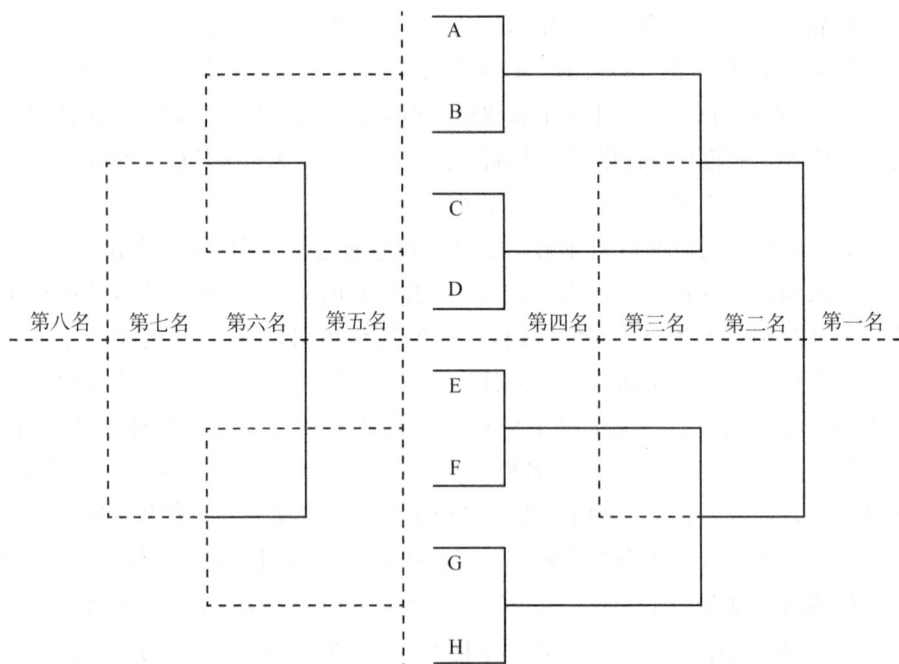

图 9-5 附加赛（8 支队）比赛对阵示意

2. 双淘汰制

（1）总场数计算方法

总场数＝2×（参加比赛队数－1）。

例如，9 个队参赛，则总场数＝2×（9－1）＝16。

（2）编排方法

双淘汰制的编排方法基本和单淘汰相同，只是进入第二轮后，要把失败队放在左半区（横向编排时）或下半区（纵向编排时）编排起来再进行比赛，胜者继续参赛，败者则被淘汰。若最后决赛的两个队都是各败一场，需再比赛一场决定冠军。以8支队参赛为例，对阵如图9-6所示。

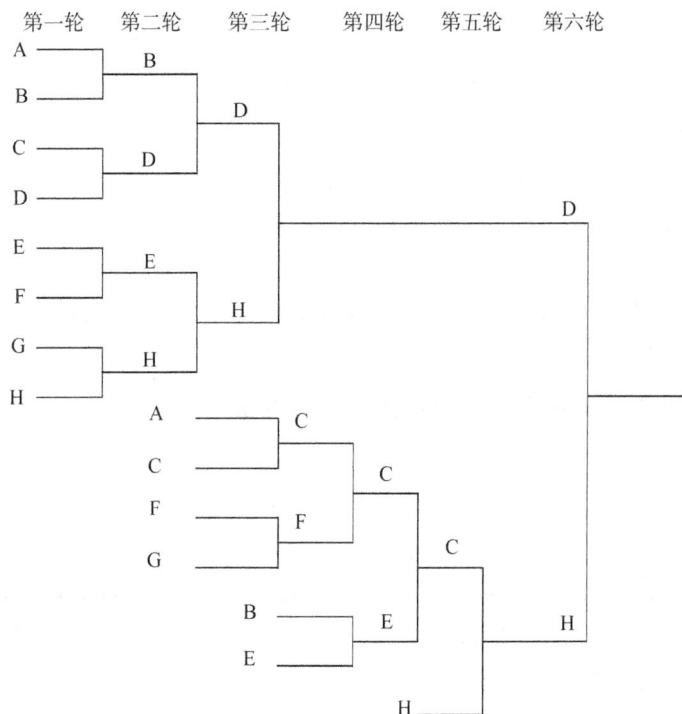

图 9-6　双淘汰制对阵示意

如果第六轮 H 胜 D 负，则 H 和 D 在进行过的比赛中各负一场，则需再进行一场比赛决定冠军。

3. 主客场制淘汰赛

（1）总场数计算方法

总场数计算方法和双淘汰赛相同。竞赛规程另有规定除外。如有的比赛在最后决赛时只进行一场比赛（比赛场地由主办单位选定或以抽签方法决定）。

（2）编排方法

比赛编排原则上按照上届比赛各队名次蛇形排列分为上下两个半区，进行主客场淘汰赛。

（3）晋级办法

一般采用如下办法决定晋级球队：两队主、客场两场比赛结束后，对阵双方总比分获胜的队晋级。若两回合比赛结束后，对阵双方总比分相同，则在客场进球多的队晋级，若两队客场进球数也相同，则进行罚球点球决胜，在球点球决胜中获胜的队晋级。

三、混合制

（一）混合制的基本概念

混合制是指在一次竞赛中分为两个阶段进行，前一阶段采用循环制，后一阶段采用淘汰制。或先采用淘汰制，后采用循环制。较为常用的是先分组循环后淘汰的混合制，如目前的世界杯足球赛就是采用这种方法，现在国内绝大多数赛会制足球比赛，基本采取先分组循环，再进行淘汰赛的方法。

（二）混合制的特点

混合制综合了循环制与淘汰制的优点，弥补了两者的不足，较全面地兼顾了竞赛各方面的要求。它有利于参赛队的相互学习和交流，激励运动员的比赛热情，在有限的时间内增加了比赛场次，最大限度地减少比赛胜负的偶然性，使比赛名次的产生较为合理、客观。同时，随比赛进程的推进，也使比赛逐渐进入高潮，精彩激烈。

（三）混合制竞赛中进行淘汰赛的一般方法

1. 交叉赛

例如，第 1 阶段分 A、B 两组进行单循环赛，决出各组的名次。第 2 阶段淘汰时，将两组的第 1、第 2 名进行交叉赛。即 A 组第 1 名对 B 组第 2 名，A 组第 2 名对 B 组第 1 名进行比赛，然后两组的胜者进行决赛，胜者为冠军，负者为亚军。若要排出第 3、第 4 名时，负者进行附加赛，胜者为第 3 名，负者为第 4 名。各组的第 3、第 4 名同样采用此方法决出第 5 名至第 8 名，依次类推。若有 4 个或者更多组的第 1 名或第 2 名参加第 2 阶段的淘汰赛，可以相邻组进行交叉赛，即 A、B 两组的第 1、第 2 名，C、D 两组的第 1、第 2 名进行交叉赛；也可隔组交叉，即 A、C 两组的第 1、第 2 名，B、D 两组的第 1、第 2 名进行交叉赛。

在进行交叉赛时，如果比赛时间、经费允许，也可根据需要调整交叉对阵的名次。如 A 组第 1 名对 B 组第 4 名，B 组第 2 对 A 组第 3 名，两组的胜者进入前四进行半决赛；B 组第 1 名对 A 组第 4 名，A 组第 2 名对 B 组第 3 名，两组的胜者进入前四进行半决赛，两场半决赛的胜者进行决赛，负者进行第 3、第 4 名比赛。

2. 同名次赛

第一，阶段可分成 A、B 两组进行单循环赛，排出各组名次，第 2 阶段淘汰赛时，两组的第 1 名比赛决出第 1、第 2 名，两组的第 2 名比赛决出第 3、第 4 名，依次类推。如果第 1 阶段是分成 4 个组的循环赛时，先由 4 个组的第一名进行半决赛，然后胜队与胜队进行决赛，负队与负队进行附加赛，决出第 1 名至第 4 名。这种赛制是基于比赛队伍较多、比赛时间较紧迫而采用名次决赛的办法。

思考题

1. 简述一场足球比赛所需的最基本器材。

2. 足球比赛中通常采用哪几种赛制？

3. 简述足球竞赛组织机构的基本组成部门。

4. 结合学校(院)实际,制定出一份校园足球比赛的竞赛规程。

参考文献

[1] 安迪·凯勒,罗伯特·佛左尼.足球心理[M].北京:北京体育大学出版社,2005.

[2] 贝斯威克.足球心理训练[M].北京:中国轻工业出版,2005.

[3] 比约恩·埃克布洛姆.足球[M].北京:人民体育出版社,2003.

[4] 丹·贝纳多特.高级运动营养学[M].北京:人民体育出版社,2011.

[5] 邓达之.足球训练[M].北京:人民体育出版社,1999.

[6] 范林根.足球训练[M].北京:人民体育出版社,2002.

[7] 冯忠信.托举明日之星——青少年学踢足球[M].西安:西安交通大学出版社,2008.

[8] 格伦·卡德维尔.运动营养金标准[M].北京:人民体育出版社,2010.

[9] 何志林.现代足球[M].北京:人民体育出版社,2000.

[10] 何志林.足球教学训练工作指南[M].北京:人民体育出版社,2010.

[11] 卡尔·海因茨·黑德尔戈特.新足球学[M].北京:人民体育出版社,1988.

[12] 李吉慧,侯会生,兰保森.现代足球训练理论与实践[M].北京:人民体育出版社,2008.

[13] 理查德·霍金.足球健康[M].北京:北京体育大学出版社,2005.

[14] 刘丹,赵刚.青少年足球训练纲要与教法指导[M].北京:人民体育出版社,2011.

[15] 刘丹.足球体能训练[M].北京:北京体育大学出版社,2006.

[16] 刘丹.足球运动训练与比赛监控的理论及实证[M].北京:人民体育出版社,2012.

[17] 刘夫力.小型足球运动手巾[M].北京:北京体育大学出版社,2004.

[18] 麻雪田.现代足球运动高级教程[M].北京:高等教育出版社,2002.

[19] 美国国家足球教练员协会.经典足球指导教材[M].北京:北京体育大学出版社,2009.

[20] 全国体育院校教材编写委员会.运动生理学[M].北京:人民体育出版社,2002.

[21] 托马斯·赖利.足球与科学[M].北京:人民体育出版社,2011.

[22] 王崇喜.足球[M].桂林:广西师范大学出版社,2003.

[23] 王健,何玉秀.健康体适能[M].北京:人民体育出版社,2008.

［24］杨一民.足球［M］.北京：人民体育出版社，1997.

［25］杨则宜，王启荣.足球运动的体能与营养［M］.北京：北京体育大学出版社，2004.

［26］张廷安.现代足球训练方法［M］.北京：北京体育大学出版社，2006.

［27］浙江省高校体育教材编委会.足球［M］.杭州：浙江大学出版社，2002.

［28］中国足球协会.中国青少年足球训练大纲［M］.北京：人民体育出版社，2013.

［29］中国足球协会.足球竞赛规则分析与裁判法［M］.北京：人民体育出版社，2013.

［30］周雷.足球［M］.北京：高等教育出版社，2004.

［31］朱宏庆.足球技战术分级教学研究［M］.济南：山东大学出版社，2010.

互联网+教育+出版

立方书

教育信息化趋势下，课堂教学的创新催生教材的创新，互联网+教育的融合创新，教材呈现全新的表现形式——教材即课堂。

 轻松备课  分享资源  发送通知  作业评测  互动讨论

"一本书"带走"一个课堂"　教学改革从"扫一扫"开始

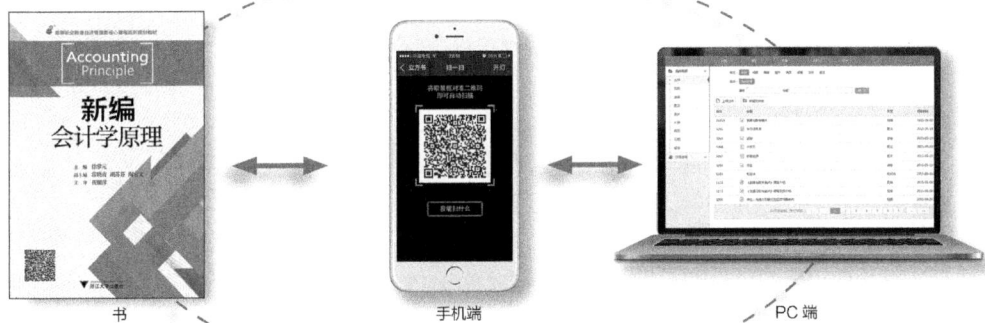

书　　　　　　　　手机端　　　　　　　　PC端

打造中国大学课堂新模式

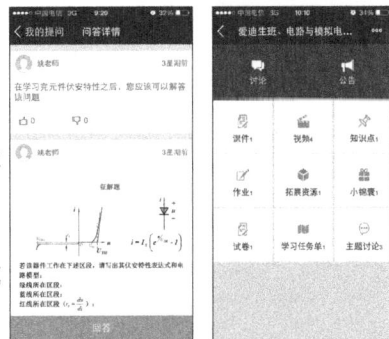

【创新的教学体验】

开课教师可免费申请"立方书"开课，利用本书配套的资源及自己上传的资源进行教学。

【方便的班级管理】

教师可以轻松创建、管理自己的课堂，后台控制简便，可视化操作，一体化管理。

【完善的教学功能】

课程模块、资源内容随心排列，备课、开课，管理学生、发送通知、分享资源、布置和批改作业、组织讨论答疑、开展教学互动。

扫一扫 下载APP

教师开课流程

➡ 在APP内扫描封面二维码，申请资源

➡ 开通教师权限，登录网站

➡ 创建课堂，生成课堂二维码

➡ 学生扫码加入课堂，轻松上课

网站地址：www.lifangshu.com

技术支持：lifangshu2015@126.com；电话：0571-88273329